全国高等院校计算机基础教育"十四五"规划教材

商务办公应用案例教程

汪钰斌　袁黎晖◎主　编
徐颖慧◎副主编
马朝圣◎主　审

中国铁道出版社有限公司
CHINA RAILWAY PUBLISHING HOUSE CO., LTD.

内 容 简 介

本书分为文书处理、数据处理、图像处理、办公设备使用四大部分，每部分包含多个商务办公案例，每个案例按情境再现、任务分解、任务实现、知识点小结、拓展训练、知识链接等环节进行安排，突出知识性、应用性的结合，具有内容丰富、简明易懂、图文并茂等特点。

本书可作为高等教育本、专科院校的“计算机应用”课程的教材，也可作为办公文职人员和计算机爱好者的自学参考用书。

图书在版编目（CIP）数据

商务办公应用案例教程/汪钰斌，袁黎晖主编．—2版．—北京：中国铁道出版社有限公司，2021.12（2025.1重印）
全国高等院校计算机基础教育“十四五”规划教材
ISBN 978-7-113-28468-8

Ⅰ.①商… Ⅱ.①汪… ②袁… Ⅲ.①商务工作-办公自动化-高等学校-教材 Ⅳ.①F715-39

中国版本图书馆CIP数据核字(2021)第211831号

书　　名：商务办公应用案例教程
作　　者：汪钰斌　袁黎晖

策　　划：曹莉群　　　　**编辑部电话：**（010）63549501
责任编辑：贾　星　贾淑媛
封面设计：尚明龙
封面制作：刘　颖
责任校对：苗　丹
责任印制：赵星辰

出版发行：中国铁道出版社有限公司（100054，北京市西城区右安门西街8号）
网　　址：https://www.tdpress.com/51eds
印　　刷：三河市兴达印务有限公司
版　　次：2018年1月第1版　2021年12月第2版　2025年1月第6次印刷
开　　本：787 mm×1 092 mm 1/16　**印张：**14　**字数：**341千
书　　号：ISBN 978-7-113-28468-8
定　　价：45.00元

前言

本书根据国家教育部门关于加强学生实际动手能力的指示精神而编写。早在2005年，江西农业大学南昌商学院为提高学生的实际动手能力，更好地满足人才市场的需求，以商学文化、商学素养、商务能力为宗旨，提出抛开以通过计算机等级考试为目的的应试性计算机基础教学模式，开设更加实用和适应市场需求的课程，删除传统教学中的“Visual Basic程序设计”“Visual FoxPro数据库应用”课程，开拓以实际提高学生真实计算机操作水平为目标的新型教学模式。为此，学院进行了长达5年的教学实践和教学研究，而此项改革是针对并影响全院近万名学生的学习培养计划，并对教材进行更新编写。在此项教学改革中，没有经验可借鉴，只有总体思路。

随着科技的发展，计算机已经成为每个家庭、每个单位必备的基本工具，计算机技术分工也越来越细。在用户层面，计算机界面已经完全图形化，软件也更趋人性化，而系统底层的编程技术、硬件连接技术等，离普通的计算机使用者却越来越远。人们已经不用像当年为了使用386计算机而必须学会编程。如今，计算机使用者可以在完全不懂计算机工作原理的情况下，用好某个专用软件，即可把计算机的功效发挥到极致，为生产、生活创造价值。因此，作为一所商学院，我们的思路是，最大限度地提高学生利用计算机处理好日常工作事务的能力，开拓学生创造性思维，综合运用计算机提高工作效率、生活质量。在这当中，计算机只是个工具，我们要改变过去那种为了教计算机而教计算机的教学模式，转变成教会学生正确处理日常事务、商务，在处理过程中利用计算机提高效率，提高事务处理的质量。

在这样的思路引导下，我们先是将学院各专业大学一年级下学期开设的“Visual FoxPro数据库应用”课程从各专业的教学计划中删除，用简单的“Visual Basic程序设计”来代替，针对大量文科、经济、管理类专业，我们只教界面设计部分，不涉及数据库底层连接等，仅让学生了解一些计算机软件的基本设计方法。但这项改变只进行了一年，在后面的认真评估和对学生反馈意见的研究后，我们进一步将“Visual Basic程序设计”课程从全院30多个专业教学计划中删除，取而代之的是“大学信息基础的高级应用”课程。我们把大学一年级各专业普设的“大学信息基础”课程进一步深化，原“大学信息基础”课程内容不变，只是在大学一年级下学期增设高级应用内容，替换“Visual Basic程序设计”课程。在教学时间有保障的情况下，深入介绍Office办公软件的操作与应用。随着教学的深入和对教学效果反馈的研究，我们认为仅仅只是这样改变，依然没有完全实现我们的改革目标。首先，完全适应我们改革思路的教材在市场上没有，而教学是由每个教师去具体实施的，大家对改革思路的理解不同，教学实践过程自然就会千差万别。许多教师都是计算机专业教师，他们在教学过程中很容易走入教计算机专业技术本身的老路上去，这对一般计算机专业的学生当然没有问题，但对全院众多非计算机专业（如管理、经济、财会、人文等专业）的学生则行不通。这些专业的学生从他们今后的专业工作性质上讲，对计算机技术本身无须深入了解，他们只要会使用计算机就足够了，就如看电视的人根本不需要了解电视机的工作原理一样。

基于上述考虑，我们决定编写一本能完全体现我们改革思路的教材——《商务办公应用案例教程》，通过书中的案例提高商务活动、日常办公事务的处理效率，用好计算机，为学生今后进入职场更快地适应工作做好铺垫。在这当中我们将教会学生如何草拟合同、怎样进行一个招投标项目、怎样制作一个领导临时需要的财务表格，以及如何高效管理手头的众多人事档案材料等。

经过多年努力，这本教材终于面世，其中的内容多是在教学中已经实践过的。但在实际教学中碰到的困难也很多，因为作为一个专业教师，有时也有专业的局限性，例如相当多的专业教师自己也并不了解招投标的全过程，而要教学生哪怕是最简单的财务表格，教师也要补足相当多的财务知识才能胜任。这些困难也体现在这本教材的编写过程中，其编写的难度可见一斑。

在教材的编写风格上，我们将教材的严肃性和学生的阅读兴趣相结合，试图使所有案例场景的设计更加贴近学生所知的生活，为此引入了一些时下人们职场、生活对话中的语言甚至是网络语言，营造出一种职场中紧张又轻松的环境，让读者能融入案例所设定的人物角色，并理解人物角色的工作思路。

在教材的“知识点小结”及“知识链接”上，我们同样注意了专业知识的介绍，一些专业知识全部摘自成熟的专业理论书籍和相关行业的专著。在相当多的篇章中，我们也有较多的创新内容和提法。鉴于本书的案例涉及专业甚广，不当之处在所难免，希望能抛砖引玉。商务办公事务千变万化，工作环境、政策法规在不断进步，计算机技术也是日新月异，教材总会落后于实践。我们希望使用这本教材的教师和学生能够在教学过程中去跟踪这些新的处理办法，并反馈给我们。本书在前一版的基础上按照新的格式和模板修改了论文排版、员工工资表的制作等案例，根据学生毕业工作需求增加了红头文件的制作、Word 和 Excel 打印的技巧等案例，较前一版实用性更好。书中案例 10、案例 11 和案例 19 均来自本校在校学生提供的素材，案例 12 和案例 15 来自本校毕业生提供的素材，希望本校毕业学生提供更多的工作素材，我们能更好地完善此书。

本书由江西农业大学南昌商学院计算机教研室教师集体编撰和创作，其中汪钰斌、袁黎晖任主编，徐颖慧任副主编，龚文辉、刘锋华、晋国卿、刘治、谢智勇、黄艺、涂静文、黄小岭参与编写，马朝圣主审。马朝圣、汪钰斌主持制订了本书的整体架构和分工协作方案。马朝圣对全书进行了统稿和协调。本书的编写也得到了各级领导的关心和支持，在此深表感谢。

由于时间关系，书中难免有疏忽之处，敬请读者提出宝贵意见！

汪钰斌

2021 年 10 月

目　录

第一部分 文书处理

文书也称文件，是国家机关、社会组织、企事业单位或个人在社会活动中为处理事务、交流信息而使用的各种载体的文字、图表、声像等记录材料。文书处理是机关、团体、企事业单位按各类事务要求及各种事务性质的不同进行文书的处理活动。

文书处理有广义和狭义之分。广义文书处理是指包括机关、团体、企事业单位的各种文件、电报、报表、会议文件、调查材料、记录、登记表册等，按照相关要求进行规范化处理的过程；狭义文书处理是指包括通用公文与专用公文的文件处理过程，甚至单指按文件的相关格式要求，对一般文件排版格式进行处理的过程。

案例 1　宣传海报的制作

情境再现

情景：周末任务。

角色：小张（经理助理）、老王（经理）。

故事：“终于把这个月的报表和下个月的工作计划搞定了，经理好像还挺满意，不晓得会不会给我加薪啊……”，小张坐在宜家居房产公司明亮的写字间里，想着自己的美好前景。

“小张，进来一下。”

“经理，什么事？”推开门，小张看到经理手上拿的正是自己辛苦做出来的工作计划。

“下个月，宜家居那个别墅区的楼盘就要开盘了，我们是不是在报纸上打打广告，宣传一下？”

“经理，这个是必需的，咱们就在 ×× 日报上给它来一个整版，好好打响宜家居的名气。”

“可是原来负责这一块的小王去了国外，时间上怕是有些来不及啊……”

“要不，我试试？”小张看着经理皱起的眉头，自告奋勇。

“好啊，这段时间你做的东西都挺不错，那就辛苦你了，宣传部的丁娜那里有以前的楼盘资料，你可以做个参考。”

说明

海报（Poster）又称“招贴”，是一种在户外如马路、码头、车站、机场、运动场或其他公共场所张贴的广告。由于海报的幅度比一般报纸广告或杂志广告大，从远处就可以吸引大家的注意，因此在宣传媒介中占有很重要的位置。

任务分解

离开经理办公室，小张火速到丁娜那里拿了以前的资料仔细进行了研究，发现那些海报的制作都很精美，应该是用 Photoshop 等专业的制图软件来设计制作的，可是自己不太会用这个软件，所以小张决定用自己拿手的 Word 中的图文混排功能来试试看。

小张结合自己在公司工作半年的经验和以前的一些资料，对这次的楼盘宣传海报制作进行了如下分析：

（1）海报应该在显著位置标明开盘时间和价格，以吸引顾客的注意。

（2）海报应该能体现出楼盘的优势。

（3）海报上应该用街道的形式标明楼盘所在的位置，以方便顾客咨询和购买。

（4）海报上应该留有公司的联系方式。

（5）因为 Word 不能输出彩色的页面背景，所以完成的海报可以转换为 PDF 格式。

说明

在设计楼盘海报时，有一些信息是必不可少的，如 LOGO、开发商、销售电话等，其他的信息可能有路线图、户型图、地址等一些详细说明类的文字或图片作为广告内容的补充。

结合这些分析，小张在脑海里构思了一张海报的蓝图，如图 1-1 所示。

图 1-1 “宜家居海报”效果图

首先设置纸张大小与方向，再插入宣传图片、艺术字，绘制自选图形，接着插入文本框，并在文本框中输入宣传文字，最后插入路线图，并输入售楼热线与售楼地址，完成后保存，并输出为 PDF 文件。

任务实现

步骤一： 设置纸张大小、纸张方向。

（1）设置纸张大小。

① 启动 Word 2016，切换到“布局”选项卡，如图 1-2 所示，单击“页面设置”选项组中的“纸张大小”按钮。

② 在弹出图 1-3 所示的“纸张大小”下拉菜单中选择“其他纸张大小”命令，并在弹出的“页面设置”对话框中自定义纸张大小，即将“宽”设置为 23 cm，“高”设置为 36 cm。

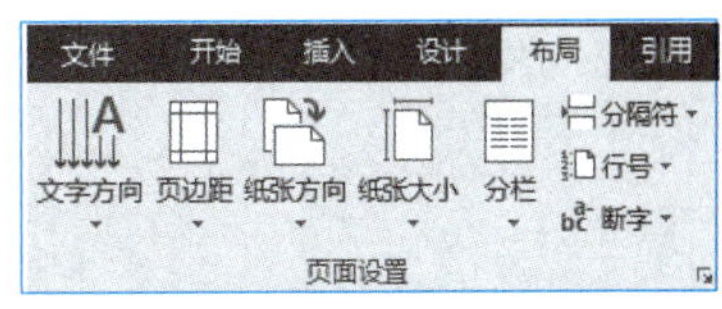

图 1-2　“布局”选项卡

说　明

广告的规格式如下:

海报: 570 mm × 870 mm。

报纸广告:

① 整版: 230 mm × 360 mm。

② 半版: 230 mm × 180 mm。

③ 四分之一版: 165 mm × 180 mm。

楼书: 210 mm × 285 mm。

（2）设置纸张方向。切换到“布局”选项卡，单击“页面设置”选项组中的“纸张方向”按钮，在弹出的下拉菜单中选择“横向”命令，即可将纸张方向设为横向。

步骤二： 插入图片。

（1）单击“插入”选项卡“插图”选项组中的“图片”按钮，插入一张楼盘设计图。

（2）对插入的图片进行大小和位置的调整。

① 选中插入的图片，单击“格式”选项卡中的“大小”选项组右下角的按钮，如图 1-4 所示，在弹出的图 1-5 所示的“设置图片格式”对话框中选择“大小”选项卡，取消选中“锁定纵横比”复选框，然后将“高度”设置为“14 厘米”，“宽度”设置为“36 厘米”。

说　明

设置图片大小的技巧: 常规的图片在插入时默认是“锁定纵横比”的，目的是避免在调整图片大小时造成图片的变形，若想要自由地设置图片的尺寸，一定要取消选中“锁定纵横比”复选框。

② 将调整好尺寸的图片放到页面顶部的位置。

步骤三： 绘制自选图形。

（1）单击“插入”选项卡中的“插图”选项组中的“形状”按钮，在弹出的下拉菜单中选择“矩形”命令即可绘制一个矩形。

（2）调整矩形的大小、位置和轮廓、填充等样式。

① 大小调整：选中矩形，按照同上所述的方法，将矩形的大小调整为“高”8.2 厘米、“宽”36 厘米。

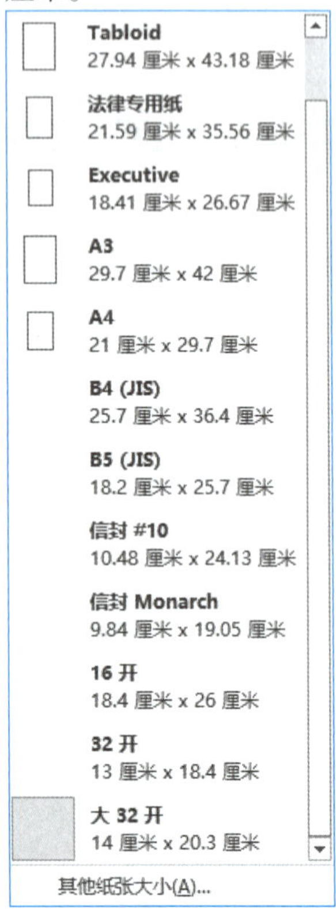

图 1-3 “纸张大小”下拉菜单

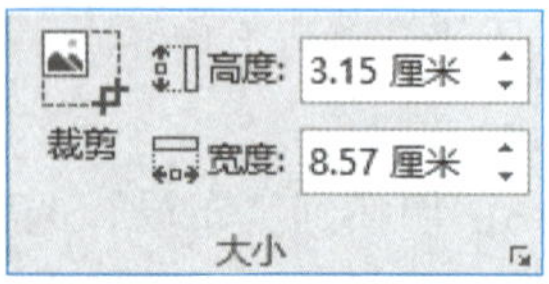

图 1-4 “大小”选项组

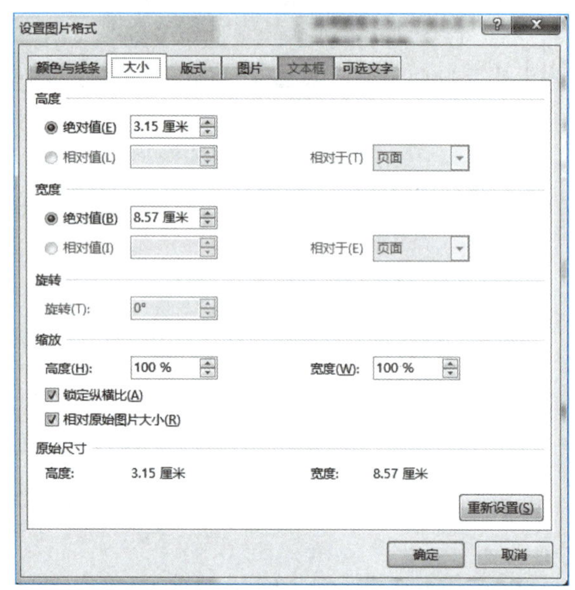

图 1-5 “设置图片格式”对话框

② 填充样式设置：选中矩形，单击“格式”选项卡中的“形状样式”选项组中的“形状填充”按钮，在弹出的下拉菜单中选择“渐变”→“其他渐变”命令，并在弹出的图 1-6 所示的“填充效果”对话框中，单击“预设颜色”下拉三角按钮，可以选择 Word 2016 提供的更丰富的预设渐变填充效果；在“底纹样式”列表框中可以选择渐变类型，如“水平”。

③ 轮廓样式设置：选中矩形，单击“格式”选项卡中的“形状样式”选项组中的“形状轮廓”按钮，在弹出的下拉菜单中选择“无轮廓”命令。

④ 环绕方式设置：选中矩形，单击“格式”选项卡中的“排列”选项组中的“环绕文字”按钮，在弹出的下拉菜单中选择“衬于文字下方”命令。

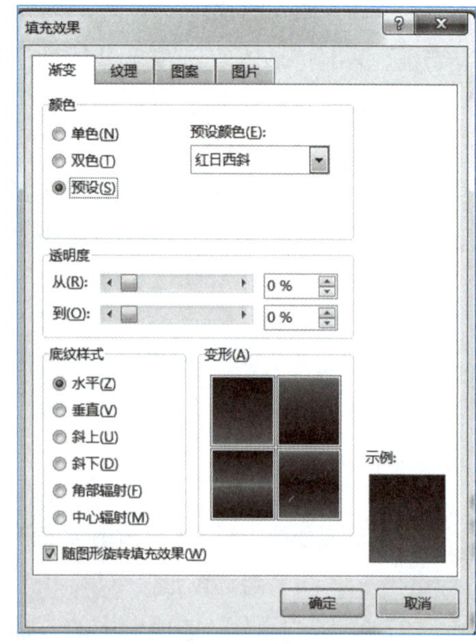

图 1-6 “填充效果”对话框

步骤四： 设置艺术字。

（1）插入艺术字。

① 单击“插入”选项卡中的“文本”选项组中的“艺术字”按钮，在弹出的“艺术字样式库”中选择“填充—白色”。

② 在弹出的“请在此放置您的文字”文本框中输入文字“宜室、宜居、宜家……”。

（2）对插入的艺术字进行格式设置。

① 设置艺术字的形状：选中艺术字，单击“格式”选项卡中的“艺术字样式”选项组中的“文本效果”按钮，在弹出的下拉菜单中选择“转换”命令，在“弯曲”选项中选中“波形二”。

② 调整艺术字的大小：用鼠标拖动的方式，将艺术字调整到合适大小。

③ 调整艺术字的环绕方式：选中艺术字，单击“格式”选项卡中的“排列”选项组中的“自动换行”按钮，在弹出的下拉菜单中选择“浮于文字上方”命令。

④ 调整艺术字的位置：将艺术字拖放到靠近左上角的位置。

（3）按照同上所述的方法，插入新的艺术字“宜家居”，并设置为“白色填充、黑色轮廓，右牛角形状”的格式，放置到矩形自选图形上部的中间位置。

步骤五：插入文本框。

（1）插入文本框。单击“插入”选项卡中的“文本”选项组中的“文本框”按钮，在弹出的下拉菜单中单击“绘制文本框”按钮，在页面上绘制一个合适大小的文本框。

（2）在文本框内输入内容。在文本框中输入以下内容：

经典户型，完美空间

◇金牌户型，4 室 2 厅～7 室 3 厅

◇建筑面积 187～507 m^2，户型高高在上，超高实用率

◇客厅中空设计，花园式室外餐厅，超大露台

说明

在用文本框设计宣传标语时，遇到文本长度不一致的情况，可以考虑用分散对齐的方式来将它对得更加整齐。

（3）对文本框进行格式设置。

① 轮廓样式设置：选中文本框，单击“格式”选项卡中的“形状样式”选项组中的“形状轮廓”按钮，在弹出的下拉菜单中单击“无轮廓”按钮。

② 填充样式设置：选中文本框，单击“格式”选项卡中的“形状样式”选项组中的“形状填充”按钮，在弹出的下拉菜单中单击“无填充”按钮。

（4）按照同上所述的方法，再插入以下两个文本框，并放到合适的位置：

超大花园，顶级园林

◇ 221～654 m^2 超大面积花园，生活自成天地

◇花园式住宅，窗窗见绿，户户见花

◇园林连入更多亭台楼阁、小桥流水等园艺元素

丰盛配套，星级服务

◇沪北优质别墅大盘，逾 2 万人口和谐宜居

◇五星级酒店，超大型游乐农庄、康体中心

◇一级标准中英文学校，五星级社区管理服务

步骤六：插入其他信息。

（1）插入路线图。

（2）插入价格、联系方式等其他信息。

步骤七：转换为 PDF 格式。

单击左上角“文件”按钮，在弹出的菜单中选择“另存为”命令，然后在弹出的对话框中输入文件名，选择保存格式“PDF”，如图 1-7 所示。

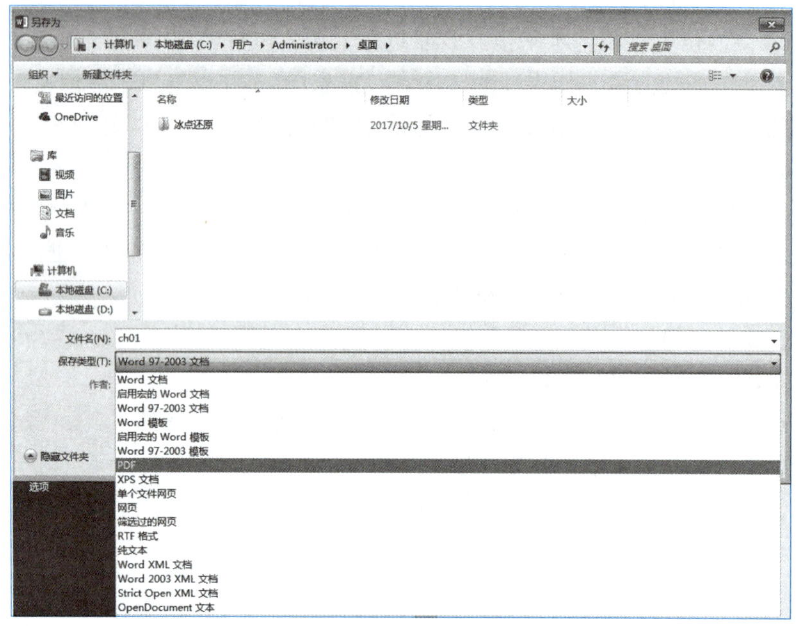

图 1-7　保存格式为 PDF 的文件

说明

PDF（Portable Document Format，便携式文件格式）是由 Adobe Systems 在 1993 年用于文件交换所发展出的文件格式。它的优点在于跨平台、能保留文件原有格式且标准开放。

知识点小结

本案例中的房地产宣传海报主要用到设置纸张大小、方向，插入图片，自选图形及艺术字，输出 PDF 格式等功能来制作。

1. 设置纸张大小

Word 2016 提供了设置纸张大小的功能，可自由地设置纸张的大小。通过“布局”选项卡中的“页面设置”选项组中的纸张大小来自定义。

2. 插入图片

插入图片时可有多种选择，可插入的图片形式有 BMP、JPG、GIF 等，一般不建议把一个小尺寸的图片拉大，这样会影响图片的显示效果，一般图片如果是作为插图使用，可以把文字的环绕方式设置为“四周型环绕”或“紧密型环绕”；如果是作为背景图片来使用，则应该把图片的环绕方式设置为“衬于文本下方”，并适当调整图片的颜色，如无必要的情况下，尽量不要使用太深的图片来作为背景。

3. 艺术字

艺术字是 Word 排版过程中经常使用的一个元素，如果要想将一个文字用特殊的形状、色彩来突出显示时，经常会使用到艺术字，在使用艺术字的过程中，可适当到网上去搜索特殊的字体来使用。

拓展训练

请结合案例中所学的知识，设计并制作一份教育培训机构的宣传海报。

知识链接

1. 海报设计的定义

海报在国内还有一个名字叫“招贴”，据传说我国清朝时期，有洋人以船舶载洋货于我国沿海码头停泊，并将 poster 张贴于码头沿街醒目处，以促销其船货，沿海市民称这种 poster 为海报。依此而发展，以后凡是类似海报目的及其他有传递消息作用的张贴物都被称为“海报”。

2. 海报广告的分类

海报广告按形式可分为公共海报和商业海报两大类。

公共海报以社会公益性问题为题材，例如非商业机构、慈善机构、戒烟、竞选、献血、交通安全、环境保护、绿化植树、净化空气、节约能源、文体活动宣传等。

商业海报则以商品促销、商业机构、展销、劳务、满足消费者需要的内容为题材，特别是市场经济的出现和发展，商业海报也越来越重要，逐渐被广泛地应用。

海报多数是用制版印刷方式制成，供在公共场所和商店内外张贴。当然，也有一些出于临时性目的的海报，不用印刷，只以手绘完成，如：商品临时降价优惠，通知展销会、交易会、时装表演或食品品尝会的时间、地点等。海报的优点是：传播信息及时，成本降低，制作简便。

3. 海报制作六大原则

（1）单纯：形象和色彩必须简单明了（也就是简洁性）。

（2）统一：海报的造型与色彩必须和谐，要具有统一的协调效果。

（3）均衡：整个画面要有魄力与均衡效果。

（4）销售重点：海报的构成要素必须化繁为简，尽量挑选重点来表现。

（5）惊奇：海报无论在形式上或内容上都要出奇创新，具有强大的惊奇效果。

（6）技能：海报设计需要有高水准的表现技巧，无论绘制或印刷都不可忽视技能性的表现。

4. 海报设计中的常用技法

（1）直接展示法。这是一种最常见的、运用十分广泛的表现手法。它将某产品或主题直接如实地展示在广告版面上，充分运用摄影或绘画等技巧的写实表现能力。细致刻画和着力渲染产品的质感、形态和功能用途，将产品精美的质地引人入胜地呈现出来，给人以逼真的现实感，使消费者对所宣传的产品产生一种亲切感和信任感。

这种手法由于直接将产品推到消费者面前，因此要十分注意画面上产品的组合和展示角度，应着力突出产品的品牌和产品本身最容易打动人心的部位，运用色光和背景进行烘托，使产品置身于一个具有感染力的空间，这样才能增强广告画面的视觉冲击力。

（2）突出特征法。运用各种方式抓住和强调产品或主题本身与众不同的特征，并把它鲜明地表现出来，将这些特征置于广告画面的主要视觉部位或加以烘托处理，使观众在接触画面的瞬间即很快感受到，对其产生注意和发生视觉兴趣，达到刺激购买欲望的促销目的。

在广告表现中，这些应着力加以突出和渲染的特征，一般由富于个性的产品形象、与众不同的特殊能力、厂商的企业标志和产品的商标等要素来决定。

突出特征法也是人们常见的运用得十分普遍的表现手法，是突出广告主题的重要手法之一，有着不可忽略的表现价值。

（3）合理夸张法。借助想象，对广告作品中所宣传对象的品质或特性的某个方面进行夸大，以加深或扩大对这些特征的认识。文学家高尔基指出："夸张是创作的基本原则。"通过这种手法能更鲜明地强调或揭示事物的实质，加强作品的艺术效果。

夸张是一般中求新奇变化，通过虚构把对象的特点和个性中美的方面进行夸大，赋予人们一种新奇与变化的情趣。

按其表现的特征，夸张可以分为形态夸张和神情夸张两种类型，前者为表像性的处理品，后者则为含蓄性的情态处理品。通过夸张手法的运用，为广告的艺术美注入了浓郁的感情色彩，使产品的特征鲜明、突出、动人。

（4）以小见大法。在广告设计中对立体形象进行强调、取舍、浓缩，以独到的想象抓住一点或一个局部加以集中描写或延伸放大，以更充分地表达主题思想。这种艺术处理以一点观全面、以小见大、从不全到全的表现手法，给设计者带来了很大的灵活性和无限的表现力，同时为接受者提供了广阔的想象空间，获得生动的情趣和丰富的联想。

（5）运用联想法。在审美的过程中通过丰富的联想，能突破时空的界限，扩大艺术形象的容量，加深画面的意境。

通过联想，人们在审美对象上看到自己或与自己有关的经验，美感往往显得特别强烈，从而使审美对象与审美者融合为一体，在产生联想的过程中引发了美感共鸣，其感情的强度总是激烈的、丰富的。

（6）富于幽默法。幽默法是指广告作品中巧妙地再现喜剧性特征，抓住生活现象中局部性的东西，通过人们的性格、外貌和举止的某些可笑的特征表现出来。

幽默的表现手法，往往运用饶有风趣的情节、巧妙地安排，把某种需要肯定的事物，无限延伸到漫画的程度，造成一种充满情趣、引人发笑而又耐人寻味的幽默意境。幽默的矛盾冲突可以达到出乎意料之外、又在情理之中的艺术效果，引起观赏者会心的微笑，以别具一格的方式，发挥艺术感染力的作用。

（7）借用比喻法。比喻法是指在设计过程中选择两个互不相干，而在某些方面又有些相似性的事物，"以此物喻彼物"，比喻的事物与主题没有直接的关系，但是某一点上与主题的某些特征有相似之处，因而可以借题发挥，进行延伸转化，获得"婉转曲达"的艺术效果。

与其他表现手法相比，比喻手法比较含蓄隐伏，有时难以一目了然，但一旦领会其意，便能给以意味无穷的感受。

（8）以情托物法。艺术的感染力最有直接作用的是感情因素，审美就是主体与美的对象不断交流感情产生共鸣的过程。艺术有传达感情的特征，"感人心者，莫先于情"，这句话已表明了感情因素在艺术创造中的作用，在表现手法上侧重选择具有感情倾向的内容，以美好的感情来烘托主题，真实而生动地反映这种审美感情就能获得以情动人的效果，发挥艺术的感染力，这是现代广告设计美的意境与情趣的追求。

（9）悬念安排法。在表现手法上故弄玄虚，布下疑阵，使人对广告画面乍看不解题意，造成一种猜疑和紧张的心理状态，在观众的心理上掀起层层波澜，产生夸张的效果，驱动消费者的好奇心，开启积极的思维联想，引起观众进一步探明广告题意之所在的强烈愿望，然后通过广告标题或正文把广告的主题点明，使悬念得以解除，给人留下难忘的心理感受。

悬念手法有相当高的艺术价值，它首先能加深矛盾冲突，吸引观众的兴趣和注意力，造成一种强烈的感受，产生引人入胜的艺术效果。

（10）选择偶像法。在现实生活中，人们心里都有自己崇拜、仰慕或效仿的对象，而且有一种想尽可能地向他靠近的心理欲求，从而获得心理上的满足。选择偶像法正是针对人们的这种心理特点而运用的，它抓住人们对名人偶像仰慕的心理，选择观众心目中崇拜的偶像，配合产品信息传达给观众。由于名人偶像有很强的心理感召力，故借助名人偶像，可以大大提高产品的印象程度与销售地位，树立名牌的可信度，产生不可言喻的说服力，诱发消费者对广告中名人偶像所赞誉的产品的注意，激发购买欲望。偶像的选择可以是柔美风流的超级女明星，气质不凡、举世闻名的男明星；也可以是驰名世界体坛的男女高手，还可以选择社会名流、艺术大师、战场英雄、俊男美女等。偶像的选择要与广告的产品或服务在品格上相吻合，不然会给人牵强附会之感，使人在心理上予以拒绝，这样就不能达到预期的目的。

（11）连续系列法。通过连续画面，形成一个完整的视觉印象，使通过画面和文字传达的广告信息十分清晰、突出、有力。

广告画面本身有生动的直观形象，多次反复地不断积累，能加深消费者对产品或服务的印象，获得不错的宣传效果，对扩大销售、树立品牌、刺激购买欲、增强竞争力有很大的作用。对于作为设计策略的前提，确立企业形象更有不可忽略的重要作用。

作为设计构成的基础，形式心理的把握是十分重要的，从视觉心理来说，人们厌弃单调划一的形式，追求多样变化，连续系列的表现手法符合“寓多样于统一之中”这一形式美的基本法则，使人们于“同”中见“异”，于统一中求变化，形成既多样又统一、既对比又和谐的艺术效果，加强了艺术感染力。

案例 2　调查问卷的制作

情境再现

情景：暑期社会实践。

角色：袁锦宜（大一学生）。

故事：袁锦宜是某大学公共事业管理专业的学生，眼看要放暑假了，为了丰富自己的暑期生活，同时提高自己的专业技能，她报名参加了学校的暑期社会实践活动——为学校的一项科研课题完成问卷调查工作。

这次调查的目的是了解高校毕业生的就业情况，对象是毕业 1 ~ 5 年的大学生。袁锦宜和其他几个同学组成调查小组被分到广东省。

袁锦宜一开始的时候想得很简单，问卷调查不就是按着调查样本上的名单带着问卷去找这些人填写吗？可实际情况是，虽然她们会事先和调查对象联系好，商定好调查时间，但由于她对城市不熟悉，坐公交转车经常会迟到；对方工作又忙，过了约定的时间可能会出门，或者由于其他工作的原因不能认真填写问卷。这样几天下来，工作进度严重滞后。

调查小组一致认为，主要的问题在于调查问卷的送达过于费时，调查对象在工作时间也无法集中精力填写问卷。那么怎么办呢？袁锦宜灵机一动，说：“我们能不能把调查问卷通过电子邮件的方式发送给对方，对方填完了回复邮件不就可以了？这样既不用我们天天在路上跑来跑去，对方又可以在工作之余安安静静地填写，调查质量也能得到保障。”大家一听，是这么回事，“那咱们就想办法按照问卷的格式和内容把它做成电子版的吧。”

任务分解

有了解决思路，袁锦宜打开计算机，到网上搜索关于用 Word 2016 制作调查问卷的方法，总结出以下两个操作步骤：

（1）调查问卷的设计要使用到 Word 2016 中的“开发工具”，特别是其中的“控件”选项组。

（2）为防止问卷被改动，还要对文档进行“限制编辑”。

任务实现

步骤一：启用“开发工具”。

打开 Word 2016，依次单击“文件”→“选项”按钮，在弹出的“Word 选项”对话框中选择“自定义功能区”，在右侧窗格中选中“开发工具”复选框，如图 2-1 所示。

图 2-1 启用“开发工具”

说　明

在 Office 中，开发工具包含了大量的指令、控件、宏和加载项功能，但默认情况下，“开发工具”被隐藏了。

单击“确定”按钮后，在 Word 2016 窗口上方会出现“开发工具”选项卡，如图 2-2 所示。

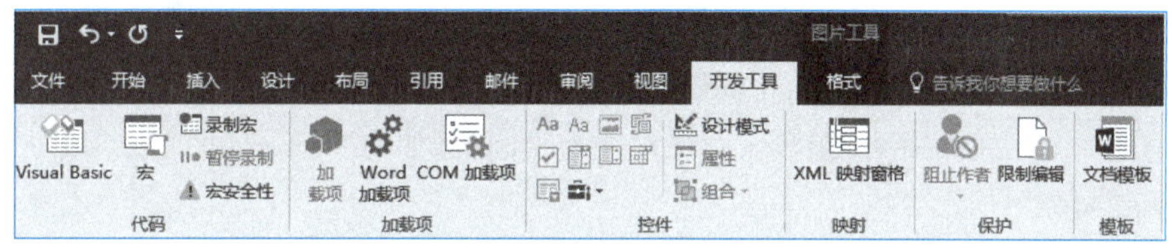

图 2-2　“开发工具”选项卡

步骤二：问卷分析。

本次调查问卷所设计的问题主要包括以下 3 种类型的题目：

（1）单选题，例如：

请问您的性别？

○男　　　○女

（2）多选题，例如：

您求职主要的渠道有：

□人才网站　　□校园招聘会　　□社会招聘会

□媒体（报纸、广播、电视等）　　□朋友介绍　　□其他

（3）填空题，例如：

请问这是您第几份工作？＿＿＿＿＿＿＿＿

对于这 3 种类型的问题，都可以使用“开发工具”选项卡中的“控件”来实现。

步骤三：设计按钮式单选题。

在“开发工具”选项卡中找到“控件”选项组，如图 2-3 所示。继续找到“旧式工具”按钮，其中包括“旧式窗体”和“ActiveX 控件”两类，如图 2-4 所示。可以使用“ActiveX 控件”中的“选项按钮”来制作单选题。

单击“选项按钮”，在 Word 文档工作区中将会出现一个选项按钮，如图 2-5 所示。

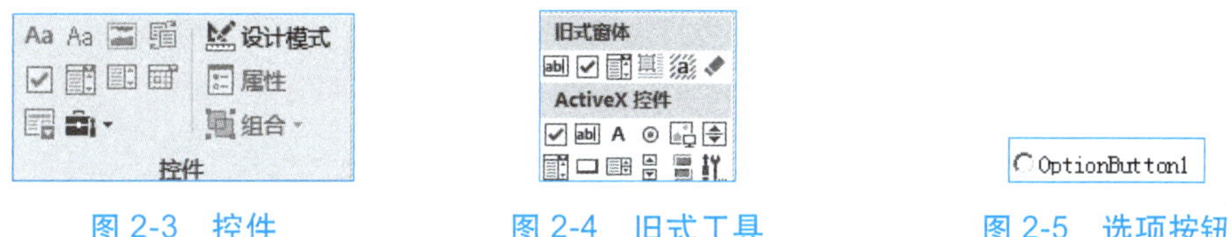

图 2-3　控件　　图 2-4　旧式工具　　图 2-5　选项按钮

在该按钮上右击，在弹出的快捷菜单中选择“属性”命令；或者单击选中该选项按钮后，在“控件”选项组中单击“属性”按钮，将弹出“属性”对话框，如图 2-6 所示。

在“属性”对话框中，一般需要修改下列几项。

（1）Caption：标题，即选项名称，默认为 OptionButton1。

（2）GroupName：组名，对于同一个问题的若干选项需要有相同的组名，默认为空。

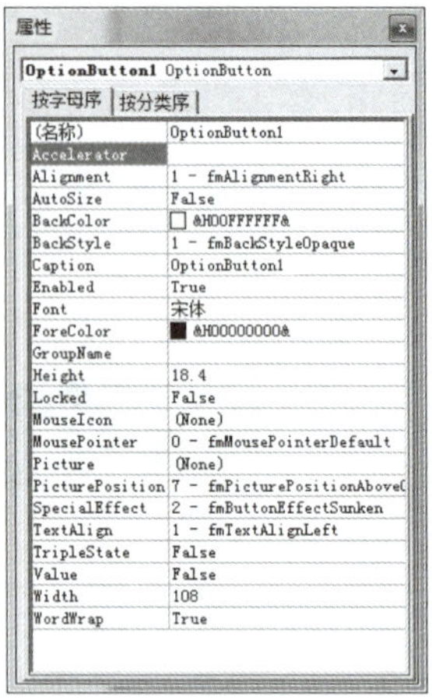

（3）Value：值，False 表示默认未选中，True 表示默认选中。

例如，对于这样一个问题：

请问您的性别？ ○男 ○女

我们需要进行如下设置。

（1）输入问题并插入两个选项按钮，如下所示：

【问题 1】请问您的性别？○ OptionButton1 ○ OptionButton2

（2）分别把两个选项的 Caption（标题）属性改为“男”和“女”，并让两个选项的 GroupName[1]（组名）属性设置为相同，例如为“1”。此时，该问题将如下所示：

【问题 1】 请问您的性别？○男 ○女

图 2-6 “属性”对话框

（3）单击图 2-3 所示“控件”选项组中的“设计模式”按钮，取消其高亮显示状态，就可以用鼠标在这两个选项中单击进行单选测试。

（4）在这一行中，由于问题的选项相对于文字的位置较高，显得不够美观，还需要设置对齐。在这一行上右击，弹出快捷菜单，选择“段落”中“中文版式”栏，在“文本对齐方式”中选择“居中”，最终效果如下所示：

【问题 1】 请问您的性别？○男 ○女

步骤四：设计下拉式单选题。

单选题可以使用按钮，也可以使用下拉菜单的形式来实现。

单击图 2-3 所示“控件”选项组中“下拉列表内容控件”，在 Word 文档工作区中将会出现一个下拉列表。

右击该下拉列表，在弹出的快捷菜单中选择“属性”命令，或在“控件”选项组中单击“属性”按钮，为其设置相应的选项，如图 2-7 所示。

设置完成后，单击取消图 2-3 所示“控件”选项组中的“设计模式”，取消其高亮显示状态，就可以查看到该下拉列表的标题，并通过下拉菜单进行选择了，如图 2-8 所示。

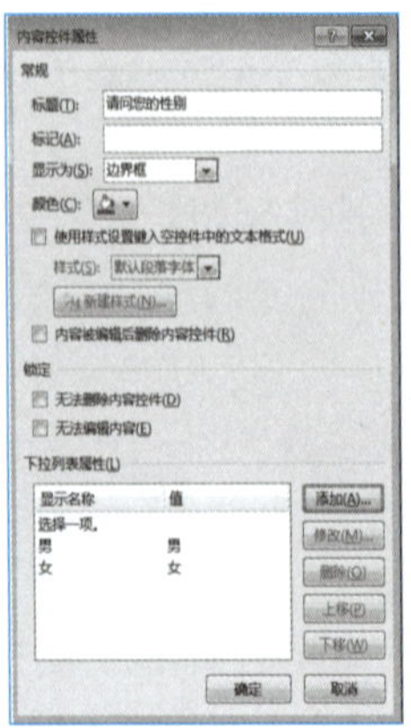

图 2-7 设置下拉列表的内容控件属性

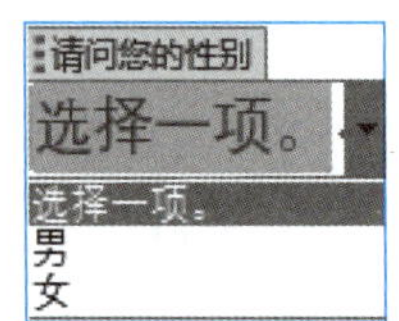

图 2-8 通过下拉菜单进行选择

1 GroupName 值可以是数字、字符甚至是汉字，但该值必须是唯一的。在一份调查问卷中，一个问题的一组选项必须是同样的组名，不同问题的多组选项的组名必须是不同的。

步骤五：设计多选题。

在设计多选题时，将使用图 2-4 所示旧式工具中“ActiveX 控件”下的“复选按钮” ☑，单击该按钮后，将出现图 2-9 所示的复选按钮（CheckBox）。

图 2-9 复选按钮

复选按钮的设置与步骤三中单选按钮的设置类似，其“属性”对话框如图 2-10 所示。

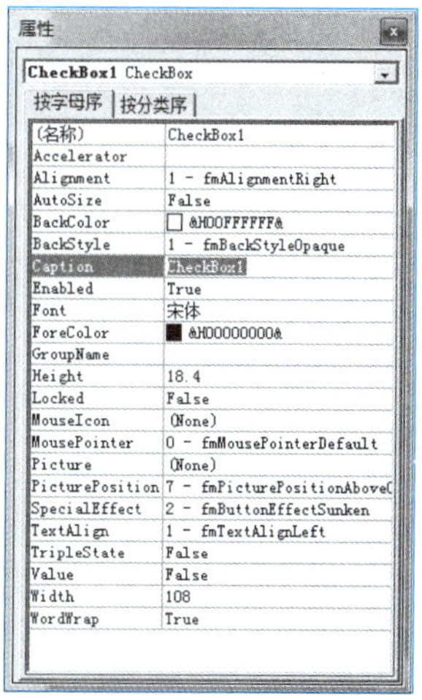

图 2-10 “属性”对话框

在“属性”对话框中，同样一般需要修改下列几项：

（1）Caption：标题，即选项名称，默认为 CheckBox1。

（2）GroupName：组名，对于同一个问题的若干选项需要有相同的组名，默认为空。

（3）Value：值，False 表示默认未选中，True 表示默认选中。

例如，对于这样一个问题：

请问您求职主要的渠道有：

□人才网站 □校园招聘会 □社会招聘会 □媒体（报纸、广播、电视等） □朋友介绍 □其他

我们需要进行如下设置：

（1）输入问题并插入 6 个选项按钮，如下所示：

【问题 2】请问您求职主要的渠道有：

□ CheckBox1 □ CheckBox2 □ CheckBox3

□ CheckBox4 □ CheckBox5 □ CheckBox6

（2）分别修改 6 个选项的 Caption（标题）属性，并将 6 个选项的 GroupName（组名）属性均设置为“2”。此时，该问题将如下所示：

【问题 2】请问您求职主要的渠道有：

□人才网站 □校园招聘会 □社会招聘会

□媒体（报纸、广播、电视等） □朋友介绍 □其他

（3）单击图 2-3 所示“控件”选项组中的“设计模式”按钮，取消其高亮显示状态，就可以用鼠标在这 6 个选项中单击进行多选测试了，最终效果如下所示：

【问题 2】 请问您求职主要的渠道有：

□人才网站 □校园招聘会 □社会招聘会

□媒体（报纸、广播、电视等） □朋友介绍 □其他

步骤六：设计填空题。

在调查问卷中可能需要被调查者发表自己的看法或意见，这就要求被调查者能够在问卷相应的位置填写文字，这种功能可以使用图 2-4 中“旧式窗体”下的“文本域” ab| 来实现。

单击“旧式窗体”下的“文本域”，在 Word 文档工作区中将会出现一条灰色区域。

在该文本域上右击，在弹出的快捷菜单中选择“属性”命令；或者选中该文本域后，在“控件”选项组中单击“属性”按钮，弹出“文字型窗体域选项”对话框，如图 2-11 所示。

在“类型”选项中，可以选择“常规文字”“数字”“日期”“当前日期”“当前时间”“计算”，当选择不同类型时，窗口中其他栏目的内容也将发生改变（例如，当选择类型为“计算”时，右侧“默认文字”栏将变为“表达式”）。

在“默认文字”栏中，可以输入相应的提示信息。

在“最大长度”栏中，可以设置输入字符的最大长度。

在“文字格式”栏中，可以设置为大写、小写、第一个字母大写、标题大写、半角和全角。

例如，对于这样一个问题：

请问这是您第几份工作？______

我们需要进行如下设置。

（1）输入问题并插入文本域，如下所示。

【问题 3】 请问这是您第几份工作？______

（2）设置文字型窗体域中“类型”为“数字”，并将数字的“最大长度”设置为“2”，即最大值为“99”，如图 2-12 所示。

图 2-11 “文字型窗体域选项”对话框

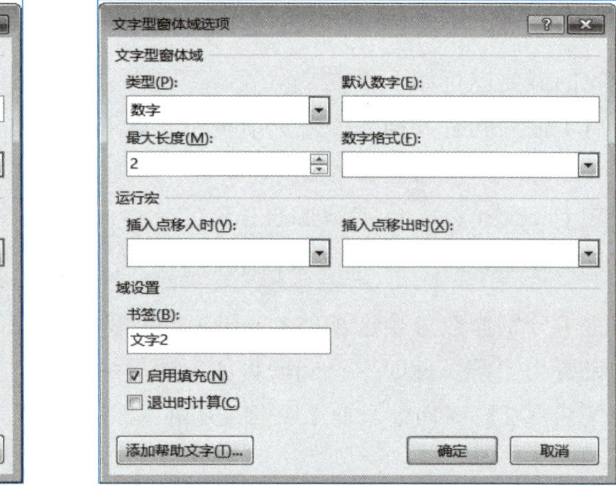

图 2-12 设置文字型窗体域属性

（3）单击图 2-3 所示“控件”按钮中的“设计模式”，取消其高亮显示状态，并使用“开发工具”选项卡下的“限制编辑”，即可在这个文本域中输入数字进行测试，最终效果如下所示。

【问题 3】 请问这是您第几份工作？2

步骤七： 插入时间。

为了记录问卷的完成时间，被调查者还应该在问卷填写完成后输入日期。可以通过“插入”→“日期和时间”的方式来插入日期。但为了被调查者能更加方便地输入日期，在这里可以使用图 2-3 所示“控件”选项组中的“日期选取器内容控件”按钮。

单击“日期选取器内容控件”按钮，Word 工作窗口中将出现图 2-13 所示的“日期选取器”。

使用“日期选取器内容控件”，可以通过左右箭头选取不同的月份，并在控件中直接选取相应的日期，如图 2-14 所示。

单击或点击此处输入日期。

图 2-13 日期选取器内容控件

图 2-14 选取日期

步骤八：使用“限制编辑”。

为了防止被调查者修改问卷，同时限定被调查者只能在相应的区域回答问卷上的问题，还需要对调查问卷进行限定。

在“开发工具”选项卡中单击“限制编辑”按钮，将会在 Word 工作窗口右侧出现“限制编辑”对话框。在该例中，我们希望文档的使用人，即被调查者仅能进行如选择题的选择、文本域的文字输入等操作。因此，在“限制编辑”对话框中，选中“仅允许在文档中进行此类型的编辑：”复选框，在下拉菜单中单击“填写窗体”按钮，然后单击“是，启动强制保护”按钮，如图 2-15 所示。

此时，将出现图 2-16 所示的对话框，两次输入密码后单击“确定”按钮，这份调查问卷就被限定保护了。注意：在启动强制保护时，需取消图 2-3 中“设计模式”的高亮状态，否则“是，启动强制保护”按钮将是灰色不可选的状态。

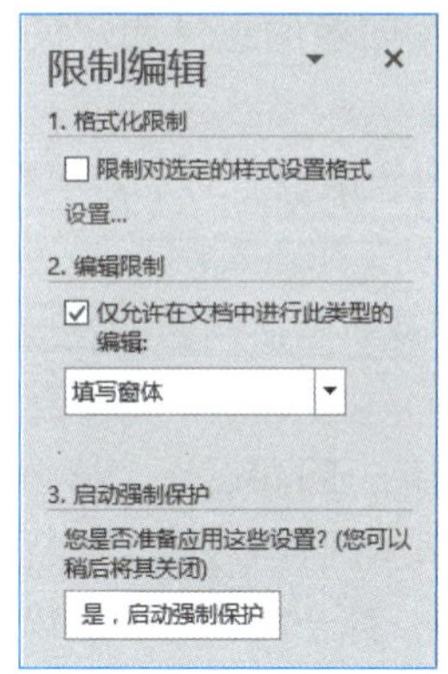

图 2-15 限制格式和编辑

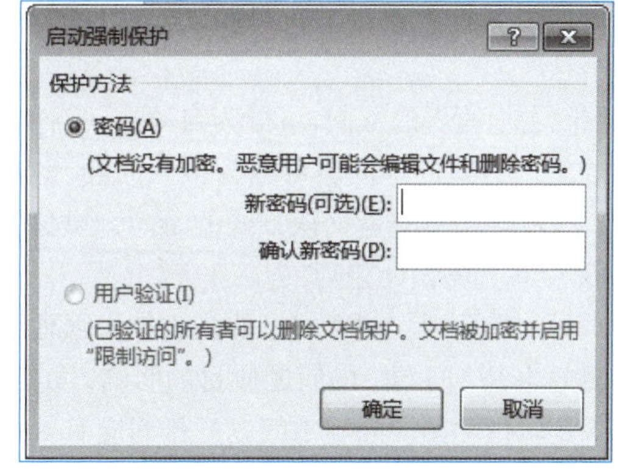

图 2-16 启动强制保护

成功保护文档后再次打开这份调查问卷，将发现现在只能填写相应的窗体，无法对文档的其他部分进行操作。

知识点小结

Word 2016 的控件实际上就是 VBA 的可视化界面，VBA（Visual Basic for Applications）是将 VB 语言与应用对象模型结合起来，处理各种应用需求，Word VBA 则是将 VB 应用于 Word 对象模型。对于绝大多数用户来说，只是用 Word 进行文字录入和简单的排版，只使用了 Word 中不到 10% 的功能，其他更多功能的使用和开发与 VBA 有着密切的联系，有兴趣的读者可以阅读有关 Word VBA 编程方面的书籍。

在本例中使用了控件中的不同对象来设计调查问卷，在问卷编辑完成后使用了限制编辑来保护文档不受意外的更改。

在使用单选按钮和复选框时，要注意不同问题的分组设置，以免不同问题的不同选项相互混淆。

在使用“限制编辑”时，要根据文档的类型选择“格式设置限制”还是“编辑限制”以及所限制的对象。

拓展训练

现在企业招聘都会在网站上发布招聘要求，求职者会通过电子邮件把自己的简历发送给企业，但各人各自编写的简历格式、内容都千差万别，不便于企业阅读求职者的信息。现在请你以某企业人力资源部的身份，制作一份简历模板，让求职者以这份模板为标准，只允许按要求在模板中的相应栏目内填写内容。

知识链接

社会调查是针对某个社会问题、某种社会现象进行材料收集、数据统计、研究分析的工作，以揭示矛盾、解决问题、反映事物发展的规律、促进社会的发展。社会调查的方法包括文献法、访谈法、观察法和问卷法等。

问卷调查法也称“书面调查法”或“填表法”，是用书面形式间接搜集研究材料的一种调查手段。通过向调查者发出简明扼要的调查问卷，填写对有关问题的意见和建议来间接获得材料和信息。

按照问卷填写者的不同，可分为自填式问卷调查和代填式问卷调查。对于自填式问卷调查，按照问卷发放方式的不同，可分为报刊问卷调查、邮政问卷调查和送发问卷调查；代填式问卷调查，按照与被调查者交谈方式的不同，可分为访问问卷调查和电话问卷调查。

1. 调查问卷的设计原则

（1）目的性原则。调查的目的是收集供管理决策所需的信息，问卷设计人员必须透彻了解调查项目的主题，问卷中的问题应目的明确，重点突出，能够从被调查者处得到最详尽的信息。

（2）逻辑性原则。问卷中问题的排列应有一定的逻辑顺序，符合被调查者的思维习惯。一般是先易后难、先简后繁、先具体后抽象。

（3）通俗性原则。问卷中问题要适合被调查者，要使被调查者能够充分理解问题，乐于回答、正确回答。所以设计问卷的研究人员不仅要考虑主题和受访者的类型，还要考虑访谈的环境和问卷的长度。问卷必须避免使用专业术语，一般应使用简单用语表述问题。

（4）便于处理性原则。问卷调查完成后要对调查结果进行统计分析，设计良好的问卷在项目完成后应能够方便地对所采集的信息资料进行检查核对，以判别其正确性和实用性，也便于对调查结果的整理和统计分析。

（5）长度适宜性原则。问卷过长，内容过多，会使得被调查者对调查过程产生厌烦心理，对问卷敷衍了事，会导致调查结果的可信度下降。

2. 调查问卷的组成

调查问卷一般由卷首语、问题与回答方式、编码、其他资料 4 个部分组成。

（1）卷首语。这部分是调查问卷的说明，主要包括：调查的目的、意义和主要内容，抽样的途径和方法，填写问卷的说明，调查者机构介绍等。例如：

大学生就业调查问卷

尊敬的女士 / 先生：

您好！我们是“×××”课题组成员。本调查问卷旨在了解我国高校毕业生就业现状，为课题研究提供有力的数据支撑。因此，您的意见对我们的研究非常重要。本次调查为非实名，调查数据仅用于总体统计分析，且严格对个人信息进行保密。希望您能如实反映情况，并坦率表达您的看法和意见。

非常感谢您的积极配合与大力支持！

“×××”课题组

202× 年 ×× 月

（2）问题与回答方式。这部分是问卷的主要组成部分，包括需要调查的问题、回答问题的方式以及对问卷填写、作答方式的指导和说明等。例如：

答题前请先阅读填写说明：

1. 本调查问卷分两部分，第一部分是有关您个人的工作状况；第二部分是有关您个人的基本情况。

2. 请您在选项前对应的“□”上用“√”选择一个最符合您在一般情形下最直接的想法、感觉或行为的选项。

3. 本问卷并非测验，没有标准答案，任何问题的答案均无“对”“错”“好”“坏”之分。我们所要了解的是您真实的状态和感受。您根据自己的实际情况如实填写即可。

问题 1. 请问您的学历：（　　）

□专科及以下　　□大学本科　　□研究生及以上

（3）编码。编码是把问卷中的问题和被调查者的回答编制成相应的数值或代码，使用计算机对调查结果进行数据分析。

（4）其他资料。包括问卷名称、被调查者的地址或单位、调查员姓名、调查开始时间和结束时间、调查完成情况、审核员姓名和审核意见，以及录入员姓名等。

案例 3　印章的制作

情境再现

情景：学生会日常办公。

角色：章伟涛（大三学生）。

故事：自大一进入学生会以来，章伟涛同学把各项工作做得风生水起，大三时被同学一致推选为学生会主席。作为学生会主席，他每天都有很多的文稿要起草，也经常有同学拿着文件要盖各种印章，这种琐碎的事务经常打断他的正常工作。章伟涛想，我能不能设计一些印章，如个人的印鉴、工作用章等，可以嵌入 Word 之类的文档中，这样就不需要在每份文档上签名盖章了，这不就可以省去很多麻烦了吗？

大家平时常见的章有公章、财务章、发票章、合同章等，章的形状有圆形、椭圆形、（长）方形、菱形甚至三角形，印章的大小也不尽相同，制章的材料有石、木、铜、钢、橡胶、牛角等。

那么作为学生会这样的机构，应该用一些什么样的印章呢？

为此，章伟涛专门去咨询了学校的行政部门。不问不知道，一问吓一跳，原来我国还专门制定了《关于国家行政机关和企业事业单位社会团体印章管理规定》，规定了国家权力、党政、司法、参政议事、军队、武警、民主党派、工会，共青团、妇联等机关、团体，企业事业单位，民政部门登记的民间组织，居（村）民委员会和各议事协调及非常设机构的印章刻制、建档、变更、缴销等管理活动，违反规定构成犯罪的还要依法追究刑事责任。

社团的公章也要遵守相应的规定和制度。学生会是现在学校中的组织机构之一，是由学校组织，学生自我管理的群众性组织，是学校联系学生的桥梁和纽带。学生会公章是学生会组织的标志和权力的象征，它体现着学生会在学校中的组织责任。

章伟涛心想，看来各类印章的使用还真的要注意了，等把印章设计出来，要给大家好好普及一下这方面的法律规定。

任务分解

说干就干，章伟涛打开计算机，到网上查阅了一些关于印章的介绍以及使用 Word 制作印章的方法，总结出应该大致包括以下几个操作步骤。

（1）印章的制作需要使用图形、艺术字设计印章的形状轮廓。

（2）不同的印章需要使用不同的字体，安装 Office 所带的字体不能满足印章设计的需要，可以到网上搜索相应的字体下载、安装。

（3）文本框可以方便地配合图形，组合后实现完美的效果。

任务实现

任务一：制作私人印鉴

常见的私人印鉴一般为正方形，上面刻上持有人的姓名，如图 3-1 所示。但是章伟涛觉得这种章太普通，他想制作一个外形独特、能体现自己个性的仿古石刻的印鉴。

说 明

在 Word 2016 中可以插入多种多样的形状，包括线条、形状、箭头、标注等。如果绘制的线条不是闭合的，可以对由线条轮廓和起止点构成的区域进行填充；如果绘制的线条是闭合的，可以对由线条轮廓所构成的区域进行填充。

步骤一：勾勒印章轮廓。

为了让印章能够看上去是在石材上刻制的，先需要绘制一个石印的轮廓。

打开 Word 2016，依次单击“插入”→“形状”按钮，选择“线条”下的“曲线”或“自由曲线”，让曲线的起点和终点能够重合，勾勒出一个闭合曲线，如图 3-2 所示。

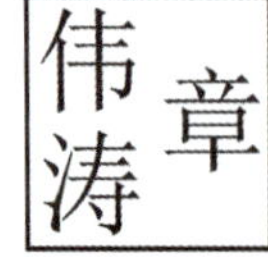

图 3-1 私人印鉴

图 3-2 绘制线条

步骤二： 下载、安装字体。

为了使印鉴显得古朴一些，章伟涛没有使用 Word 中常见的宋体、黑体、楷体等字体，他到网上下载了柳体、魏碑、古篆等字体。安装字体的过程很简单，直接双击相应的字体（字体的扩展名为 .ttf）即可，如图 3-3 所示，安装完成后可以在“控制面板”→“字体”中找到新增的字体。

步骤三： 编辑文字。

输入文字时，可以在之前绘制的图形上右击，在弹出的快捷菜单中选择“添加文字”命令，但这样文字的大小、位置会受到图形的限制。例如，文字如果过大，会超出图形的区域，使得文字显示不全。并且，默认情况下，文字是在图形的中央，不方便移动文字相对图形的水平和垂直位置。所以，更好的方式是使用文本框，这样不仅可以方便地调整文字的大小，还可以通过移动文本框的方式来改变文字在图形上的位置。

图 3-3 字体的安装

现在，先插入一个文本框，设置文字的字体为“博洋柳体”，字号为“小初”，并将文本框的“形状填充”改为“无”（使文本框变为透明），文本框的“形状轮廓”也改为“无”（去除文本框的黑色边框）。然后，选择“章”字，使用“审阅”→“中文简繁转换”，将文字转换为繁体。最后，复制、粘贴 3 次该文本框，把文字相应改为“偉”“濤”“印”，如图 3-4 所示。

说明

在 Word 2016 的“审阅”选项卡下还有“语言”栏，可以实现中英文的翻译。

步骤四： 组合文本框和图形。

由于这些文字需要放置在石材图形上，因此先把 4 个文本框中文字的颜色改为白色。

拖动“章”、“偉”、“濤”3 个文本框，使之纵向排列在图形的右侧。由于很难保证用鼠标随意拖动过来的文本框在垂直方向上对齐在一条纵线上，可以选定这 3 个文本框，单击“格式”→“排列”→“对齐”→“左右居中”按钮，使之在垂直方向上对齐。同样，由于这 3 个文本框之间的上下间距也不相同，可以单击“对齐”→“纵向分布”按钮来平均分配它们的垂直间距。接下来再把“印”字拖动到图形的左侧。

最后，将这 4 个文本框及图形都选中，单击“对齐”→“组合”按钮将这 5 个图形对象组合，使之成为一个整体的个性化印鉴，如图 3-5 所示。

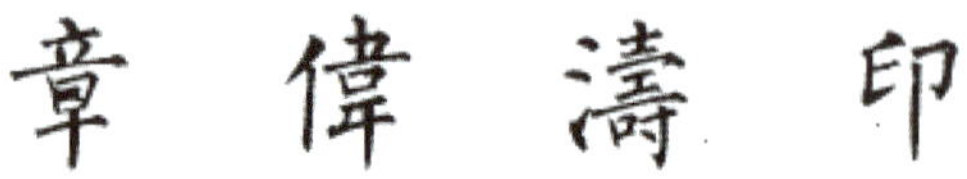

章 偉 濤 印

图 3-4 编辑文本框

图 3-5 个性化印鉴

这时，章伟涛就可以把这个印鉴用在需要签章的文档中了，还可以通过修改图形的环绕方式，把它放置在文档的任意位置，还可以把它保存为图片，再通过单击“页面布局”→“水印”按钮把它设置为文档的水印。

任务二：制作工作图章

学生会下设有很多社团，如读书社、计算机俱乐部等，这些社团虽然都只是学生群体，有时也需要一些部门的工作图章，加盖在部门的介绍或宣传文章中，以便活动的开展。章伟涛想，可以设计一下各部门的图章，于是先从读书社开始。

公章的中心是五角星，周围环绕着机构名称，外框是一个圆形。章伟涛现在只是借鉴公章的样式制作一个读书社的非正式的图章，需要用到的素材包括读书社的图标、读书社的名称和圆形的外框。

步骤一：制作读书社图标。

既然是读书社，设计出来的图章就要突出图书。图书的外观，从立体的角度来看，包括封面、书脊和书芯，可以使用 Word 中的“形状”来进行绘制。

（1）用“插入”→“形状”中的线条画出两条长短不一的斜线，将两条线组合。

（2）将组合后的线复制两份，选定这 3 个形状后在上方“绘图工具”下单击“格式”→“对齐”下的“左右居中”按钮，使得 3 个形状在垂直方向上对齐，再使用“纵向分布”命令平均分配 3 个形状间的垂直间距。

（3）再复制一次之间组合的斜线，取消其组合，将两条斜线移动到另一端。

（4）用“形状”→“弧形”，绘制图书的书芯，拖动弧形的绿色手柄进行旋转，并在弧形上右击，在弹出的快捷菜单中选择“编辑顶点”命令，使弧形的两端能够连接上下两条斜线的顶点。

上述操作步骤如图 3-6 所示，最后将所有图形进行组合，把线条的形状轮廓粗细设置为 1.5 磅，得到图 3-7 所示的书籍图标。

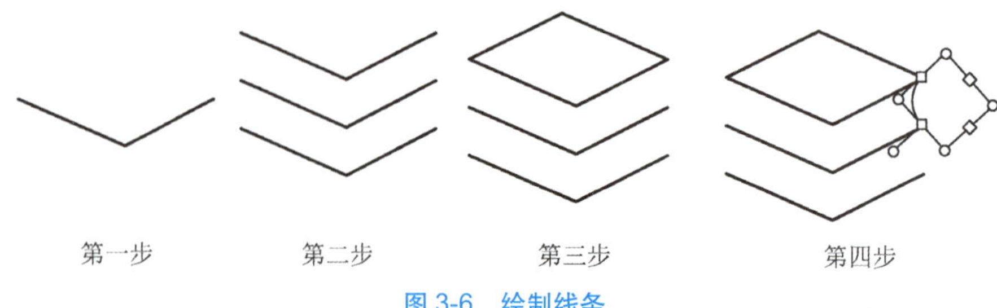

图 3-6 绘制线条

步骤二：制作读书社艺术字。

读书社的名称需要按圆形进行环绕，这里需要使用到艺术字及相关设置。

（1）单击“插入”→“艺术字”按钮，选择第一种艺术字样式“填充，主题色 1”，然后输入文字“江西网络媒体大学”。由于这是一个非正式的图章，因此选择“绘图工具”→“格式”→“文本填充”，将艺术字的文字改为蓝色，字号设置为“小初”，并将“文本轮廓”设置为“无轮廓”，如图 3-8 所示。

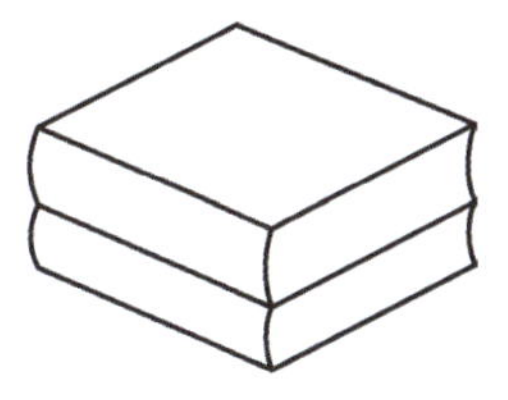

图 3-7　书籍图标

江西网络媒体大学

图 3-8　插入艺术字

（2）我们需要把文本框中的文字按圆形进行环绕排列，所以先使用“绘图工具”→“格式”→“大小”，把文本框的宽和高均设置为 6 厘米，此时艺术字会分两行排列。

选择“绘图工具”→“格式”→“文本效果”→“转换”，选择“跟随路径”中的“圆”。此时，由于这些文字排列较为紧密，可在文字间插入空格。继续选择“绘图工具”→“格式”→“旋转”→“向左旋转 90°”，操作步骤如图 3-9 所示。

图 3-9　排列艺术字

（3）插入一横排文本框，输入“读书社”3 个文字，将字号设置为“小二”，并将文本框的“形状填充”方式改为“无填充颜色”，“形状轮廓”改为“无轮廓”。

步骤三：绘制蓝色圆框。

（1）单击“插入”→“形状”→“基本形状”→“椭圆”按钮，在绘制的同时按下【Shift】键，将得到一个正圆。

（2）单击“绘图工具”→“格式”→“大小”按钮，将该正圆的长和宽均改为 6 厘米。

（3）单击“绘图工具”→“格式”→“形状填充”按钮，设置为“无填充颜色”。

（4）单击“绘图工具”→“格式”→“形状轮廓”→“粗细”或“虚线”→“其他线条”按钮，或者在正圆上右击，在弹出的快捷菜单中选择“设置形状格式”命令，在弹出的对话框中单击“线条颜色”按钮，将“颜色”设置为蓝色；选择“线型”，将其中的“宽度”设置为 8 磅、“复合类型”设置为“由粗到细”的线型。

最终效果如图 3-10 所示。

说明

在绘制形状时，如果同时按下【Shift】键，将得到一个正圆形、正方形、等边三角形、等边平行四边形。

步骤四：对齐并组合。

（1）选中蓝色圆形外框和“江西网络媒体大学”的艺术字两个对象，单击“绘图工具”→“格式”→“排列”→“对齐”按钮中的“左右居中”和“上下居中”，使这两个对象能够重合在一起，然后继续单击“绘图工具”→“格式”→“排列”→“组合”按钮将这两个对象组合。

（2）将书籍图标和“读书社”文本框移动到前一步的组合对象中，调整图标的大小及相对位置，将这 3 个对象再次组合，最终效果如图 3-11 所示。

图 3-10　蓝色圆框

图 3-11　读书社工作图章

任务三：制作特殊图章

学生会下属的计算机俱乐部会定期举办各种计算机使用经验交流的活动，也为全院师生提供计算机免费维修的服务，为了更好地宣传计算机俱乐部，提高大家的计算机使用水平，章伟涛决定也为计算机俱乐部的免费维修活动专门设计一枚图章。这种图章没有特殊的要求规范，能够表现出活动的主题即可。

具体制作过程如下。

步骤一：绘制椭圆。

依次单击“插入”→“形状”→“基本形状”按钮，绘制两个大小不等的椭圆，对两个椭圆都使用“绘图工具”→“格式”→“形状轮廓”设置为红色的形状轮廓，分别单击“绘图工具”→“格式”→“形状填充”按钮，将较大的椭圆使用黑色进行形状填充，将较小的椭圆使用白色进行形状填充，并将较小的椭圆置于较大的椭圆之上。然后，选定这两个椭圆，单击“绘图工具”→“格式”→“排列”→“对齐”按钮中的“左对齐”和“上下居中”，组合这两个椭圆，如图 3-12 所示。

步骤二：组合形状。

插入“形状”→“星与旗帜”→“前凸弯带形”，同样使用黑色进行形状填充并设置红色的形状轮廓。选中该形状，调整旋转手柄下黄色菱形按钮，使该形状的弯曲弧度与椭圆接近。将此形状与步骤一中组合后的椭圆设置左右居中对齐后组合，如图 3-13 所示。

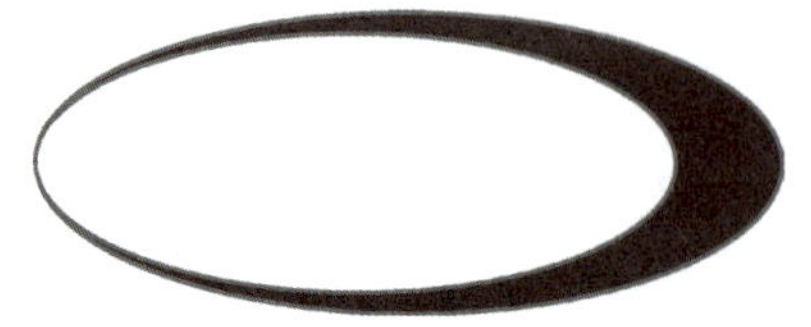

图 3-12　绘制椭圆

图 3-13　组合形状

步骤三：插入剪贴画。

在“搜索文字”栏中输入“工具”，选择“扳手”。插入“扳手”剪贴画后，先后对其进行“水平翻转”和“垂直翻转”，单击“绘图工具”→“格式”→“颜色”→“重新着色”按钮，将其颜色改为“灰度”，再单击“绘图工具”→“格式”→“位置”→“其他布局选项”按钮，在弹出的“布局”对话框中选择“文字环绕”栏，将其环绕方式设置为“四周型”，调整其大小，将该剪贴画拖入到步骤二结果中合适的位置并组合，如图 3-14 所示。

步骤四：插入艺术字。

单击“插入”→“艺术字”按钮，选择第一种艺术字样式，分别输入“免费电脑维修”和“计算机俱乐部”，得到两个艺术字。

将艺术字“免费电脑维修”的字号设置为三号，并单击“绘图工具”→“格式”→“文本填充”和“文本轮廓”按钮，将艺术字的主题颜色均改为黑色，再单击“绘图工具”→“格式”→“旋转”按钮，将艺术字旋转与扳手的方向平齐，将该艺术字移动到步骤三结果中合适的位置并组合。

将艺术字“计算机俱乐部”的字号设置为二号，并单击“绘图工具”→“格式”→“文本效果”→“转换”按钮，将“跟随路径”设置为“下弯弧”，再单击“绘图工具”→“格式”→“文本填充”和“文本轮廓”按钮，将艺术字的主题颜色均改为白色。将该艺术字移动到步骤二所绘制的“前凸弯带形”之上，单击“绘图工具”→“格式”→“排列”→“对齐”按钮中的“左右居中”将其对齐，然后组合，得到图 3-15 所示的效果。

至此，计算机俱乐部用于免费电脑维修的图章制作完成。

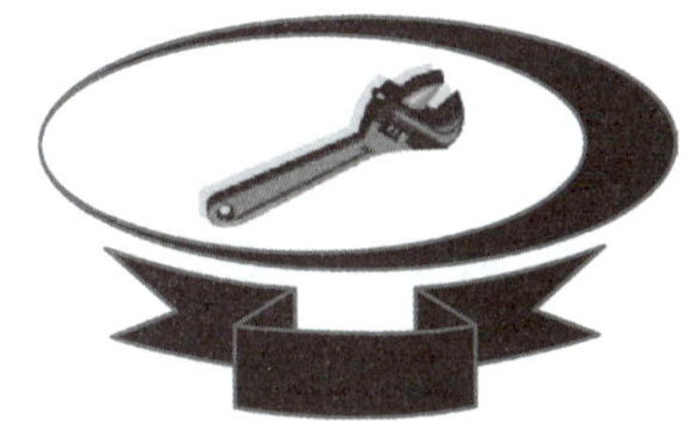

图 3-14　剪贴画设置

图 3-15　图章最终效果

知识点小结

各类印鉴的制作实际上就是各种图形对象的组合，如艺术字、形状、图形、剪贴画等，插入这些对象后在 Word 2016 窗口中会出现“绘图工具”，根据需要设置各类对象的格式，主要包括：

（1）对图片可以设置图片的亮度、对比度、颜色、分辨率、边框及不同的效果。

（2）对艺术字和文本框可以设置形状及文字的填充、轮廓。

（3）对形状可以设置形状、填充、轮廓，还可以添加文字并设置文字效果。

（4）对这些不同的对象可以设置它们的叠放次序及在文档中的位置，根据需要把它们旋转或对齐。

拓展训练

（1）请为自己设计一枚私章，所需要的字体可以到网上下载。

（2）为自己所在的班级设计一枚椭圆形班级章。

知识链接

中国的雕刻文字，古老的有殷商的甲骨文、周的钟鼎文、秦的刻石等，凡在金铜玉石等素材上雕刻的文字通称“金石”。玺印即包括在“金石”里。玺印的起源一说为商代，至今尚无定论。根据遗物和历史记载，至少在春秋战国时已出现，战国时代已普遍使用。起初只是作为商业上交流货物时的凭证。秦始皇统一六国后，印章范围扩大为证明当权者权益的法物，为当权者掌握，作为统治人民的工具。

印章按其用途分类，可分为以下几类。

1. 玺

“玺”是印章最早的名称。秦以前，无论官印、私印，都称“玺”。不过这“玺”的写法或为“鉨”或为“坙”，因材料为铜、土不同而名。秦统一六国后，制定一系列等级制度，在少府中设置了专门掌管印章制度的“符节令丞”。当时规定皇帝独称“玺”（从这时“鉨”都写作“玺”），其材料用玉，臣民只称“印”，且不能用玉。汉代基本沿袭秦制，但制度已略放宽，也有诸侯王、王太后称为“玺”的。

2. 印

“印”最早见于秦官印中，地方官用印才称为“印”。《汉旧仪》中也规定：二百石至六百石的都称为“印”，而一般姓名印都称为“私印”，新莽私印又有称为“印信”或“信印”的。“印”的称呼一直沿用至今。

3. 宝

据《旧唐书·舆服志》记载，武则天因觉得“玺”“死”同音，在延载元年（694年）改称为“宝”。后来唐中宗即位，又沿用旧制称玺。唐玄宗时也称宝。唐至明清各代，“玺”“宝”并用。

4. 章

汉魏将军印一般称“章”。这些印章往往是在行军中急于临时任命，而在仓促之间刻凿成的，称为“急就章”。这类印是直接以刀在印面上刻凿而成，往往妙趣横生，风格独特，对后世篆刻艺术的发展有很大影响。官印中“太守”“御史”也有称“章”的。

5. 记

“记”一般见于唐宋官印中，也有“朱记”名称的印。

6. 其他

南宋发行的一种纸币交子，在它的背面都用“合同”印。宋代还出现一种“押”印，到了元代也非常盛行。印章的名称还有“关防”“图章”“图书”“符”“契”“戳子”等。

在现代企业中，常用的印章包括公章、法人章、合同专用章、财务章和发票专用章等。

（1）公章。制作公章需企业代表持有效证件（如工商营业执照）到当地公安局指定的印章单位刻制。

国有企业、国营股份制企业等公章（包括公司章、部门章）一律为圆形，直径为4.2 cm，中央一律刊五角星，星尖直径为1.4 cm，圆边宽为0.12 cm，五角星外刊单位名称，自左而右环行，或者名称的前段自左而右环行、后段自左而右横行，即单位部门名称放在星下方作横排，印文使用简化的宋体字。

有限责任公司印章一律为圆形，直径为 4.0 cm，专用章和公司所属部门印章直径为 3.8 cm，圆边宽为 0.1 cm，中央刊五角星，五角星外刊企业名称，自左而右环行，或者名称前段自左而右环行，后段自左而右横行，印文使用简化的宋体字。

（2）法人章。法人章实际就是公司法定代表人的个人私章，也就是法定代表人个人印鉴。法人章一律为方形，边宽 1.8 cm 或 2.0 cm，自右而左排列。法人章对外具有一定的法律效力，可以签订合同、出示委托书等。

（3）合同专用章。合同专用章由公司名称与合同专用章几个字组成，专门用于签订经济合同，有圆形和椭圆形两种。

当事人采用合同书形式订立合同的，自双方当事人签字或者盖章时成立。对合同当事人而言，合同上加盖合同专用章，表明双方当事人对订立合同的要约、承诺阶段的完成和对双方权利、义务的最终确认，从而确定了合同经当事人双方协商而成立，并对当事人双方发生了法律效力，当事人应当基于合同的约定行使权利、履行义务。

合同专用章要求一律为圆形，印章中心部位空白，上弧为单位名称，自左而右环行，专用章内容放在章的下边作横排，直径为 4.0 cm，圆边宽为 0.1 cm，3.8 cm × 3.8 cm 印迹样式圆形，外资企业用章印迹样式为椭圆 4.5 cm × 3.0 cm，印章文字使用简化的宋体字。

（4）财务章。财务章也称财务专用章，主要用于财务结算，开具收据、发票（有发票专用章的除外），能够代表公司承担所有财务相关的义务，享受所有财务相关的权利。

财务专用章尺寸主要分为 3 种：正方形，边长为 22 mm 或 25 mm；圆形，直径为 38 mm；椭圆，长短轴分别为 45 mm 和 30 mm。

（5）发票专用章。发票专用章是指用发票单位和个人按税务机关规定刻制的印章，使用简化的宋体，在领购或开具发票时需加盖此印章。

发票专用章尺寸规定：

① 形状为椭圆形，长轴尺寸为 40 mm，短轴尺寸为 30 mm，边宽 1 mm。

② 中间为税号，18 位阿拉伯数字字高 3.7 mm，字宽 1.3 mm，18 位阿拉伯数字总宽度 26 mm（字体为 Arial）。

③ 税号上方环排纳税人名称，中文文字高为 4.2 mm，环排角度（夹角）210° ~ 260°，字与边线内侧的距离 0.5 mm（字体为仿宋体）。

④ 税号下横排“发票专用章”，文字高 4.6 mm，字宽 3 mm，延章中心线到下横排字顶端距离 4.2 mm（字体为仿宋体）。

⑤ 发票专用章下横排号码，字高 2.2 mm，字宽 1.7 mm，延章中心线到下横排号码顶端距离 10 mm（字体为 Arial），不需编号时可省去此横排号码。

案例 4 客户感谢信：邮件合并

情境再现

有没有碰到过这样的情况：同样的一封邮件，需要发送给不同的人，但是一封一封地发送很麻烦，这时就要用到专用工具——邮件合并。

情景：客户感谢信。

角色：琪琪（销售经理助理）、刘枫（销售经理）。

故事：转眼间琪琪来到公司两年了，“时间过得可真快”，琪琪边工作边想着。这又到年终了，年终总是和业绩、绩效考核挂钩，当然也就和年终奖有关了。想到这些，琪琪又开始全身心投入到工作中了。

“琪琪，在做什么事呀？”说话的人是销售部经理刘枫，他这段时间也是忙得够呛，为了完成公司预期的销售目标，销售部门全体员工都崩紧了弦，希望在年终把业绩冲个新高。

“我在做部门年度销售业绩统计表呢。”琪琪回答到。

“噢，不错，继续努力啊。不过你先把手头上的事情放放，销售业绩还需要一段时间才能统计完。我这里有件比较急的事儿，你先做一下。”经理边赞许地点头边交待琪琪。

“好的，我马上来您办公室。”琪琪把手头上的工作稍微理了一下，来到经理办公室。

“是这样的。作为销售部门，除了与客户建立商品的买卖关系以外，维护与客户的良好关系也是非常重要的。所以，在年终的时候除了登门拜访老客户以外，发封感谢信也是不错的选择，信件内容要包含三方面内容：一是感谢客户使用我们的产品；二是对我们的产品或服务有什么意见或建议；三是年终到来，提前给客户拜个早年。你来想想这事儿怎么做吧。”

“好的，那我干活去了。”琪琪快速回到自己的座位，开始思考经理交待的工作该怎么做……

任务分解

接到这个任务，琪琪开始思索。平时常用 Outlook 来发送邮件，但公司有好几百名客户，一个一个地发送，那是非常花费时间的。如果每封信只用统一格式，没有对客户的称呼，似乎对客户不太尊重，而且经理会认为自己偷懒或者是无能的。那么，应该怎么办呢？

有了，以前技术部的赵工曾经教过自己用邮件合并来做的，好像是先把信函写好，联系人准备好，然后再插入，赶紧来试试看吧。

任务实现

（1）选择文档类型。

（2）选择开始文档。

（3）选择收件人。

（4）撰写信函。

（5）预览信函。

说明

邮件合并的关键过程就是把数据源合并到主文档中。

首先准备好数据源；其次要制作好模板；最后即为合并过程。

任务一：制作大量信函

由于现在我们已经预先制作好了“信函（主文档）”和“信函和信封（数据源）”案例文件，因此接下来的操作，实际上就是邮件合并的第三个过程——“把数据源合并到主文档中”。在实际处理自己的工作时，主文档和数据源当然都会改变，到时参照提供的案例文件制作即可。

（1）启动 Word 2016，打开主文档“信函（主文档）”案例文件，接下来的任务就把数据源中的“客户姓名”和“服务账号”两个字段合并到主文档中。

（2）单击“邮件”选项卡中的“开始邮件合并”→“邮件合并分步向导”按钮，如图 4-1 所示，可在窗口的右侧出现“邮件合并”任务窗格。

（3）可以在“邮件合并”任务窗格中看到“邮件合并向导”的第一步：选择文档类型，如图 4-2 所示，这里采用默认的选项“信函”。

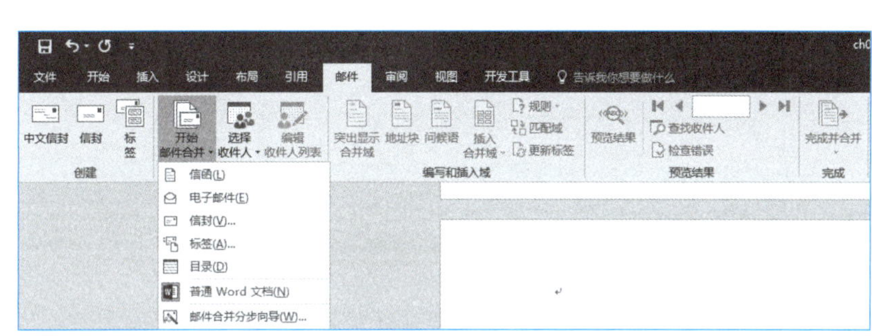

图 4-1 “邮件合并分步向导”命令

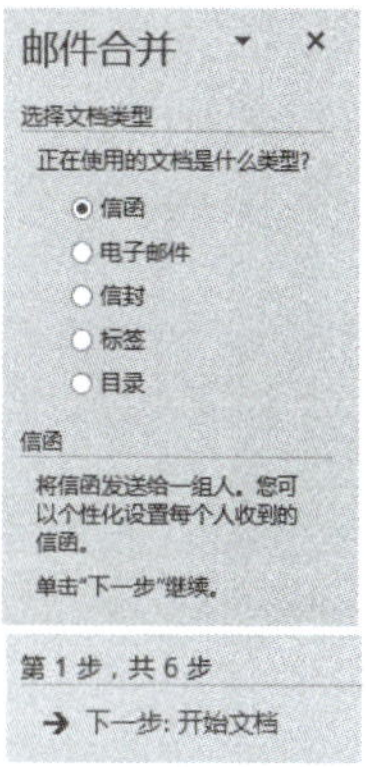

图 4-2 选择文档类型

（4）单击任务窗格下方的“下一步：开始文档”链接，进入“邮件合并向导”第二步：选择开始文档，如图 4-3 所示。由于当前的文档就是主文档，故采用默认选项“使用当前文档”。

（5）单击任务窗格下方的“下一步：选取收件人”链接，进入“邮件合并向导”第三步：选择收件人，如图 4-4 所示。从这里可以看到，如果还没创建数据源，则可以选中“键入新列表”单选按钮，然后单击“键入新列表”下方的“创建”链接，在弹出的“新建地址列表”对话框中进行创建。但是前面已经说过，为了提高效率，应提前把数据源创建好。由于我们已经准备好了 Excel 格式的数据源，“信函和信封（数据源）”案例文件，于是单击“使用现有列表”区的“浏览”链接，弹出“选取数据源”对话框。

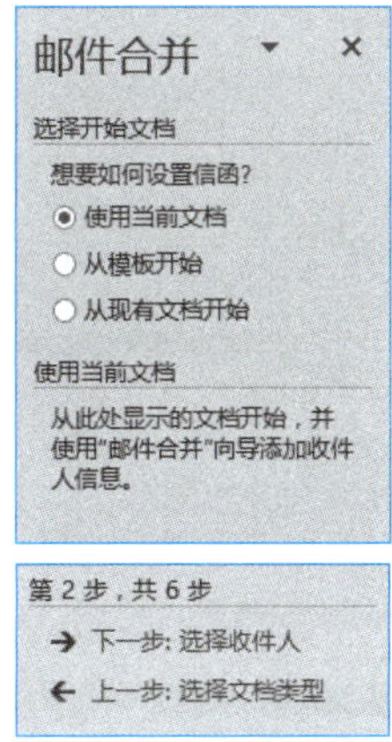

图 4-3 选择开始文档

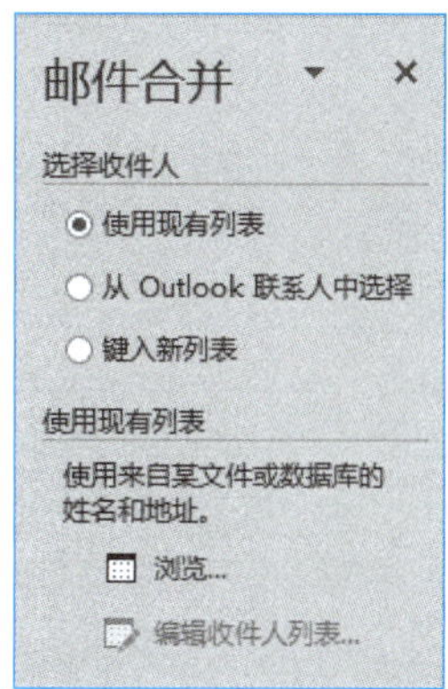

图 4-4 选择收件人

说明

要注意所选数据源的表格第一行不用插入标题或其他文字，而必须是表头，否则将无法识别数据源。

（6）通过该对话框定位到“信函和信封（数据源）”案例文件的存放位置，选中后单击“打开”按钮。由于该数据源是一个 Excel 格式的文件，会弹出“选择表格”对话框，数据存放在 Sheet1 工作表中，于是在 Sheet1 被选中的情况下单击“确定”按钮，如图 4-5 所示。

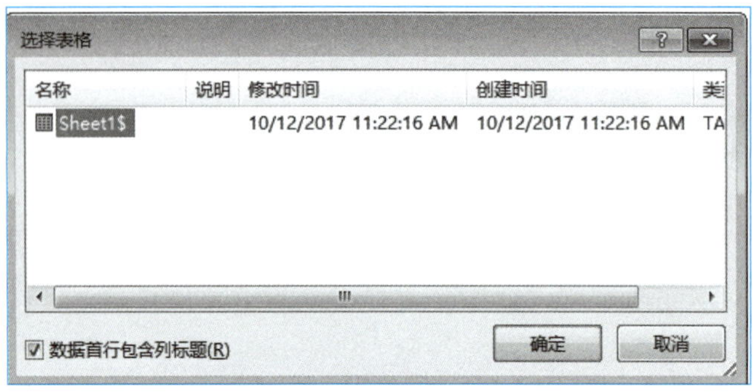

图 4-5　选择信函和信封（数据源）

（7）接着弹出“邮件合并收件人”对话框，可以在这里选择哪些记录要合并到主文档，默认状态是全选，如图 4-6 所示。这里保持默认状态，单击“确定”按钮，返回 Word 编辑窗口。

（8）单击“下一步：撰写信函”链接，进入“邮件合并向导”的第四步：撰写信函。这个步骤是邮件合并的核心，因为在这里我们将完成把数据源中的恰当字段插入到主文档中的恰当位置。

（9）先选中主文档中的“[收信人姓名]”，接着单击任务窗格中的“其他项目”链接，弹出“插入合并域”对话框，如图 4-7 所示，“数据库域”单选按钮被默认选中，“域”下方的列表中出现了数据源表格中的字段。接下来选中“客户姓名”，单击“插入”按钮后，数据源中该字段就合并到了主文档中。

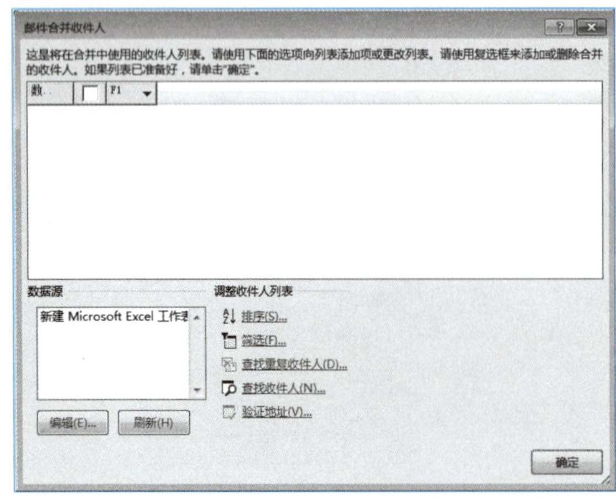

图 4-6　选择邮件合并收件人

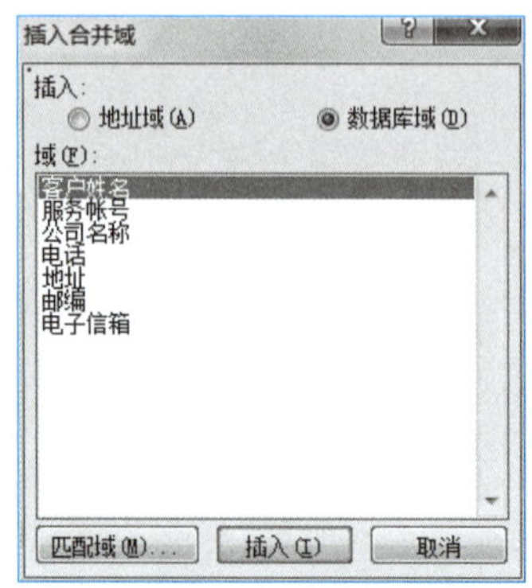

图 4-7　“插入合并域”对话框

（10）先关闭“插入合并域”对话框，然后选中“[服务账号]”，用同样的方法把数据源中的“服务账号”字段合并到主文档中。

（11）可以看到从数据源中插入的字段都被用“《 》”括起来，以便和文档中的普通内容相区别。

（12）检查确认之后，就可以单击“下一步：预览信函链接”，进入“邮件合并向导”第五步：预览信函，如图 4-8 所示。首先可以看到刚才主文档中的带有“《 》”符号的字段，变成数据源表中的第一条记录中信息的具体内容，单击任务窗格中的“<<”或“>>”按钮可以浏览批量生成的其他信函。

说明

这里的“[收信人姓名]”只起提示作用，插入合并域时需将其删除，否则将多出“[收信人姓名]”几个字。

（13）浏览合并生成的信函通常是件很愉快的事，因为用传统方法做起来很麻烦的任务，已经被聪明的 Word 完成了。确认正确无误之后，单击“下一步：完成合并”链接，就进入了“邮件合并向导”的最后一步“完成合并”。在这里单击“合并”区的“打印”链接就可以批量打印合并得到的 10 份信函了。为什么有 10 份信函呢？这是因为数据源表格中的记录数只有 10 个。在弹出的“合并到打印机”对话框（见图 4-9）中还可以指定打印的范围，这里采用默认选项“全部”。

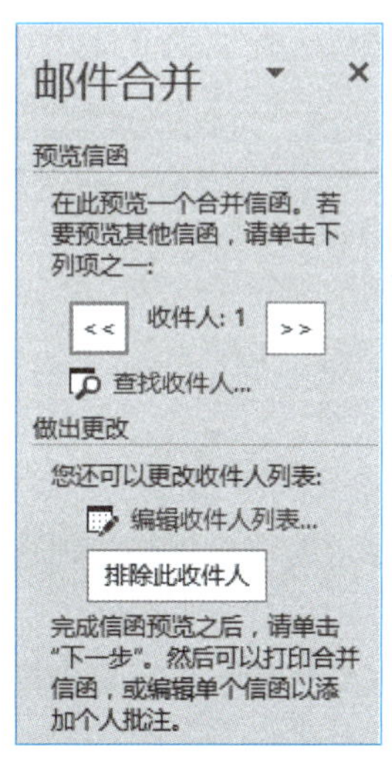

图 4-8　预览信函

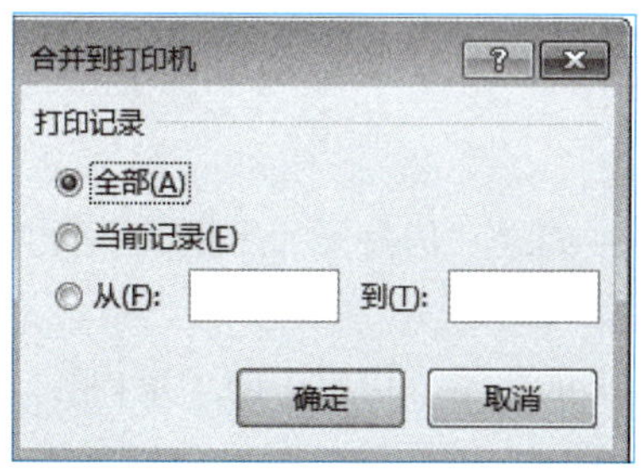

图 4-9　“合并到打印机”对话框

（14）如果计算机连接了打印机，单击“确定”按钮，弹出“打印”对话框，再单击“确定”按钮。一会儿之后，10 份专业的信函就出现在你面前了。

任务二：制作大量信封

完成信函的制作之后我们开始批量制作信封。之所以介绍制作信封，而不做贴在信封上的那种信签条，是因为一方面精心制作好信封能给客户更专业和深刻的印象，另一方面信签条的制作方法和后面介绍的制作大量的工资条类似，完全可以仿照操作。

显然，信封的制作也要经历“邮件合并向导”的 6 个步骤，有了前面的基础，下面的学习将更加轻松。不过也不要掉以轻心，这个任务只提供了数据源，并没有提供主文档，我们将把重点放在主文档的制作与修饰上。

（1）启动 Word 2016，进入主界面后新建一个空白文档，并打开“邮件合并”任务窗格。在“邮件合并向导”的第一步：选择文档类型中，选中“信封”单选按钮，如图 4-10 所示。

（2）进入“邮件合并向导”第二步：选择开始文档。这里我们要设定信封的类型和尺寸，单击“更改文档版式”区的“信封选项”链接，打开“信封选项”对话框，单击“信封尺寸”框的下拉按钮，在弹出的列表中选择一种信封类型。这里以使用较普遍的标准小信封（规格为 110 mm × 220 mm）的尺寸为例。于是选择“普通 5”选项，如图 4-11 所示。单击“确定”按钮后返回 Word 编辑窗口，可以看到页面已经根据信封的规格改变。

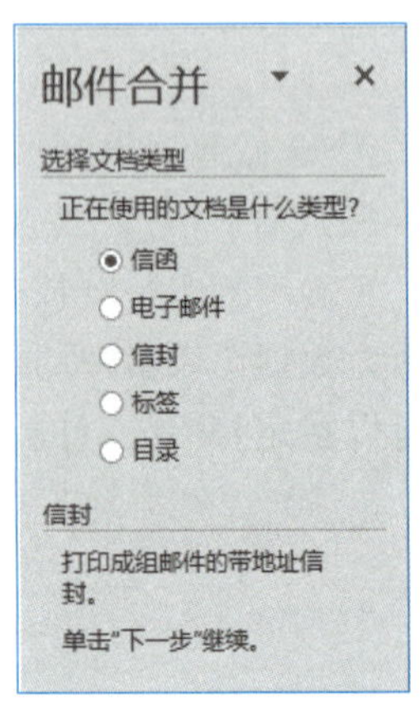

图 4-10　选择文档类型

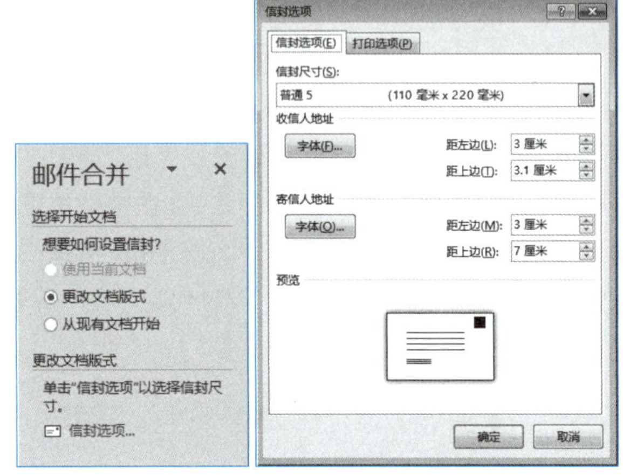

图 4-11　自定义信封尺寸

说　明

“信封尺寸”在这里是一个广义的概念，并不仅仅指信封的尺寸，而是要设置的文档的大小。

注意：如果“信封尺寸”框的下拉列表中没有符合要求的信封规格，则选择最后一项，自定义信封的尺寸。

（3）下面将输入信封中的固定内容，即发信人的信息。将插入点定位于信封下方的文本框中，输入发信人的信息，如图 4-12 所示。

（4）拖动文本框到信封右下角恰当位置，以便符合信封的布局规定。为了让这些信息看起来更加美观，可以对它们进行修饰。选中公司名称“上海时代日用品公司”，设置字体为“楷体”，对齐方式为“居中对齐”，选中地址和邮编，设置对齐方式为“分散对齐”，稍加修饰后可以得到比较专业的外观。到这里为止，完成了主文档的制作，制作效果如图 4-13 所示。

（5）接下来就进入把数据源中的字段合并到主文档中的过程了。本任务使用的数据源和任务一相同，其实任务一的数据源中就含有制作信封所需要的“收信人姓名”“地址和邮编”这些字段的信息。

图 4-12　输入发信人信息

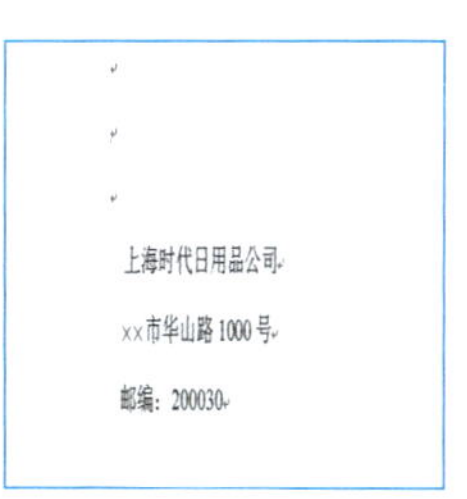

图 4-13　主文档的制作

（6）进入“邮件合并向导”第三步：选取收件人。单击“使用现有列表”区的“浏览”链接，用和任务一相同的方法打开 Excel 格式的数据源“信函和信封（数据源）”文件。

（7）进入“邮件合并向导”第四步：选取信封。在这里将完成把数据源中的字段合并到主文档中的操作。把插入点定位于信封左上角放置邮编的位置，单击“其他项目”链接，打开“插入合并域”对话框，在“域”下方的列表中选择“邮编”，再单击“插入”按钮，于是“邮编”字段被合并到主文档中。用同样的方法把“地址”字段插入到“邮编”的下方，“客户姓名”插入到位于信封正中的文本框中。

（8）插入操作完成后关闭“插入合并域”对话框，返回 Word 编辑窗口，调整存放“客户姓名”字段文本框的大小和位置，设置“客户姓名”字段的对齐方式为“居中对齐”，如图 4-14 所示。

（9）进入“邮件合并向导”第五步：预览信封。在这里可以先浏览一下信封的效果。也许此时信封的外观并不能让你满意，因为收信人的邮编和地址都凑在一起、客户姓名字体不够醒目等。为了让信封的外观更加悦目，下面再来进行一番修饰。

（10）先选中邮政编码所在的段落，右击并选择“字体”命令，在弹出的“字体”对话框中，设置为“宋体、三号、加粗”，在“字符间距”选项区域中，如图 4-15 所示，设置“间距”为“加宽”，磅值为“18 磅”，设置完成后单击“确定”按钮。

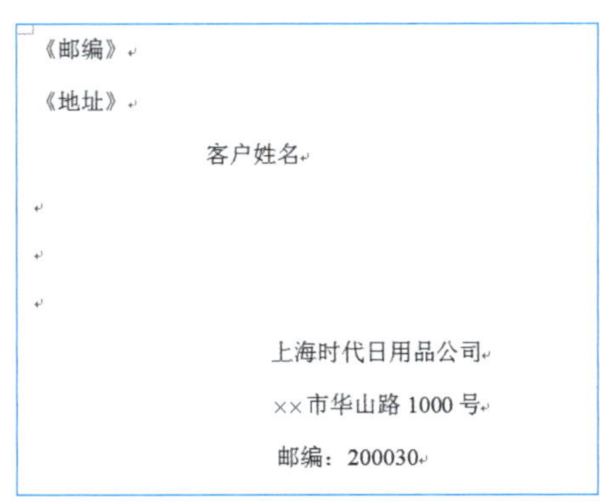

图 4-14　调整文本框大小和位置

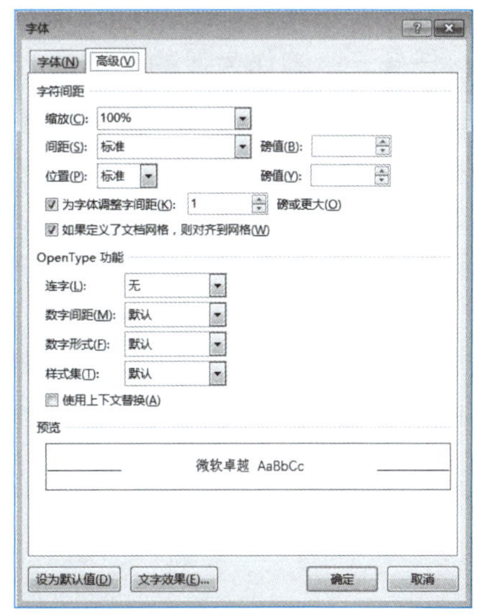

图 4-15　设置“邮政编码”的字体

（11）选中地址所在段落，用同样的方法打开“字体”对话框，设置为“黑体、三号、间距为加宽，18 磅”，设置完成后单击“确定”按钮。

（12）在“客户姓名”后输入一个空格和“收”字，然后选中它们，设置对齐方式为“居中对齐”，打开“字体”对话框，设置为“华文行楷、小一、间距为加宽，5 磅”，设置完成后单击“确定”按钮，如图 4-16 所示。现在再来看看信封的外观，是不是更加美观呢？

（13）浏览满意之后，就进入“邮件合并导向”第六步：完成合并。单击“合并”区的“打印”链接，打开图 4-17 所示的“合并到打印机”对话框，在这里可以设定打印的范围，我们保持默认选项“全部”，单击“确定”按钮后弹出“打印”对话框，再单击“确定”按钮可以开始打印。

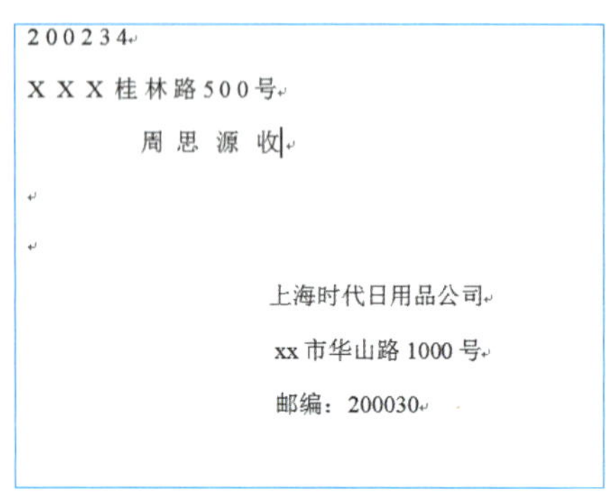

图 4-16 设置“客户姓名”

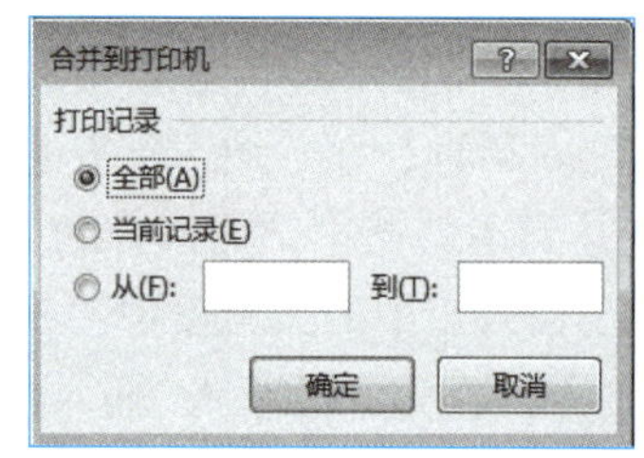

图 4-17 “合并到打印机”对话框

（14）如果这些信封以后还会用到，则可以把合并结果保存一个新的文档，以便重复使用。

（15）在“邮件合并导向”第六步：合并完成的任务窗格中，单击“编辑单个信封”链接，打开“合并到新文档”对话框，保持默认选项“全部”，单击“确定”按钮后，得到一个名称为“信封 1”的新文档，设置显示的比例为 50%，可以在编辑窗口内看到合并生成的所有信封。

（16）接下来为“信封 1”新文档取一个恰当的名称，如“客户信封”，保存在恰当的位置即可，以后需要重新制作这些信封时，打印这个文档即可。

任务三：制作大量的工资条

已经运用邮件合并完成了两个任务，大家应该对这个强大的功能比较了解了。那么是否还有必要继续操练任务三呢？回答是肯定的：一是因为任务三的完成过程代表了一系列任务，比如制作大量的成绩条、信签条等的完整方法；二是在任务三中我们将学习使用“邮件合并”工具栏，熟练使用“邮件合并”工具栏可以提高操作的效率。

本任务提供了主文档和数据源案例文件，进入具体操练之前，请先下载好。主文档是一个工资条表格，数据源是一个 Access 格式的记录表。大家将会在操练中体会到 Excel 格式数据源和 Access 在使用方法上几乎没什么区别，操作都很简单。

说 明

“主文档”除了可以是文字、文本框外，还可以是表格。

（1）打开主文档“工资条（主文档）”案例文件，可以看到，这是一个制作好的工资条表格，和前两个任务一样，在后面的过程中，我们要通过“邮件合并”向导把数据源中的字段信息合并进来。

（2）打开“邮件合并”任务窗格，进入“邮件合并向导”第一步：选择文档类型，我们采用默认选项“信函”。

（3）进入“邮件合并向导”第二步：选择开始文档。由于当前文档就是主文档，故采用默认选择“使用当前文档”。

（4）进入“邮件合并向导”第三步：选取收件人。在这里要告诉 Word 数据源在哪里。单击“使用现有列表”区的“浏览”按钮，用同前面任务相同的方法，通过“选择数据源”对话框，定位至 Access 格式数据源的存放位置，选中并打开它。

（5）接着弹出“邮件合并收件人”对话框，这和前面两个任务的情形是类似的，在这里可以指定参与邮件合并的记录，保持默认选项“全部”，并单击“确定”按钮返回 Word 编辑窗口。

（6）进入“邮件合并向导”第四步：撰写信函。

（7）将插入点定位于表格的第二行第一格内，单击“邮件”→“插入合并域”→“序号”按钮，即可把“序号”字段合并到主文档中。

（8）用同样的方法把其余字段插入主文档表格中对应的位置，完成后效果如图 4-18 所示。

序号	姓名	岗位工资	工龄工资	副食补贴	书报费	住房补贴	水电费	住房贷款	总工资	应付工资
«序号»	«姓名»	«岗位工资»	«工龄工资»	«副食补贴»	«书报费»	«住房补贴»	«水电费»	«住房贷款»	«总工资»	«应付工资»

图 4-18 工资条完成效果

（9）进入“邮件合并向导”第五步：预览信函。在这里可以浏览一下工资条的大致效果，还可以调整“姓名”表格的宽度，让姓名在一行内显示。然后选中“姓名”后的表格区域并右击，在弹出的快捷菜单中选择“平均分布各列”命令，让这些列具有相同的宽度，这会使制作完成的工资条更加美观。

（10）如果就这样进入“邮件合并向导”的第六步，开始执行打印操作的话，那么将出现一页纸只能打印一个工资条的情况，这样就太浪费了。下面进行一些操作，使得一张纸上可以打印几个工资条，以便充分利用资源。

说 明

“下一条记录”使得每一页不只是显示一条记录，而是可以插入多条。

（11）选中整个工资条表格，并执行“复制”命令，然后在原表格下方空一行后执行“粘贴”命令。这样就得到了两个工资条了。根据页面的大小重复上面的操作。笔者的操练过程中一页纸上容纳了 7 个。

（12）接着会发现这 7 个工资条记录数据全都是一样的，该怎么处理呢？非常简单，只要利用“邮件合并”工具栏上的一个命令就可以了。我们先把插入点定位于主文档中第一个和第二个表格之间的空行处，单击“邮件”选项卡上的“编写和插入域”选项组中的“规则”按钮，在弹出的菜单中选择“下一记录”命令，如图 4-19 所示，你会发现第二个表格中的数据变成了数据源中第二条记录的数据。接着把插入点定位于第二个和第三个表格之间的空行执行上述的操作，后面的表格可依此类推进行处理。

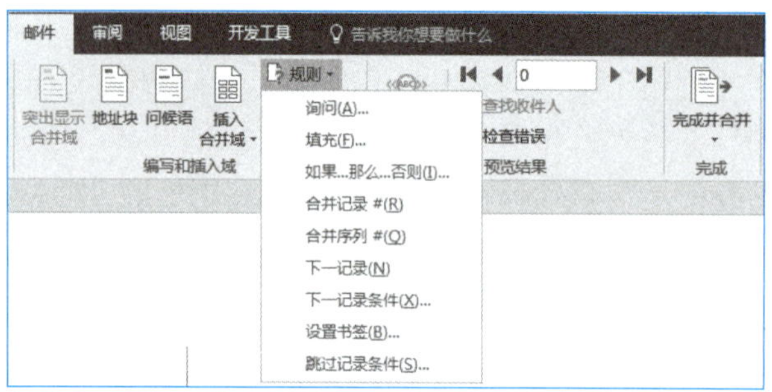

图 4-19　设置下一条记录

（13）全部完成后效果如图 4-20 所示。

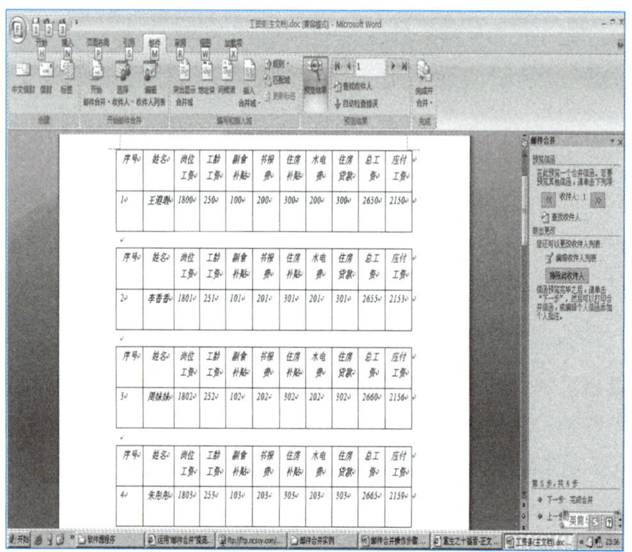

图 4-20　完成效果

（14）浏览并确认无误之后就可以进入“邮件合并向导”第六步：完成合并。然后把工资条打印出来，制作完成。

知识点小结

本案例通过 3 个任务，让大家了解“邮件合并”的使用。在 Office 中，先建立两个文档：一个 Word 包括所有文件共有内容的主文档（如未填写的信封等）和一个包括变化信息的数据源 Excel（填写的收件人、发件人、邮编等），然后使用邮件合并功能在主文档中插入变化的信息，合成后的文件用户可以保存为 Word 文档，可以打印出来，也可以以邮件的形式发出去。

第一步：准备好源数据。

第二步：制作好文档模板。

第三步：完成合并。

这就是邮件合并的全过程。如果善于使用的话，可以解决很多问题。

拓展训练

（1）制作考试准考证。要求一张 A4 纸张打印六张准考证。

（2）批量打印院广播站名单。

知识链接

1. 邮件合并的应用领域

（1）批量打印信封：按统一的格式，将电子表格中的邮编、收件人地址和收件人打印出来。

（2）批量打印信件：主要是从电子表格中调用收件人，换一下称呼，信件内容基本固定不变。

（3）批量打印请柬：主要是从电子表格中调用收件人，换一下称呼，信件内容基本固定不变。

（4）批量打印工资条：从电子表格调用数据。

（5）批量打印个人简历：从电子表格中调用不同字段数据，每人一页，对应不同信息。

（6）批量打印学生成绩单：从电子表格成绩中取出个人信息，并设置评语字段，编写不同评语。

（7）批量打印各类获奖证书：在电子表格中设置姓名、获奖名称和等级，在 Word 中设置打印格式，可以打印众多证书。

（8）批量打印准考证、明信片、信封等个人报表。

总之，只要有数据源（电子表格、数据库），就可以很方便地按一个记录一页的方式从 Word 中用邮件合并功能打印出来。

2. 书写感谢信的注意事项

感谢信是一种礼仪文书，用于商务活动中的许多非协议的合同中，一方受惠于另一方，应及时地表达谢意，使对方在付出劳动后得到心理上的收益，它是一种不可少的公关手段。感谢信是集体单位或个人对关心、帮助、支持本单位或个人表示衷心感谢的函件。感谢信是文明的使者，从文体来说，它属于应用文体。在日常生活和工作中，得到他人的帮助和支持，可用这种文体"感谢"一下。它与表扬信有许多相似之处，也有表扬的意思，所不同的是感谢信重点在感谢。

（1）内容要真实，评语要恰当。感谢信的内容必须真实，确有其事，不可夸大溢美。感谢信以感谢为主，兼有表扬，所以表达谢意时要真诚，说到做到。评语对方时要恰当，不能过于拔高，以免给人一种失真的印象。

（2）用语要适度，叙事要精练。感谢信的内容以主要事迹为主，详略得当，篇幅不能太长，所谓话不在多，点到为止。感谢信的用语要求是精炼、简洁，遣词造句要把握好一个度，不可过分雕饰，否则会给人一种不真实的感觉。

案例 5 招标文件的制作

情境再现

情景：×× 工程咨询公司办公室。

角色：王总、万经理、刘珊珊。

故事：××工程咨询公司是一家江西省内非常知名的企业，作为一名本科生能进入这家公司，刘珊珊觉得非常幸运。由于她还是新员工，万经理总是分配些会议准备、贴发票等工作给她，虽然工作很轻松，但是如果一直这样下去的话，刘珊珊可能就只能做这些杂事了。

刘珊珊一边认真完成万经理交待的工作，一边等待机会。一天，公司的王总急匆匆地赶进来，嘴里还嚷嚷："小万，快快快！赶紧召集你手下，我们要赶一个标出来！"万经理一听，也急了："怎么办？所有的人都派出去了，今天有4个标啊！公司都没人了！"王总立马变脸了："不行！怎么也要挪两个过来！"刘珊珊本来是在会议室里贴着发票，这时早挪到门口，在那晃来晃去，万经理一扫四周，很果断地说："小刘，你和我一起去王总办公室开个会，快点！"刘珊珊清脆地应了一声："好嘞！"他们到王总办公室里碰了头，原来是××县小型农田水利工程要招标，本来选好了一家公司做招标代理，突然临时又转到他们公司里，王总说："要得很急，明天一早就要做出来。小万，就看你们的了！"万经理瞄瞄刘珊珊，心想这下好，就一新手还是非对口专业的，只能赶鸭子上架了。

他们回到办公室后，万经理不管三七二十一，直接扔了一沓厚厚的招标文件给刘珊珊："没时间了，只能给你半小时，看看招标文件有些什么内容。"刘珊珊笑笑："万经理，这些我平时没事时都认真学习过了。"万经理一听，有点惊讶："哦，那你说说看，招标文件有哪些内容？"刘珊珊简洁明了地说了起来，这就让万经理的心慢慢地落下了一半。他认真地看着刘珊珊："你今天就负责这个标书的制作，今晚8点之前交给我。"刘珊珊脸涨得通红："保证完成任务！"

说明

招标文件是供应商准备投标文件和参加投标的依据，同时也是评标的重要依据，因为评标是按照招标文件规定的评标标准和方法进行的。此外，招标文件是签订合同所遵循的依据，招标文件的大部分内容要列入合同之中。因此，准备招标文件是非常关键的环节，它直接影响采购的质量和进度。

任务分解

招标文件的主要内容包括：

（1）招标公告。

（2）投标人须知。

（3）评标办法。

（4）合同条款及格式：通用合同条款、专业合同条款、合同附件格式。

（5）工程量清单。

（6）投标书格式。

这些正是刘珊珊刚刚说的，可怎么做呢？刘珊珊想，不仅要做好内容，还要把招标书的外表好好包装一下。她把任务分解了一下：

（1）插入封面。

（2）设置页面边框样式。

（3）设置样式。

（4）自动生成和更新目录。

（5）编辑页眉和页脚。

任务实现

步骤一：制作投标文件。

（1）依次单击“插入”→“页面”→“封面”下拉按钮，如图 5-1 所示。

（2）在其下拉菜单中选择“奥斯汀”封面样式，如图 5-2 所示。

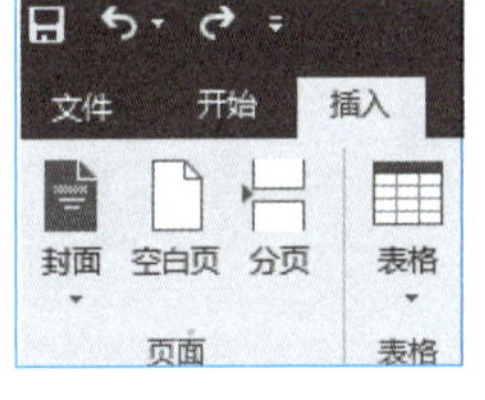

图 5-1　单击“封面”按钮

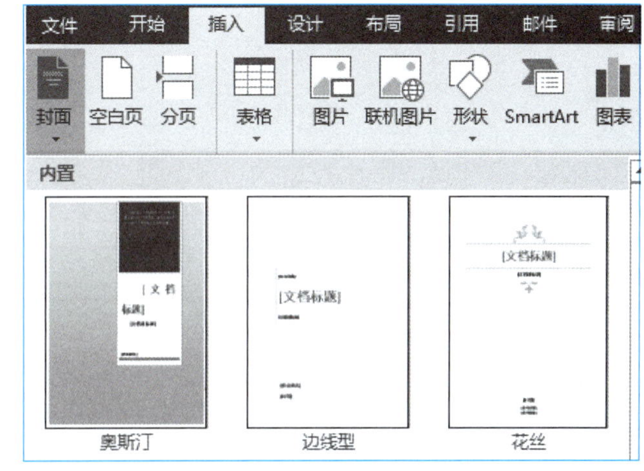

图 5-2　选择“奥斯汀”封面样式

（3）在封面上方的公司名称控件中输入“××县 2020 年小型农田水利重点县工程”，并设置为“宋体，加粗，二号”，如图 5-3 所示。

（4）在标题控件中输入“招标文件”，并设置为“宋体，加粗，初号”，如图 5-4 所示。

（5）在副标题控件中输入“【合同编号：0000123】”，并设置为“黑体，加粗，三号”，如图 5-5 所示。

xx 县 2020 年小型农田水利重点县工程

图 5-3　公司名称

招标文件

图 5-4　文件标题

（6）将作者控件和日期控件移至封面的正下方，输入招标人信息和日期，并设置为“黑体，加粗，四号”，如图 5-6 所示。

招标文件

【合同编号：00000123】

图 5-5　文件副标题

招标人：xx 县小型农田水利重点县工程建设项目部（盖单位章）

招标代理机构：江西丰华工程咨询服务中心（盖单位章）

二〇二〇年五月

图 5-6　招标人信息

（7）为增加封面的美观性，依次单击“设计”→“页面背景”→“页面边框”按钮为封面添加边框，如图 5-7 所示。

（8）弹出“边框和底纹”对话框，如图 5-8 所示。在“页面边框”选项卡左侧选择一种设置方式，如“方框”，在“样式”列表中选择“双线”，在“颜色”下拉列表中选择“自动”，在“宽度”下拉列表中选择“0.5 磅”，在“应用于”下拉列表中选择“本节 - 仅首页”。

图 5-7　页面边框

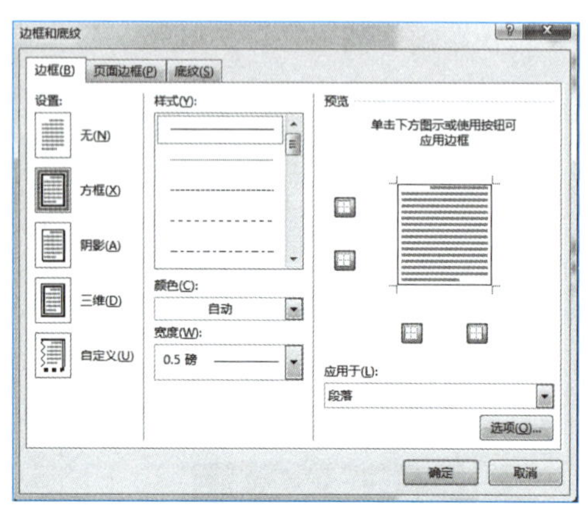

图 5-8　设置页面边框

说　明

在“边框和底纹”对话框中，要在“页面边框”中设置边框。右边的“预览”中的按钮可以直接应用相应的边框，通过“预览”可以清楚明了地看到边框应用后的情况。

（9）完成的封面效果如图 5-9 所示。

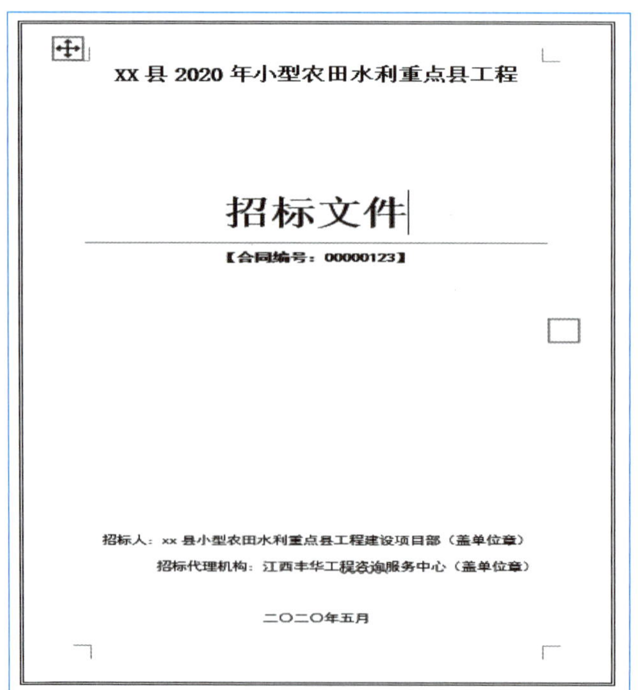

XX 县 2020 年小型农田水利重点县工程

招标文件

【合同编号：00000123】

招标人：xx 县小型农田水利重点县工程建设项目部（盖单位章）

招标代理机构：江西丰华工程咨询服务中心（盖单位章）

二〇二〇年五月

图 5-9　封面效果

步骤二：制作招标文件。

（1）下面进入招标文件内容的编排。第一部分是“第 1 章 招标公告”，如图 5-10 所示。

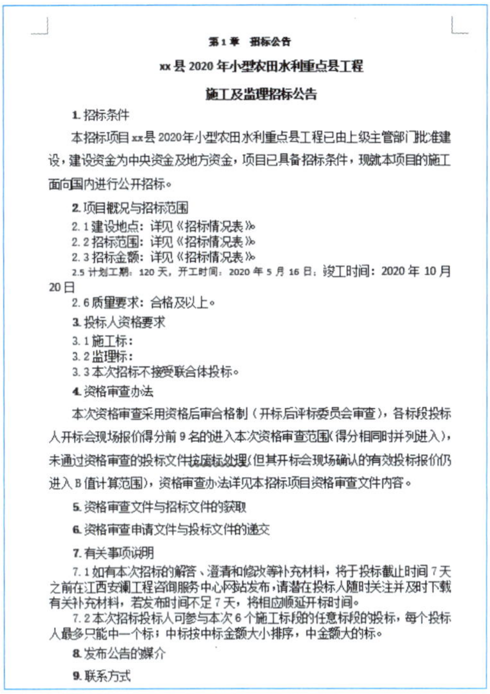

第 1 章　招标公告

xx 县 2020 年小型农田水利重点县工程

施工及监理招标公告

1. 招标条件

本招标项目 xx县 2020年小型农田水利重点县工程已由上级主管部门批准建设，建设资金为中央资金及地方资金，项目已具备招标条件，现就本项目的施工面向国内进行公开招标。

2. 项目概况与招标范围

2.1 建设地点：详见《招标情况表》。

2.2 招标范围：详见《招标情况表》。

2.3 招标金额：详见《招标情况表》。

2.5 计划工期：120 天，开工时间：2020 年 5 月 16 日；竣工时间：2020 年 10 月 20 日

2.6 质量要求：合格及以上。

3. 投标人资格要求

3.1 施工标：

3.2 监理标：

3.3 本次招标不接受联合体投标。

4. 资格审查办法

本次资格审查采用资格后审合格制（开标后评标委员会审查），各标段投标人开标会现场报价得分前 9 名的进入本次资格审查范围(得分相同时并列进入)，未通过资格审查的投标文件按废标处理(但其开标会现场确认的有效投标报价仍进入 B 值计算范围)，资格审查办法详见本招标项目资格审查文件内容。

5. 资格审查文件与招标文件的获取

6. 资格审查申请文件与投标文件的递交

7. 有关事项说明

7.1 如有本次招标的解答、澄清和修改等补充材料，将于投标截止时间 7 天之前在江西安澜工程咨询服务中心网站发布，请潜在投标人随时关注并及时下载有关补充材料，若发布时间不足 7 天，将相应顺延开标时间。

7.2 本次招标投标人可参与本次 6 个施工标段的任意标段的投标，每个投标人最多只能中一个标；中标按中标金额大小排序，中金额大的标。

8. 发布公告的媒介

9. 联系方式

图 5-10　招标公告

（2）第二部分是“第 2 章 投标人须知”，如图 5-11 所示。

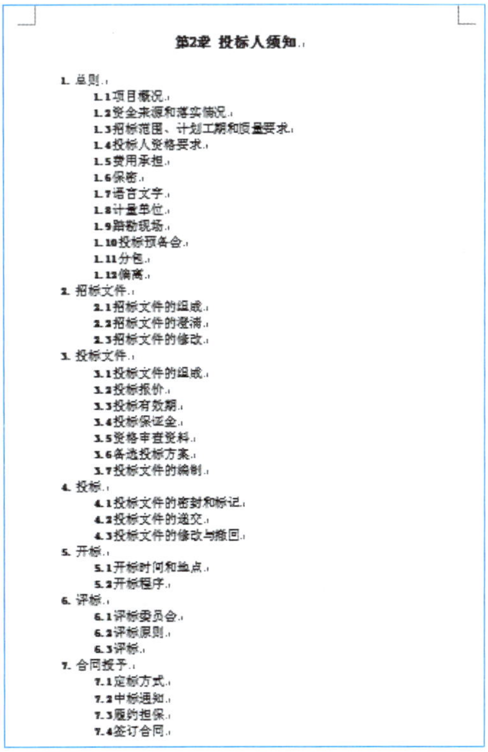

第2章 投标人须知

1. 总则
    - 1.1 项目概况
    - 1.2 资金来源和落实情况
    - 1.3 招标范围、计划工期和质量要求
    - 1.4 投标人资格要求
    - 1.5 费用承担
    - 1.6 保密
    - 1.7 语言文字
    - 1.8 计量单位
    - 1.9 踏勘现场
    - 1.10 投标预备会
    - 1.11 分包
    - 1.12 偏离
2. 招标文件
    - 2.1 招标文件的组成
    - 2.2 招标文件的澄清
    - 2.3 招标文件的修改
3. 投标文件
    - 3.1 投标文件的组成
    - 3.2 投标报价
    - 3.3 投标有效期
    - 3.4 投标保证金
    - 3.5 资格审查资料
    - 3.6 备选投标方案
    - 3.7 投标文件的编制
4. 投标
    - 4.1 投标文件的密封和标记
    - 4.2 投标文件的递交
    - 4.3 投标文件的修改与撤回
5. 开标
    - 5.1 开标时间和地点
    - 5.2 开标程序
6. 评标
    - 6.1 评标委员会
    - 6.2 评标原则
    - 6.3 评标
7. 合同授予
    - 7.1 定标方式
    - 7.2 中标通知
    - 7.3 履约担保
    - 7.4 签订合同

图 5-11　投标人须知

（3）第三部分是“第 3 章 评标办法”，如图 5-12 所示。

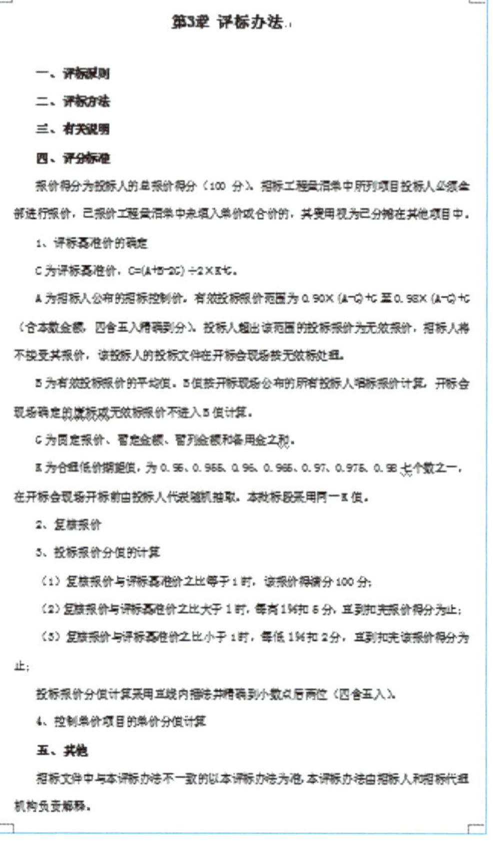

第3章 评标办法

一、评标原则

二、评标办法

三、有关说明

四、评分标准

报价得分为投标人的总报价得分（100 分）。招标工程量清单中所列项目投标人必须全部进行报价，已报价工程量清单中未填入单价或合价的，其费用视为已分摊在其他项目中。

1、评标基准价的确定

C 为评标基准价，C=(A+B-2G)÷2×K+G。

A 为招标人公布的招标控制价。有效投标报价范围为 0.90×(A-G)+G 至 0.98×(A-G)+G（含本数金额，四舍五入精确到分）。投标人超出该范围的投标报价为无效报价，招标人将不接受其报价，该投标人的投标文件在开标会现场按无效标处理。

B 为有效投标报价的平均值。B 值按开标现场公布的所有投标人唱标报价计算，开标会现场确定的废标或无效标报价不进入 B 值计算。

G 为固定报价、暂定金额、暂列金额和备用金之和。

K 为合理低价调整值，为 0.95、0.955、0.96、0.965、0.97、0.975、0.98 七个数之一，在开标会现场开标前由投标人代表随机抽取。本批标段采用同一 K 值。

2、复核报价

3、投标报价分值的计算

（1）复核报价与评标基准价之比等于 1 时，该报价得满分 100 分；

（2）复核报价与评标基准价之比大于 1 时，每高 1%扣 3 分，直到扣完报价得分为止；

（3）复核报价与评标基准价之比小于 1 时，每低 1%扣 2 分，直到扣完该报价得分为止；

投标报价分值计算采用直线内插法并精确到小数点后两位（四舍五入）。

4、控制单价项目的单价分值计算

五、其他

招标文件中与本评标办法不一致的以本评标办法为准，本评标办法由招标人和招标代理机构负责解释。

图 5-12　评标办法

（4）第四部分是“第 4 章 合同条款及格式”，如图 5-13 所示。

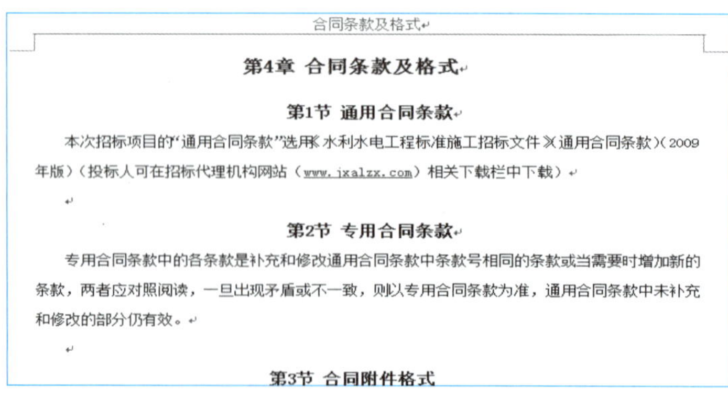

合同条款及格式

第4章 合同条款及格式

第1节 通用合同条款

本次招标项目的“通用合同条款”选用《水利水电工程标准施工招标文件》(通用合同条款)(2009年版)（投标人可在招标代理机构网站（www.jxalzx.com）相关下载栏中下载）

第2节 专用合同条款

专用合同条款中的各条款是补充和修改通用合同条款中条款号相同的条款或当需要时增加新的条款，两者应对照阅读，一旦出现矛盾或不一致，则以专用合同条款为准，通用合同条款中未补充和修改的部分仍有效。

第3节 合同附件格式

图 5-13　合同条款及格式

（5）第五部分是“第 5 章 工程量清单”，如图 5-14 所示。

（6）第六部分是“第 6 章 投标书格式”。

（7）招标文件的内容已经完成，现在来设置样式。打开“开始”选项，单击“样式”窗格，选择相应的“样式”选项，如图 5-15 所示。

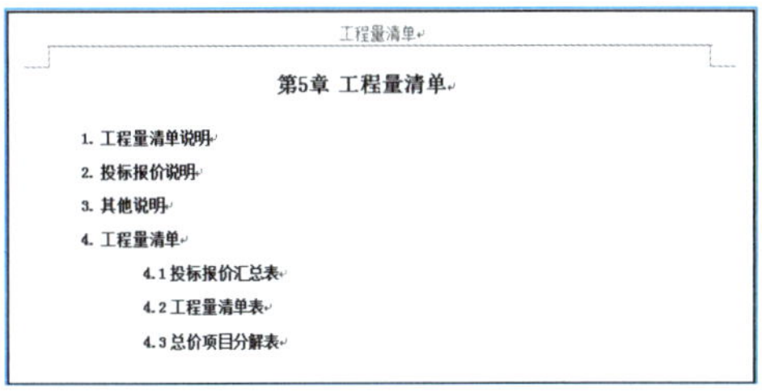

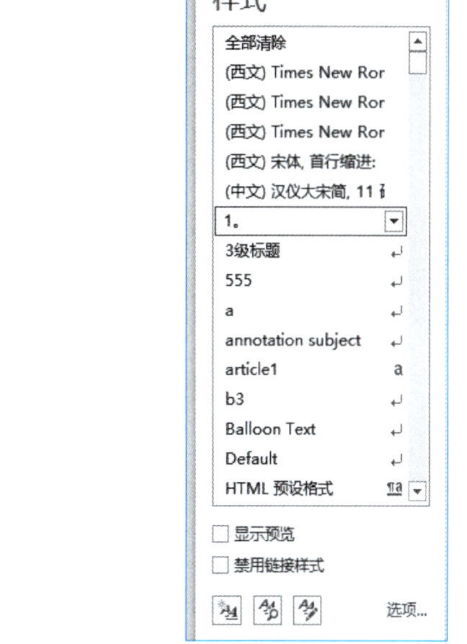

工程量清单

第5章 工程量清单

1. 工程量清单说明
2. 投标报价说明
3. 其他说明
4. 工程量清单
    4.1 投标报价汇总表
    4.2 工程量清单表
    4.3 总价项目分解表

图 5-14 工程量清单

图 5-15 “样式”任务窗格

说 明

在应用“标题”样式时，“样式”任务窗格中不会出现“标题 2”样式，可以单击“样式”任务窗格右下角的“选项”，将在弹出对话框中，“在使用了上一级别时显示下一标题”复选框选中。

（8）弹出图 5-16 所示的“修改样式”对话框，设置“标题”样式为“宋体，四号，加粗，居中”，单击“确定”按钮。

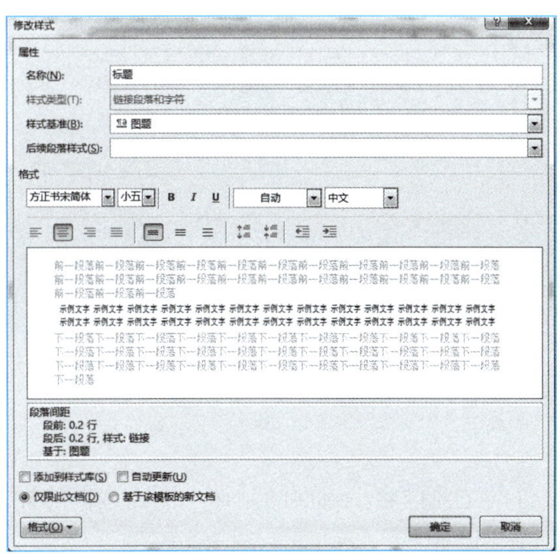

图 5-16 “修改样式”对话框

（9）选中“第 1 章 招标公告”，单击“样式”→“标题”。

（10）按照前面的方法，将第 2 章至第 6 章的标题都应用“标题”样式。

（11）在第二页的首行，选择“插入”选项卡→“页面”→“空白页”，如图 5-17 所示。

（12）单击“引用”→“目录”→“自动目录 1”按钮，如图 5-18 所示。

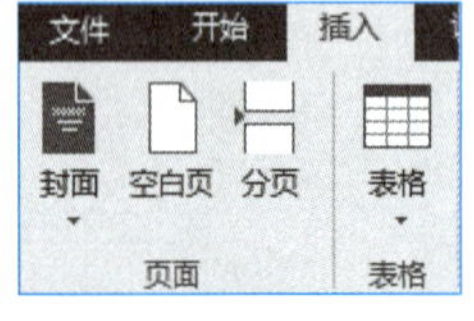

图 5-17　插入空白页

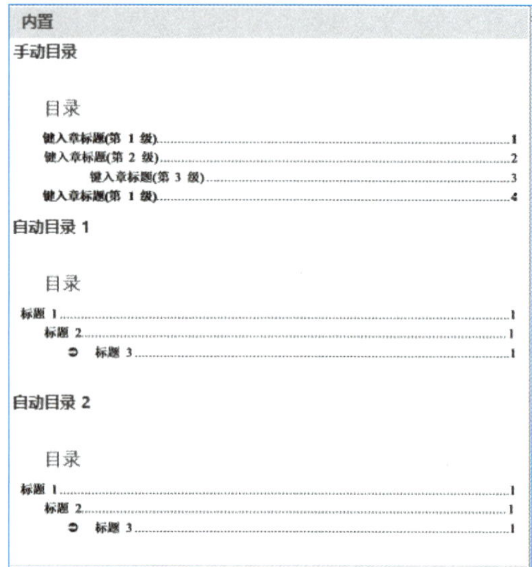

图 5-18　自动生成目录

（13）招标文件的目录效果如图 5-19 所示。

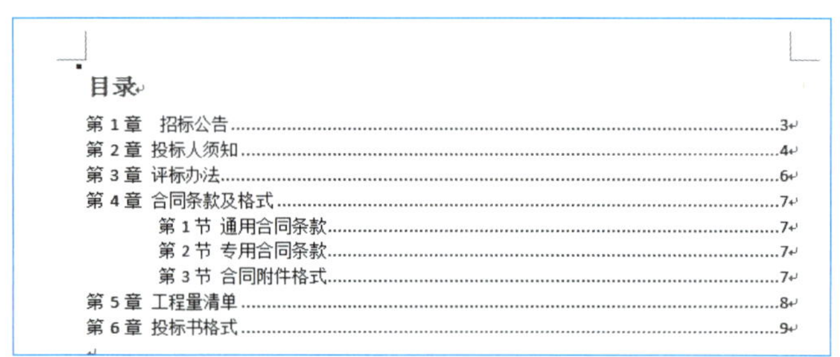

目录

第 1 章　招标公告……3

第 2 章 投标人须知……4

第 3 章 评标办法……6

第 4 章 合同条款及格式……7

　第 1 节 通用合同条款……7

　第 2 节 专用合同条款……7

　第 3 节 合同附件格式……7

第 5 章 工程量清单……8

第 6 章 投标书格式……9

图 5-19　目录效果

说　明

如果添加或删除了文档中的标题或其他目录项，可以按照以下操作快速更新目录：在“引用”选项卡上的“目录”选项组中，单击“更新目录”按钮，然后单击“只更新页码”或“更新整个目录”按钮。

知识点小结

本案例中涉及招标文件的主要内容、封面的制作、页面边框的样式、样式的修改与应用，以及目录的制作等知识点。

1. 封面的制作

Word 2016 有完全格式化的封面，在制作封面时可以直接使用。

2. 页面背景设置

（1）在“设计”选项卡的“页面背景”选项组中，单击“页面颜色”。

（2）在“主题颜色”或“标准颜色”下方单击所需颜色。

（3）单击“填充效果”更改或添加特殊效果，如渐变、纹理或图案。

3. 样式的修改及应用

可以修改快速样式集内的样式，并保存创建的新快速样式集。

（1）在“开始”选项卡的“样式”选项组中，右击要在快速样式集内更改的样式。例如，右击“标题”以更改字体样式的颜色。要在样式集内查找和更改更多样式，请单击“快速样式库”旁的向上箭头或向下箭头。

（2）单击快捷菜单上的“修改”按钮。

（3）在“修改样式”对话框中，按需要更改样式，然后单击“确定”按钮。例如：在“格式”组中单击“颜色”框旁的箭头，然后单击新的字体颜色。该样式的所有实例在整个文档中自动更新。

4. 目录

创建目录最简单的方法是使用内置的标题样式。我们还可以创建基于已应用的自定义样式的目录，或者可以将目录级别指定给各个文本项。

（1）单击要插入目录的位置。

（2）在“引用”选项卡上的“目录”选项组中，单击“目录”按钮，然后单击“插入目录”按钮。

（3）单击“选项”按钮。在“有效样式”下，查找应用于文档中的标题的样式。在样式名旁边的“目录级别”下，输入 1 ~ 9 中的一个数字，指示希望标题样式代表的级别。

（4）选择适合文档类型的目录。

拓展训练

刘珊珊终于把招标文件做好了，她兴冲冲地交到了万经理手上。万经理仔细看了一遍，心里的石头基本放下来了：“行吧，你也忙了一晚上，早点回去吧。”说完转身就回办公室了。毕竟是新手，刘珊珊做得还有些不够，万经理还得花些时间润色修改一下。你觉得刘珊珊哪些地方做得不够好，你是万经理的话会如何修改呢？如果你是刘珊珊，你会如何处理这类情况呢？刘珊珊第二天上班的工作会有变化吗？

知识链接

1. 招标概念

招标（Invitation to Tender）是指招标人（买方）发出招标通知，说明采购的商品名称、规格、数量及其他条件，邀请投标人（卖方）在规定的时间、地点按照一定的程序进行投标的行为。

2. 招标方式

招标方式分为公开招标、邀请招标和议标。

（1）公开招标是指招标人以招标公告的方式邀请不特定的法人或者其他组织投标。公开招标又称竞争性招标，即由招标人在报刊、电子网络或其他媒体上刊登招标公告，吸引众多企业单位参加投标竞争，招标人从中择优选择中标单位的招标方式。按照竞争程度，公开招标可分为国际竞争性招标和国内竞争性招标。

（2）邀请招标是指招标人以投标邀请的方式邀请特定的法人或其他组织投标。邀请招标也称为有限竞争招标，是一种由招标人选择若干供应商或承包商，向其发出投标邀请，由被邀请的供应商、承包商投标竞争，从中选定中标者的招标方式。邀请招标的特点：①邀请投标不使用公开的公告形式；②接受邀请的单位才是合格投标人；③投标人的数量有限。

（3）议标也被称为非竞争性招标或指定性招标，由业主邀请一家最多不超过两家知名的单位直接协商、谈判。这实际上是一种合同谈判形式。

3. 招标代理

招标人有权自行选择招标代理机构，委托其办理招标事宜。招标代理机构是依法设立从事招标代理业务并提供服务的社会中介组织。

4. 招标流程

招标流程一般为：招标者刊登广告或有选择地邀请有关厂商，并发给招标文件，或附上图纸和样品；投标者按要求递交投标文件；然后在公证人的主持下当众开标、评标，以全面符合条件者为中标人；最后双方签订承包或交易合同。

5. 招标文件编制时应注意的问题

招标文件的编制要特别注意以下几个方面。

（1）所有采购的货物、设备或工程的内容，必须详细地一一说明，以构成竞争性招标的基础。

（2）制定技术规格和合同条款，不应造成对任何有资格投标的供应商或承包商的歧视。

（3）评标的标准应公开、合理，对偏离招标文件而另行提出新的技术规格的标书的评审标准，更应切合实际，力求公平。

（4）符合本国政府的有关规定，如有不一致之处要妥善处理。

案例 6　投标书的制作

情境再现

情景：华章打印店。

角色：陈明、张娟。

故事：陈明的电话响起来了，“陈经理，我把 ×× 县小型农田水利工程的招标文件和投标书都发你邮箱了。”助理小美说。陈明今天上午在宜春投标，准备下午直接转到 ×× 县，他让小美连夜把投标书做出来发给他。陈明看了看周围，刚好旁边有家打印店，上面写着“华章打印店”。陈明走进去，里面就一个小姑娘名叫张娟。张娟正在给客户校对书稿，看见有人来了马上站起来说：“你好。”陈明说：“我有个标书，我先下载下来，你再帮我打印两份。”“好的。”张娟应道。

张娟打开陈明的文件仔细浏览了一遍，有些犹豫地说：“你好，你的文件没有页眉和页脚，要不要帮你加上去啊？”陈明一看还真是，小美做的标书都没有做页眉和页脚，他看了看表，上午开标就要开始了，他对张娟说：“你帮我再校对一下，加上页眉和页脚，就按这个标书的格式来，谢谢！”说着陈明就把他带来备用的标书递给了张娟。

张娟是华章打印店的实习生，她看了看样本，顿时有点发虚。原来这份标书的页眉和页脚比较复杂，不同内容的页眉和页脚都不一样。张娟想了想，马上上百度搜索，“哦，找到了。”张娟急忙按照网上找到的指导步骤操作起来了。

任务分解

投标书（Bidding Documents）是投标单位在充分领会招标文件，进行现场实地考察和调查的基础上所编制的投标文书，是对招标公告提出的要求的响应和承诺，并同时提出具体的标价及有关事项来竞争中标。

说明

投标书是指投标单位按照招标书的条件和要求，向招标单位提交的报价并填具标单的文书。投标书要求密封后邮寄或派专人送到招标单位，故又称标函。

（工程）投标书的主要内容如下：

（1）投标函及投标函附录。

（2）法定代表人身份证明。

（3）授权委托书。

（4）投标保证金。

（5）已标价的工程量清单。

（6）项目管理机构：项目管理机构组成表、主要人员简历表。

（7）资格审查资料：投标人基本情况表、近年发生的诉讼及仲裁情况。

（8）其他材料。

张娟仔细浏览了投标书，里面的内容是按照上面的结构设计的，又仔细校对了一遍，没有错别字。张娟把刚刚看到网络资料整理了一遍，准备开始制作页眉和页脚了：

（1）将文档分成不同的节。

（2）在不同节中插入页眉和页脚。

任务实现

步骤一：文档分节。

（1）打开文档，把光标插入“目录”前面，单击“布局”→“页面设置”→“分隔符”→“分节符”组中的“下一页”按钮，如图 6-1 所示。

（2）按照上一步的操作，依次在每一章的起始位置插入“分节符”组中的“下一页”，把每一章分到不同的页面。

（3）单击“视图”选项卡→“视图”选项组→“大纲视图”按钮，如图 6-2 所示。

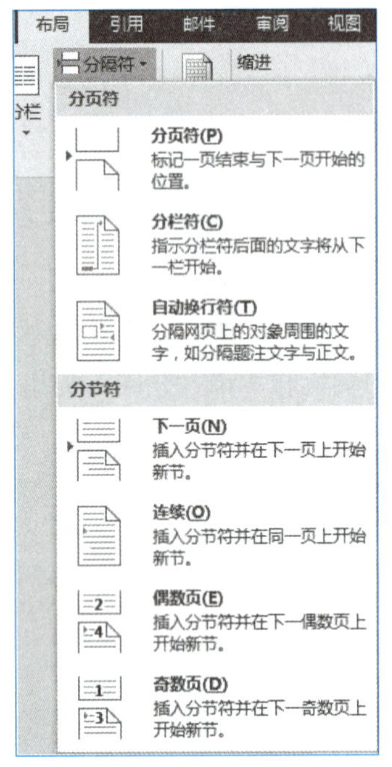

图 6-1　插入“下一页”分节符

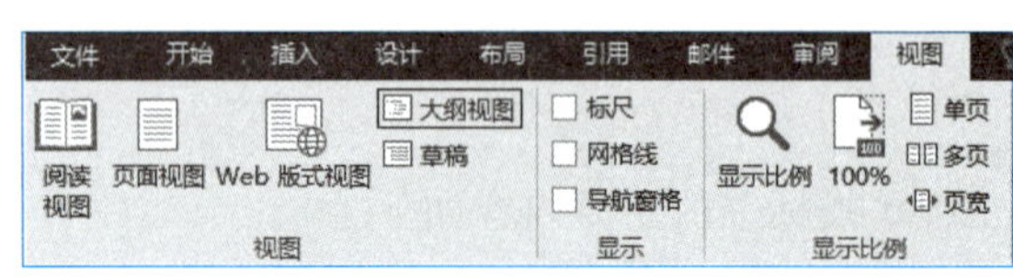

图 6-2　单击“大纲视图”

（4）在大纲视图中，查看“分节符（下一页）”是否都已经插入正确，如图 6-3 所示。

图 6-3　大纲视图中查看“分节符（下一页）”

说　明

如果插入位置弄错了，可以双击“分节符（下一页）”，选中分节符，如图 6-4 所示，再按【Delete】键删除即可。

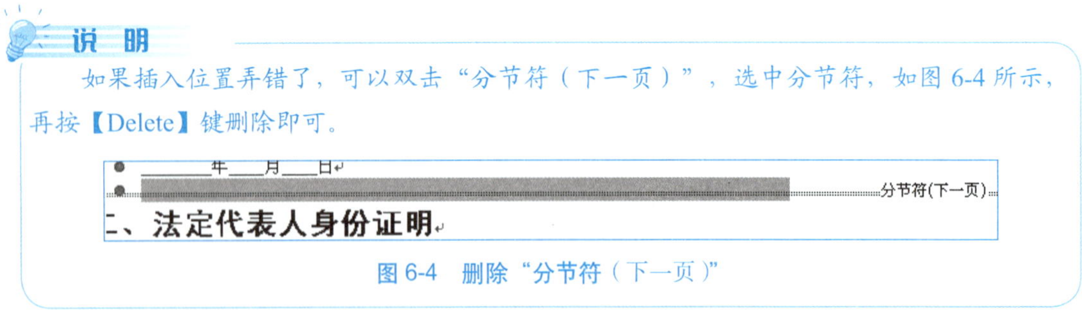

图 6-4　删除“分节符（下一页）”

（5）返回到“页面视图”，光标定位到目录所在页，单击“插入”选项卡→“页眉和页脚”组→“页眉”下拉菜单中的“编辑页眉”按钮，可进入到页眉的编辑状态，如图 6-5 所示。

（6）单击“设计”选项卡→“导航”选项组→链接到前一条页眉按钮，把本节页眉和前一条页眉的链接关系去掉，以便编辑不同的页眉，如图 6-6 所示。

（7）在“页眉”编辑区域中，输入“目录”，如图 6-7 所示。

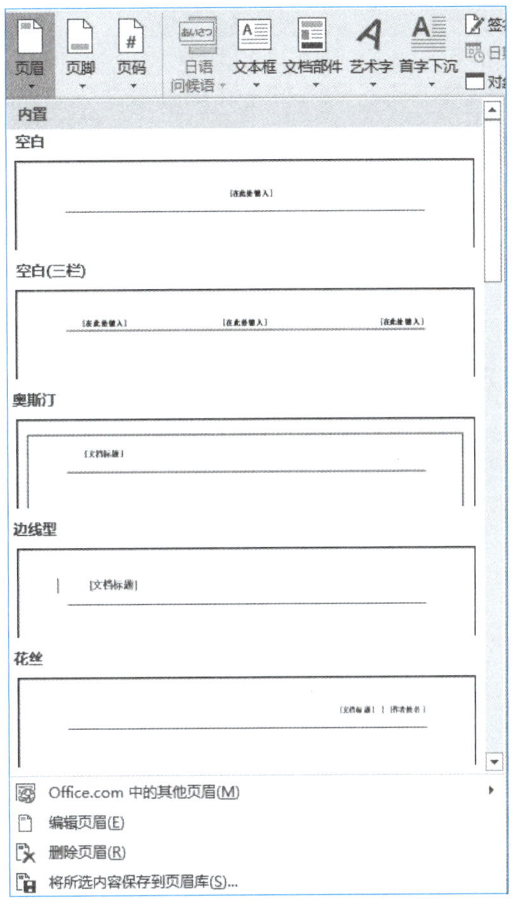

图 6-5　单击“编辑页眉”

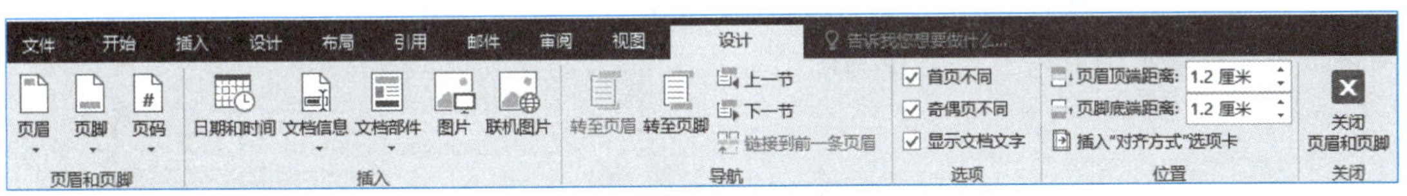

图 6-6　取消“链接到前一条页眉”

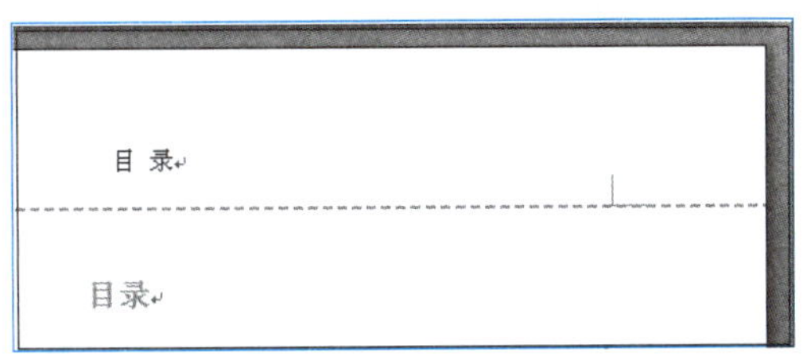

图 6-7　输入“目录”

（8）把光标定位到本页的页脚位置，单击“页眉和页脚工具 / 设计”选项卡→“导航”选项组中的 链接到前一条页眉 按钮，把本节页脚和前一条页脚的链接关系去掉，以便编辑不同的页脚。

（9）单击“页眉和页脚工具 / 设计”选项卡→“页眉和页脚”选项组→“页码”→“页面底端”→“普通数字 2”按钮，如图 6-8 所示。

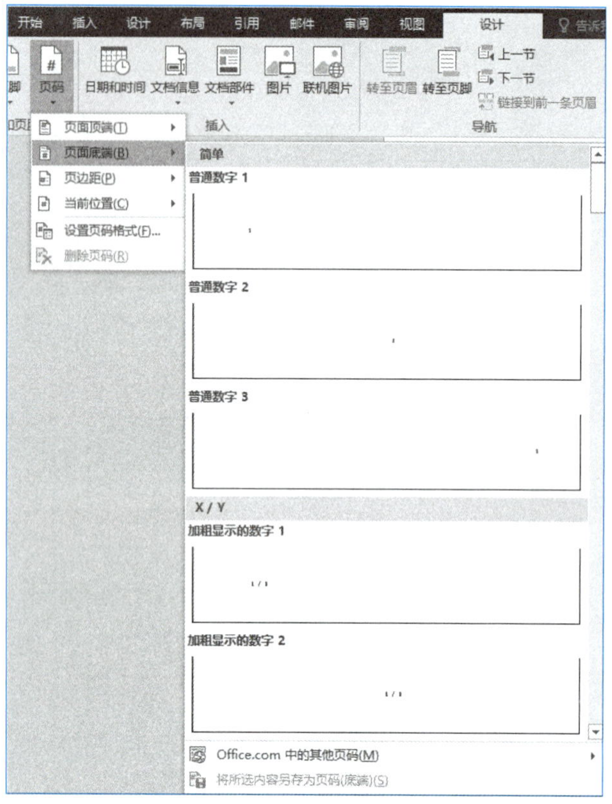

图 6-8 设置页码

步骤二：文档插入页码。

（1）把光标定位到本页的页脚位置，单击“设计”选项卡→“页眉和页脚”选项组→“页码”下拉菜单中的“设置页码格式”按钮，如图 6-9 所示，在弹出图 6-10 所示的“页码格式”对话框中，设置页码格式为“I，II，III…”。

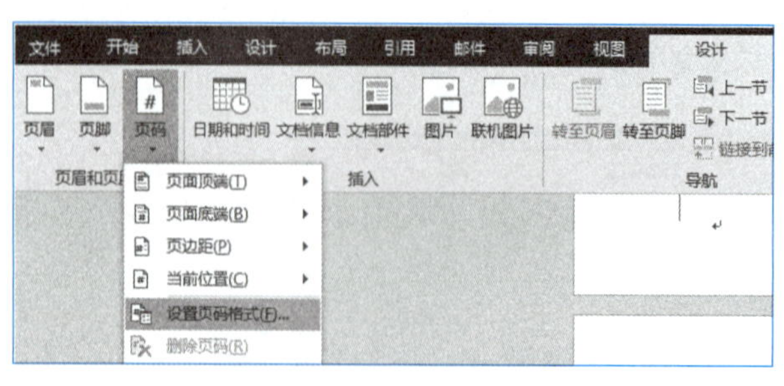

图 6-9 设置页码格式

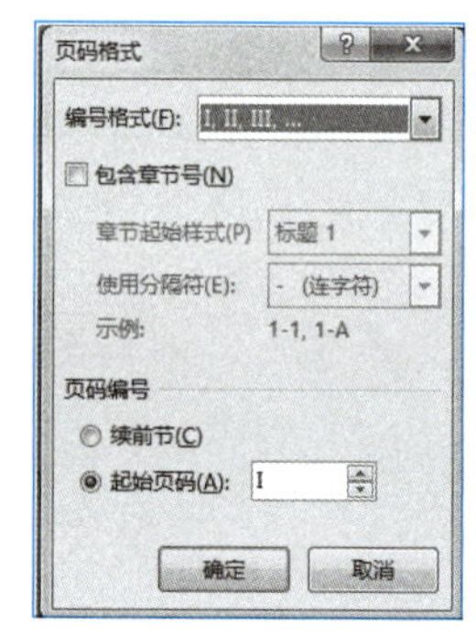

图 6-10 “页码格式”对话框

（2）把光标定位到“一、投标函及投标函附录”的页眉编辑区域，单击“设计”选项卡→“导航”选项组中的链接到前一条页眉按钮，把本节页眉和前一条页眉的链接关系去掉，输入“一、投标函及投标函附录”。

（3）把光标定位到本页的页脚位置，单击“设计”选项卡→“导航”选项组→链接到前一条页眉按钮，把本节页脚和前一条页脚的链接关系去掉，以便编辑不同的页脚。

（4）单击“设计”选项卡→“页眉和页脚”选项组→“页码”→“页面底端”→“普通数字 2”按钮，再单击“设计”选项卡→“页眉和页脚”选项组→“页码”→“设置页码格式”，在弹出的“页码格式”对话框中，设置页码格式为“1，2，3，…”，设置页码编号为起始页码“1”，如图 6-11 所示。

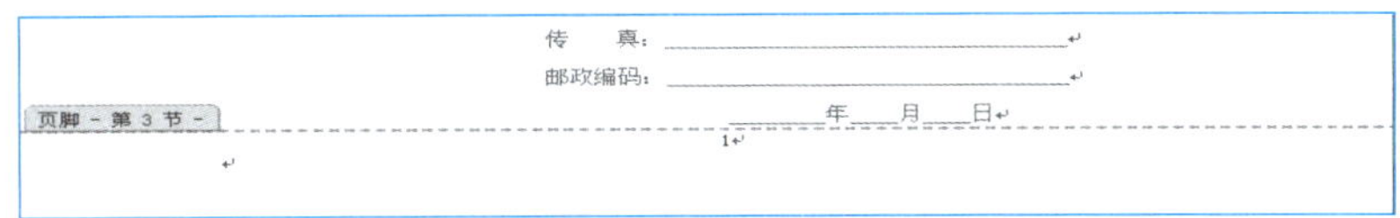

图 6-11　设置页码编号

（5）按照以上操作步骤，分别设置不同节的页眉和页脚。

如果后面的页码要续前节，则不需改动页脚。

知识点小结

本案例中主要围绕 Word 2016 文档的分节，包括对不同节的页面设置不同的页眉和页脚等知识点。

1. 长文档的分节

分节符用于在部分文档中实现版式或格式更改。我们可以更改单个节的很多对象格式，如页边距、纸张大小或方向、打印机纸张来源、页面边框、页面上文本的垂直对齐方式、页眉和页脚等。

（1）“下一页”命令用于插入一个分节符并在下一页开始新的节。这种类型的分节符尤其适用于在文档中开始新章。

（2）“连续”命令用于插入一个分节符并在同一页上开始新节。连续分节符适用于在一页中实现一种格式更改，如更改列数。

（3）“偶数页”或“奇数页”命令用于插入一个分节符并在下一个偶数页或奇数页开始新节。如果要使文档的各章始终在奇数页或偶数页开始，请使用“奇数页”或“偶数页”分节符选项。

2. 设置页眉和页脚

页眉和页脚是文档中每个页面的顶部、底部和两侧页边距（页边距：页面上打印区域之外的空白空间）中的区域。可以在页眉和页脚中插入或更改文本或图形。例如，可以添加页码、时间和日期、公司徽标、文档标题、文件名或作者姓名。如果要更改已插入的页眉或页脚，在“页眉和页脚工具”下的“页眉和页脚”中可以找到更多的页眉和页脚选项。

在含有节的文档中，我们可以在每一节插入、更改和删除不同的页眉和页脚。还可以在所有节中使用相同的页眉和页脚。如果不确定文档是否分节，我们可以单击状态栏上的“普通”。在“开始”选项卡的“查找”选项组中，单击“定位”按钮。单击“节”按钮，然后单击“下一处”按钮，可查找文档中的任何分节符。

（1）为文档的某个部分创建不同的页眉或页脚。

① 在希望创建不同页眉或页脚的节内单击。

② 在“插入”选项卡的“页眉和页脚”选项组中，单击“页眉”或“页脚”按钮。

③ 单击“编辑页眉”或“编辑页脚”按钮。

④ 在“页眉和页脚工具 / 设计”选项卡的“导航”选项组中，单击“链接到前一条页眉”按钮，以便断开新节中的页眉和页脚与前一节中的页眉和页脚之间的连接。

⑤ Word 2016 不在页眉或页脚的右上角显示“与上一节相同”。

⑥ 更改本节现有的页眉或页脚，或创建新的页眉或页脚。

（2）在文档的所有节中使用相同的页眉和页脚。

① 双击要与前一节的页眉或页脚保持一致的页眉或页脚。

② 在“页眉和页脚”选项卡的“导航”选项组中，单击“上一节”按钮或“下一节”按钮，移到要更改的页眉或页脚。

③ 单击“链接到前一条页眉”按钮，将当前节中的页眉和页脚重新连接到前一节中的页眉和页脚。

④ Word 2016 会询问是否删除页眉和页脚并连接到前一节的页眉和页脚。单击“是”按钮。

（3）对奇偶页使用不同的页眉或页脚。

例如，可能选择在奇数页上使用文档标题，而在偶数页上使用章节标题。

① 在“插入”选项卡上的“页眉和页脚”选项组中，单击“页眉”或“页脚”按钮。

② 单击“编辑页眉”或“编辑页脚”按钮。

③ 在“页眉和页脚”选项卡的“选项”选项组中，选中“奇偶页不同”复选框。

④ 如有必要，在“导航”选项组中，单击“上一节”或“下一节”按钮，移到奇数页或偶数页页眉或页脚区域中。

⑤ 在“奇数页页眉”或“奇数页页脚”区域中为奇数页创建页眉或页脚；在“偶数页页眉”或“偶数页页脚”区域中为偶数页创建页眉或页脚。

拓展训练

陈明开标一结束就往打印店里赶，一进门，张娟就把刚打印好的热乎乎的文件送到了他手上。陈明仔细地检查了两遍，没有发现什么问题，心想这下中午可以稍微休息一下了。他说：“小姑娘，不错啊！”张娟心想，这多亏了百度啊。

等张明走后，张娟又回到刚刚那个网页上，她想多了解 Word 的页眉页脚还有哪些巧用。

请同学到百度上搜索“Word 页眉页脚 巧用”，学习更多的知识，并和其他同学进行交流分享。

知识链接

1. 投标的概念

投标（Submission of Tender）是与招标相对应的概念，它是指投标人应招标人的邀请或投标人满足招标人最低资质要求而主动申请，按照招标的要求和条件，在规定的时间内向招标人递交投标书，争取中标的行为。

2. 投标的基本做法

投标人首先取得招标文件，认真分析研究后（在现场实地考察），编制投标书。投标书实质上是一项有效期至规定开标日期为止的发盘，内容必须十分明确，中标后与招标人签定合同所要包含的重要内容应全部列入，并在有效期内不得撤回标书、变更标书报价或对标书内容作实质性修改。

为防止投标人在投标后撤标或在中标后拒不签订合同，招标人通常都要求投标人提供一定比例或金额的投标保证金。招标人决定中标人后，未中标的投标人已缴纳的保证金即予退还。

3. 工程投标书的写作

投标书的撰写，要求实事求是、具体清晰、准确准时。工程投标书通常分为技术标、商务标和资格证明文件三部分。

（1）技术标：主要是以施工组织设计体现，即所投标的主要技术参数、规范。评标时，技术标一般占 30%。

（2）商务标：主要是预算报价部分，即结合自身和外界条件对整个工程的造价进行报价。商务标是整个投标的重中之重，评标时，商务标一般占 70%。

（3）资格证明文件：是指企业、人员、机械等相关资质等级要求。资格证明文件主要是审查公司有无投标、中标及完成一定的工程项目资格等。

4. 投标人在递交标书应注意的问题

《招标投标法》第二十八条规定："投标人应当在招标文件要求提交投标文件的截止时间前，将投标文件送达投标地点。招标人收到投标文件后，应当签收保存，不得开启。投标人少于三个的，招标人应当依照本法重新招标。在招标文件要求提交投标文件的截止时间后送达的投标文件，招标人应当拒收。"

（1）投标文件的送达。投标人必须按照招标文件规定的地点，在规定的时间内送达投标文件。投递投标书的方式最好是直接送达或委托代理人送达，以便获得招标机构已收到投标书的回执。

在招标文件中通常就包含有递交投标书的时间和地点，投标人不能将投标文件送交招标文件规定地点以外地方，如果投标人因为递交投标书的地点错误而延误投标时间的，将被视为无效标而被拒收。

如果以邮寄方式送达的，投标人必须留出邮寄时间，保证投标文件能够在截止日期之前送达招标人指定的地点。而不是以"邮戳为准"。在截止时间后送达的投标文件，即已经过了招标有效期的，招标人应当原封退回，不得进入开标阶段。

（2）招标文件的签收保存。招标人收到标书以后应当签收，不得开启。为了保护投标人的合法权益，招标人必须履行完备的签收、登记和备案手续。签收人要记录投标文件递交的日期和地点，以及密封状况，签收人签名后应将所有递交的投标文件放置在保密安全的地方，任何人不得开启投标文件。

5. 流标

为了保证引起充分竞争，对于投标人少于三个的，应当重新招标。这种情况在国外称为"流标"。按照国际惯例，至少有三家投标者才能带来有效竞争，因为两家参加投标，缺乏竞争，投标人可能提高采购价格，损害招标人利益。

案例 7　购销合同的制作

情境再现

情景：公司办公室。

角色：小赵（总经理）、小杨（员工）。

故事：小赵大学毕业后自主创业开了一家园林景观设计公司，最近接到一小型楼盘的绿化设计工作。

"好大一笔生意，自此小公司要变大公司了。"小赵高兴地对公司员工小杨说。

"但是赵哥，这笔生意确实难度比较大，以往公司接的都是纯设计的活，现在涉及施工，需要采购绿化苗木。"小杨接过话茬。

"是的，苗木采购比较方便，但是对于合同还不是很了解。"小赵一脸窘色地说。

"赵哥，合同的事包在我身上，您放心好了。"小杨拍着胸脯说道。

"好的，不过时间比较急，如果明天上午找到合适的苗圃厂可能就要用到这个合同，辛苦了，晚上加加班。"小赵看到员工小杨的工作态度，说什么月底也要加工资。

任务分解

小杨回到家，打开计算机，在百度里搜索关于购销合同的定义，原来购销合同是一种协议，既然是协议，就一定涉及条款，小杨总结了一下，一份规范的购销合同主要包括以下内容：

（1）供方向需方提供某种物品的数量、规格和价格。

（2）供方向需方提供某种物品的时间、地点和方式。

（3）验收标准及验收方法。

（4）付款方式。

（5）违约责任。

说明

购销合同是买卖合同的变化形式，它与买卖合同的要求基本上是一致的。主要是指供方（卖方）同需方（买方）根据协商一致的意见，由供方将一产品交付给需方，需方接收产品并按规定支付价款的协议。

"如果购销合同出炉，我方应是需方（买方）"小杨想到，于是他把要做的购销合同书任务分解如下：

（1）编辑文档页眉页脚，为页眉插入图片。

（2）为各合同条款编号。

（3）新建、应用文档自定义样式。

（4）添加文档自定义水印。

（5）绘制表格、合并单元格，添加表格外边框。

任务实现

步骤一：设置文档页眉、页脚。

（1）启动 Word 2016，切换到“插入”选项卡，单击“页眉和页脚”选项组中的“页眉”按钮，在弹出的下拉菜单中选择“空白”，如图 7-1 所示。

（2）按【Delete】键删除系统默认生成的“键入文档标题”字样，输入公司地址、传真及联系电话，在“页眉和页脚工具”选项卡中插入外部图片，如图 7-2 所示。

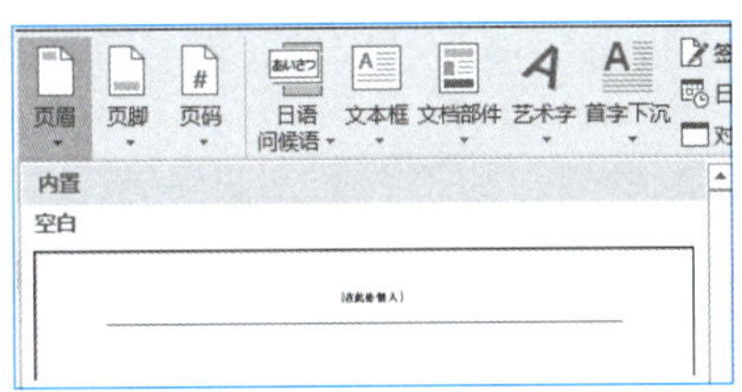

图 7-1　选择“空白”

图 7-2　插入图片操作

（3）选择本地公司 Logo 图标，选中公司地址、电话等相关文字，切换到“开始”选项卡，在“段落”选项组中，如图 7-3 所示，单击“文本左对齐”。选中公司 Logo 图标，按住【Shift】键，按住鼠标左键拖动，等比例调整图片至合适大小，切换到“格式”选项卡，单击“排列”选项组中“环绕文字”按钮，在下拉菜单中选择“四周型”，如图 7-4 所示。最终效果如图 7-5 所示。

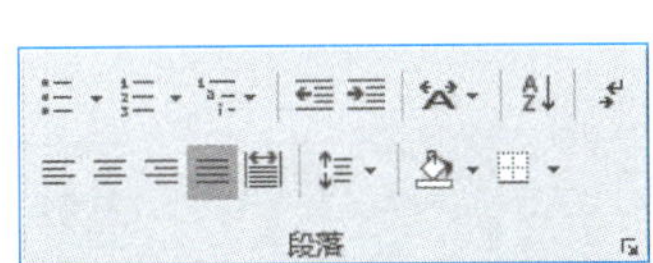

图 7-3　“段落”选项组

图 7-4　设置图片环绕

（4）双击页眉部分，使页眉处于编辑状态，切换到“设计”选项卡，单击“导航”选项组中的“转至页脚”按钮，如图 7-6 所示，输入公司网站及 E-mail 地址，完成页脚的设置。

图 7-5　文档页眉效果

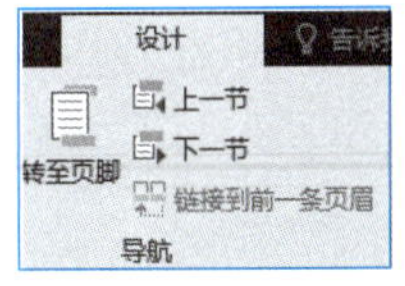

图 7-6　转至页脚

步骤二：设置文档样式。

小杨将网上搜索到的购销合同，结合本公司的实际情况，对文字做了一些修改，草拟了合同主体内容，主要包括：合同标题项、合同正文条款及条款所属自然段项、签名落款项。

（1）选中“绿化苗木购销合同”标题并右击，在弹出的快捷菜单中选择“段落”命令，弹出“段落”对话框，如图7-7所示，对齐方式设置为“居中”，“间距”设置为段前“0.5行”、段后“1行”。

（2）按住【Ctrl】键，同时选中合同各条款标题，切换到“开始”选项卡，单击“段落”选项组的“编号”，选中中文数字编号，如图7-8所示，设置字体为“宋体，四号，加粗”。

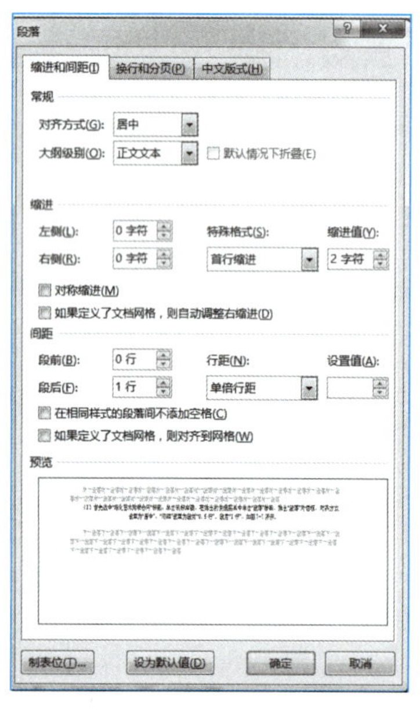

图7-7 “段落”对话框

图7-8 设置编号

（3）选中合同第四自然段并右击，在弹出的快捷菜单中选择“段落”命令，弹出“段落”对话框，如图7-9所示，在“缩进”选项区域中，“磅值”设置为“2字符”；在“间距”选项区域中，“行距”设置为“固定值”为“20磅”，使该自然段处于选中状态，单击“开始”选项卡“样式”选项组的对话框启动器按钮，在弹出的“样式”窗格（见图7-10）中单击“新建样式”按钮，在弹出的对话框中设置样式的“名称”，如图7-11所示。

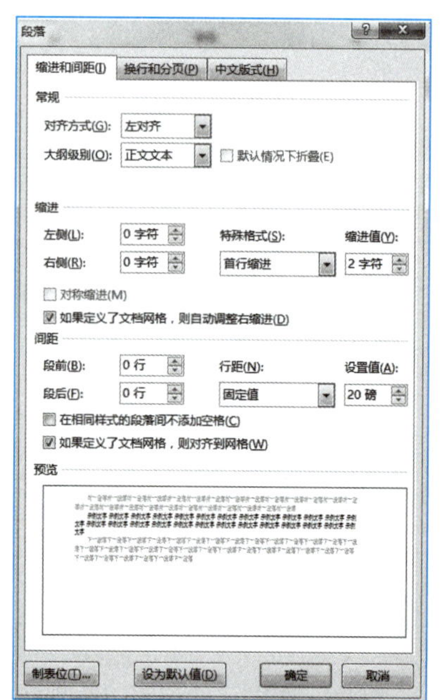

图7-9 设置段落格式

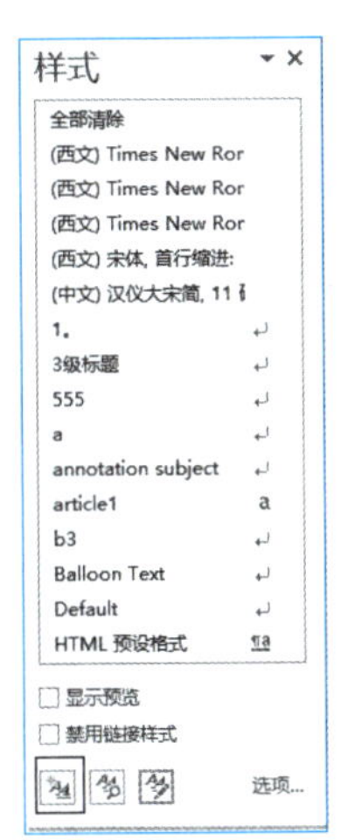
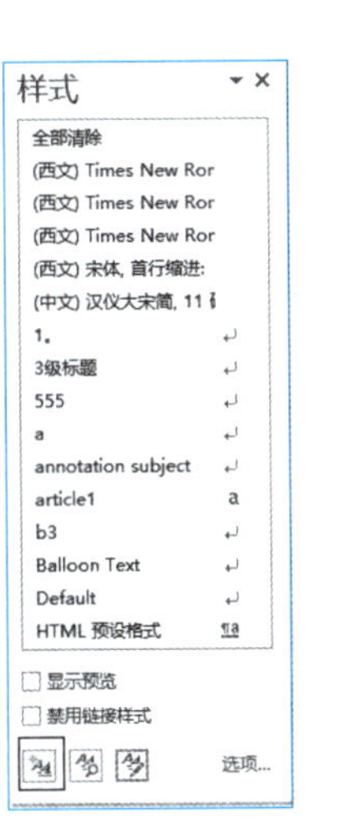

图 7-10 新建选中段落样式

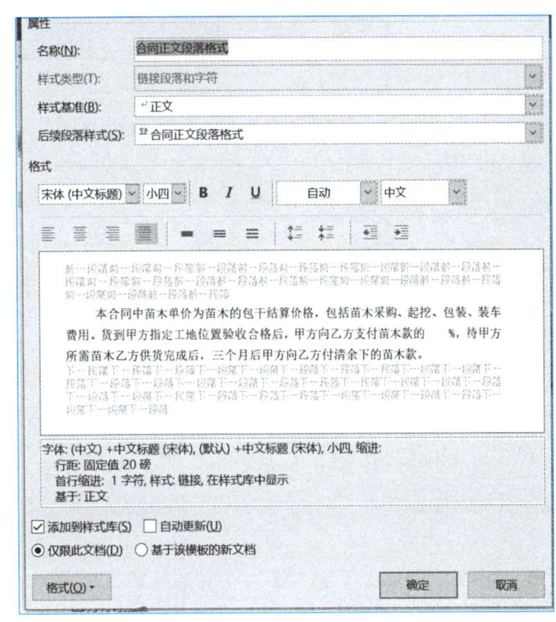

图 7-11 创建新样式

按住【Ctrl】键，同时选中合同正文除标题外的其余段落，单击“样式”选项组中新建的样式名称，应用刚才建立的“合同正文段落格式”样式，如图 7-12 所示。

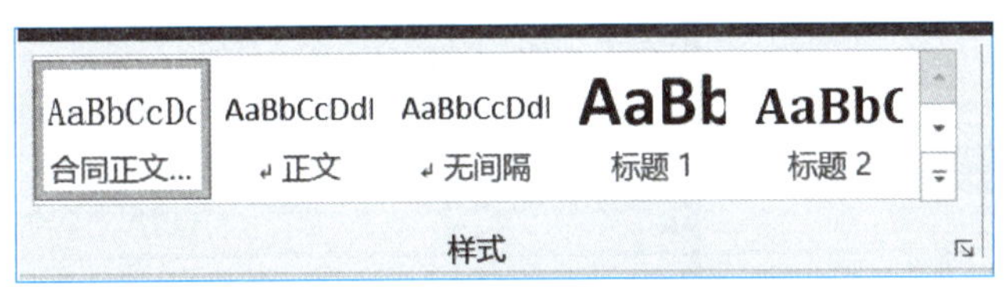

图 7-12 应用选中样式

步骤三：插入表格，设置表格样式。

（1）单击“插入”选项卡中的“表格”按钮，在下拉菜单中单击“插入表格”，弹出图 7-13 所示的“插入表格”对话框，插入一个“7 列 5 行”的表格。

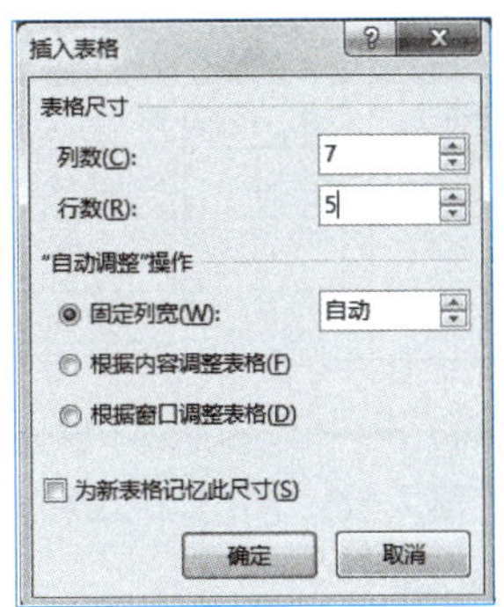

图 7-13 “插入表格”对话框

（2）按要求输入表格列值，单击表格左上角手柄，选中表格，切换到表格“布局”选项卡，鼠标指针定位到“单元格大小”功能组，设置表格高度为“0.8 厘米”，如图 7-14 所示。

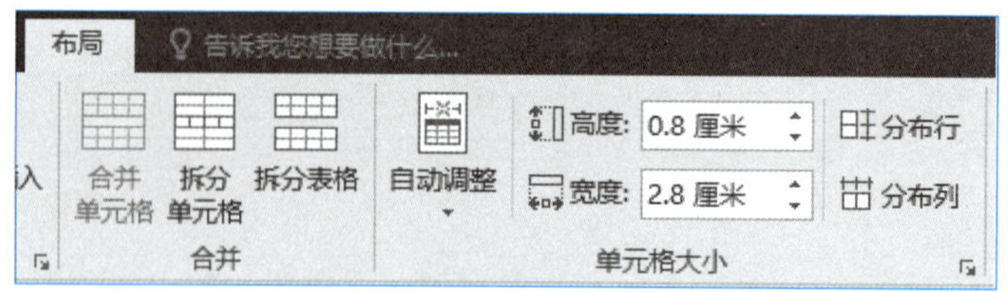

图 7-14　设置表格单元格高度

（3）选中表格第 5 行第 2 列单元格，向右同时选中 4 个单元格，切换到表格“布局”选项卡，单击“合并单元格”按钮，如图 7-15 所示。

单击表格左上角的手柄，使表格处于选中状态，右击，在弹出的快捷菜单中选择“边框和底纹”命令，弹出“边框和底纹”对话框，在该对话框中单击“自定义”，将“宽度”设置为“3.0 磅”，单击“确定”按钮，如图 7-16 所示。

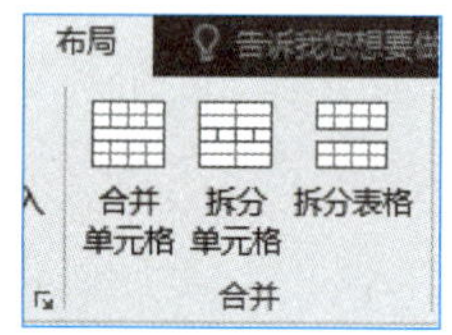

图 7-15　合并单元格

图 7-16　设置表格外边框样式

切换到“开始”选项卡，在“段落”选项组中单击“边框和底纹”按钮，在下拉菜单中选择“外侧框线”命令，最终表格效果如图 7-17 所示。

序号	苗木名次	规格	数量（苗）	单价（元/苗）	合价（元）	备注
1						
2						
3						
合计	大写					

图 7-17　表格最终效果

步骤四：绘制文本框，制作合同落款项。

（1）在合同落款处输入，“甲方： 地址：……”字样，如图 7-18 所示。

（2）选中图 7-18 所示的文字区块，切换到“插入”选项卡，查找“文本”功能组，单击“文本框”，然后单击“绘制横排文本框”按钮，如图 7-19 所示。

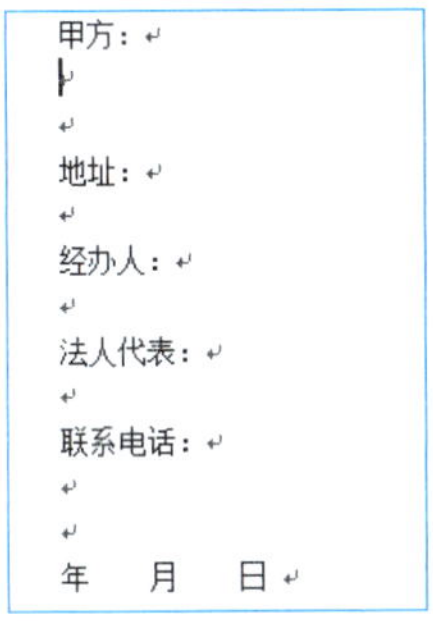

甲方：

地址：

经办人：

法人代表：

联系电话：

年　　月　　日

图 7-18　落款处文字

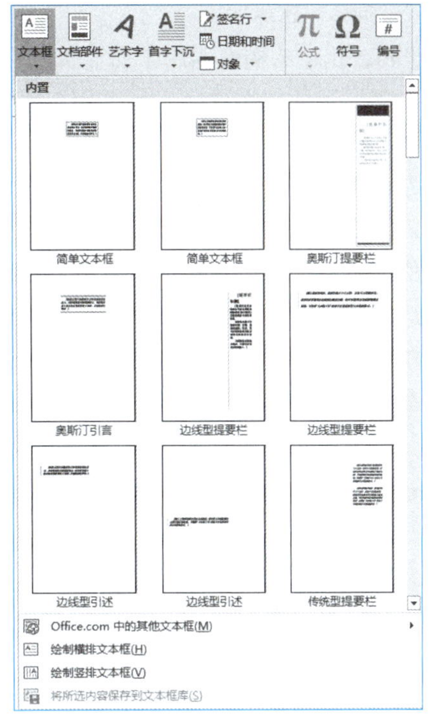

图 7-19　单击“绘制文本框”按钮

（3）图 7-18 中的文字进入绘制的文本框中，用鼠标将文本框拖放到合适大小与位置，选中当前文本框，复制出相同大小的文本框，将复制出来的文本框中“甲”字改为“乙”字，如图 7-20 所示。

（4）使两文本框处于选中状态，单击“格式”选项卡，单击“形状样式”选项组中的“形状轮廓”按钮，在下拉菜单中单击“粗细”→“其他线条”，弹出图 7-21 所示的“设置形状格式”任务窗格，将图 7-20 中的文本框边框颜色设为“无颜色”。

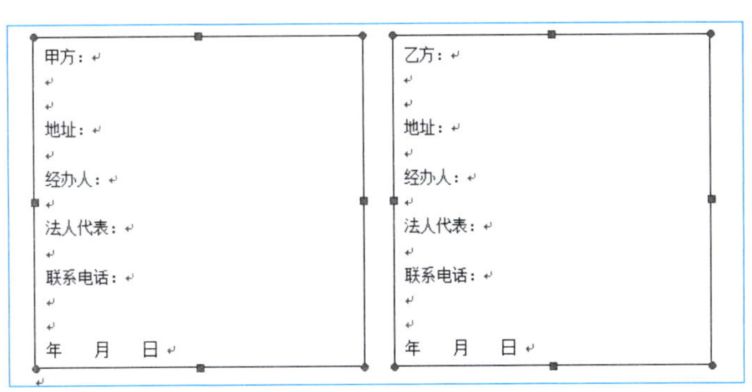

图 7-20　甲、乙文字框建立

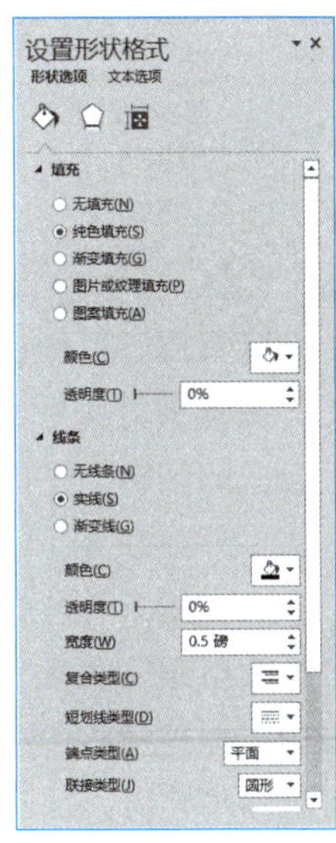

图 7-21　“设置文本框格式”对话框

步骤五： 插入机密水印。

小杨想到，由于购销合同属于商业机密文件，完成合同内容的各条款后可以在每页上加上机密水印，以提示处理文件时必须谨慎，承担保密责任及履行合同义务，想到就做，于是小杨进行了如下操作：

（1）切换到“设计”选项卡，单击“页面背景”选项组中“水印”按钮，在下拉菜单中选择“自定义水印”，如图 7-22 所示。

（2）在图 7-23 所示的“水印”对话框中，设置“字体”为“华文隶书”，“字号”为“120”，“版式”为“斜式”，“颜色”为“浅灰”“半透明”。

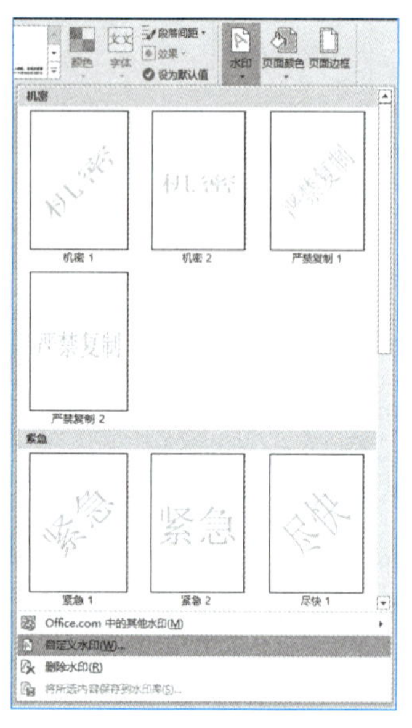

图 7-22　选择“自定义水印”

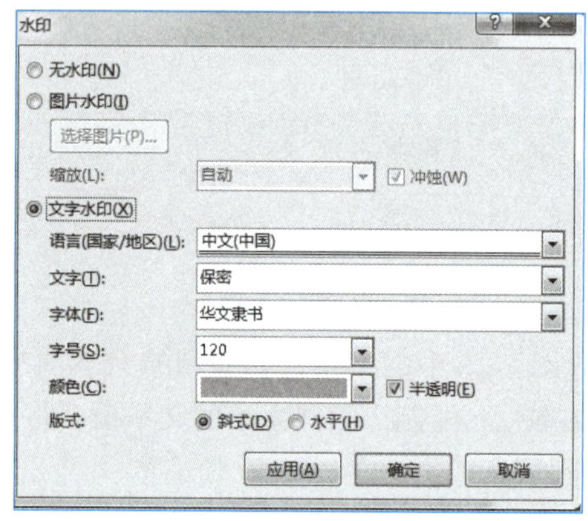

图 7-23　“水印”对话框

至此完成了购销合同的制作，剩下的任务就是打印合同了，在完成最后一道工序后，小杨非常开心，可以睡个好觉了。

知识点小结

在本例制作购销合同中，主要用到了设置文档页眉、页脚，绘制表格及设置表格样式，新建、应用文档快速样式，添加文档水印等相关功能。

（1）设置页眉、页脚。在页眉位置输入文字，插入外部图片，应当注意文字的居中位置以及图片的环绕样式，如果文字和图片的排版格式设置不当，将会导致页眉设计部分变形。

（2）表格的编辑。主要包括表格单元格的合并，给表格添加外边框时，一定得新建“自定义边框样式”，然后在“开始”选项卡中的“段落”选项组中，单击“边框和底纹”的“外侧框线”按钮。

（3）给段落编号及设置样式，应当设置“模板”样式，按住【Ctrl】键批量选中段落，然后快速应用“新建样式”。

（4）添加水印时，注意字体及字体大小的设置，字体设置过小，起不到添加水印的效果。

拓展训练

依据本案例相关知识点，设计并制作一份《建筑施工合同》。

知识链接

定义购销合同的注意事项

购销合同（包括供应、采购、预购、购销结合及协作、调剂等合同）中产品数量、产品质量和包装质量、产品价格和交货期限按下列规定执行：

（1）产品数量，由供需双方协商签订。产品数量的计量方法，按国家的规定执行；没有国家规定的，按供需双方商定的方法执行。

（2）产品质量要求和包装质量要求，有国家强制性标准或者行业强制性标准的，不得低于国家强制性标准或者行业强制性标准签订；没有国家强制性标准，也没有行业强制性标准的，由双方协商签订。供方必须对产品的质量和包装质量负责，提供据以验收的必要的技术资料或实样。产品质量的验收、检疫方法，根据国务院批准的有关规定执行，没有规定的由当事人双方协商确定。

（3）产品的价格，除国家规定必须执行国家定价的以外，由当事人协商议定。执行国家定价的，在合同规定的交付期限内国家价格调整时，按交付时的价格计价。逾期交货的，遇价格上涨时，按原价格执行；价格下降时，按新价格执行。逾期提货或者逾期付款的，遇价格上涨时，按新价格执行；价格下降时，按原价格执行。

（4）交（提）货期限要按照合同规定履行。任何一方要求提前或延期交（提）货，应在事先达成协议，并按协议执行。

案例 8　劳动合同的制作

情境再现

情景：周一，行政部办公室。

角色：小王（实习生）、丽姐（人事部经理）。

故事：小王是学人力资源管理专业的大四学生，现在在一家电子厂实习，工作条件好。

“小王，你进来一下。”

“丽姐，什么事？”小王推门，看到丽姐手里拿着一份有点发黄的文件。

“小王，昨天我的计算机坏了，以前做的劳动合同文档全部找不回来了，这份文件是公司6年前的劳动合同，你拿去对照新的劳动法修改一下。还有，劳动合同是比较正式的公文，对格式必须加以限制，最好能做成Word模板。任务有点重，你周三早上交给我吧，需要电子版的。”

“好的，丽姐，保证完成任务”小王一口答应。

小王想到当年自己拿过学校Word比赛一等奖，段前段后、间距、行距、边框的设置那都是非常熟练的，虽然那时用的是Office 2010，现在公司计算机中安装的是Office 2016，但Office都是相通的。

小王从丽姐手中接过那份有点发黄甚至有些霉味的文档，回到办公桌前着手新劳动合同文档的起草。

说明

劳动合同是劳动者与用工单位之间确立劳动关系、明确双方权利和义务的协议。劳动合同按合同的内容分为劳动合同制范围以内的劳动合同和劳动合同制范围以外的劳动合同；按合同的形式分为要式劳动合同和非要式劳动合同。

任务分解

从丽姐办公室出来，处于实习阶段的小王对劳动合同的概念比较模糊，于是百度搜索了相关劳动合同的资料，并请教了学法律的同学小张，明白了劳动合同是劳动者与用工单位之间确立劳动关系、明确双方权利和义务的协议。劳动合同的概念及结构主要包括以下内容：

（1）劳动合同期限和试用期限。

（2）工作内容和工作时间。

（3）劳动报酬和保险、福利待遇。

（4）生产条件或工作条件。

（5）劳动纪律和政治待遇。

（6）劳动合同的变更和解除。

（7）违约责任。

（8）当事人约定的其他事项。

（9）劳动合同除前款规定的必备条款外。

正如丽姐说的，小王分析到：劳动合同是正式的公文，对格式要求比较高，它与普通的 Word 文档的不同在于，其中大部分内容是不需要更改的，甚至是不允许更改的。依据丽姐给的旧合同书，得到了同学小张的指导，知道了合同主要包括封面、正文格式、合同说明页 3 部分，于是小张把任务分解了一下：

（1）制作合同封面。

（2）启用 Word 2016 控件限制输入格式。

（3）根据格式设置创建新样式。

（4）编辑页眉和页脚。

任务实现

步骤一：新建 Word 文档，激活 Word 2016 控件。

启动 Word 2016，首先为 Word 添加“开发工具”选项卡，如果没有这个功能区域，无法为后期添加窗体控件，也实现不了对文本格式控制的要求了。小王开始了以下操作：

（1）在 Word 2016 主界面中，单击“文件”→“选项”按钮，如图 8-1 所示。

（2）弹出“Word 选项”对话框在“自定义功能区”中选择“开发工具”复选框，单击“确定”按钮，如图 8-2 所示。

图 8-1　“文件”菜单

图 8-2　自定义功能区

步骤二：设置封面文档格式。

（1）编辑合同页“页脚”。在“插入”选项卡中选择“页眉和页脚”，单击“页码”按钮，在下拉菜单中选择“页面底端”，如图 8-3 所示。

（2）封面的排版。将网上搜索到的封面文字素材“选择性粘贴”到设置好页码的空白文档中，在图 8-4 所示的“选择性粘贴”对话框中选择“无格式文本”。

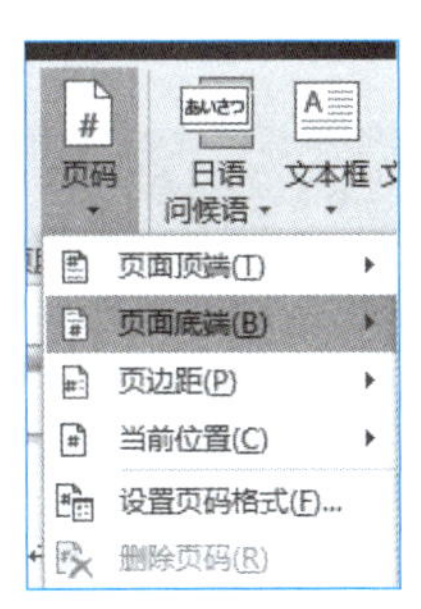

图 8-3　设置文档页脚

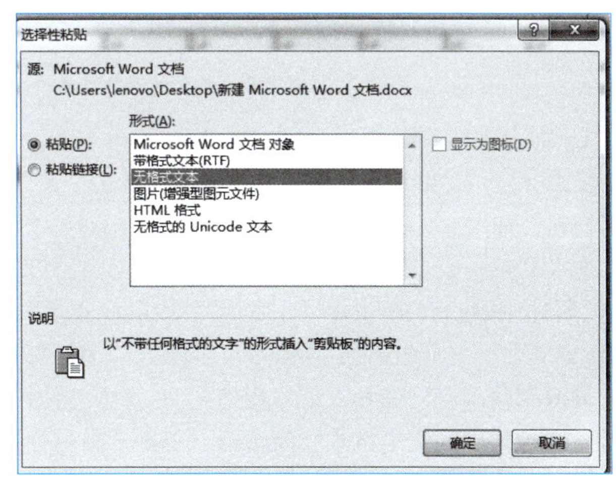

图 8-4　“选择性粘贴”对话框

说　明

选择性粘贴的作用：去除文字原来的格式，可以对文字或段落重新排版。

（3）在“开始”选项卡中，设置劳动合同编号。选中“劳动合同编号”并右击，在弹出的快捷菜单中选择“段落”选项,弹出“段落”对话,设置“对齐方式”为“右对齐”,缩进“右侧”“3.5 字符”,字体为“楷体,小四”;选中“劳动合同书”标题并右击,在弹出的快捷菜单中选择“段落”选项,弹出“段落”对话框,设置“对齐方式”为“居中”,间距段前“1 行”、段后“4 行”,字体为“黑体,小初”,如图 8-5 所示。

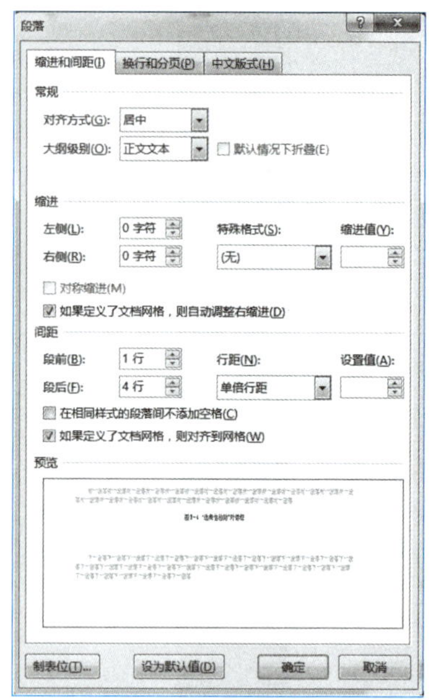

图 8-5 设置段落格式

（4）同时选中“甲方”“乙方”开始的段落,设置段落,行距为“1.5 倍行距”,字体设为“华文仿宋,小三”,随着鼠标的单击,劳动合同封面的雏形就要出来了,小王一阵窃喜,“但是在实际使用中,身份证的每个阿拉伯数字的输入都需要一个方框占位符,这可难倒我了”,小王嘘了一口气,经过尝试,终于弄明白了。

（5）光标定位到“居民身份证号码”冒号符后面,单击“插入”选项卡中的“符号”选项组中的“符号”按钮,终于找到了方框字符“□”,如图 8-6 所示,小王赶紧复制插入的符号,在原位置再粘贴 17 次。

（6）选中合同封面中最后一段,对齐方式“居中”,间距“段前”“1 行”,字体“华文中宋”“四号”,字符间距“加宽”“2 磅”。

图 8-6 为文档添加特殊符号

步骤三:添加文档控件。

（1）将光标定位“劳动合同编号”冒号后,单击“开发工具”→“控件”→“格式文本内容控件”按钮,如图 8-7 所示。

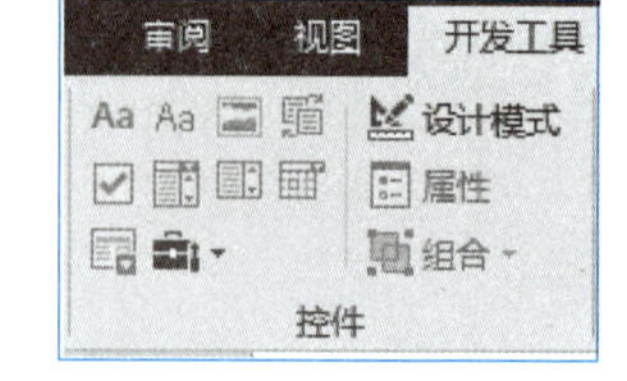

图 8-7 使用“开发工具”控件

（2）选中“单击或点击此处输入文字”,单击“控件”选项组中的“属性”按钮,弹出“内容控件属性”对话框,在“常规”选项区域“标题”文本框中输入“请输入合同编号”,在“标记”文本框中输入“输入合同编号,请注意格式”,选中“使用样式设置键入空控件中的文本格式”复选框,单击“新建样式”按钮,如图 8-8 所示。

在弹出的“根据格式化创建新样式”对话框中设置字体为“楷体,小四”,字体颜色为“红”,将该样式名称保存为“合同编号样式”,如图 8-9 所示。

（3）同理,添加“甲方”“乙方”段落的“格式文本内容控件”,建立“文本带下画线样式”和“文本不带下画线”两种样式,对于需要设置文本样式控件的地方,只需选择先前建立的样式。

（4）终于完成了封面的设计,可以喝杯咖啡歇歇了。小王边喝着咖啡,填充“合同编号”,

形成打印预览效果。封面效果如图 8-10 所示。

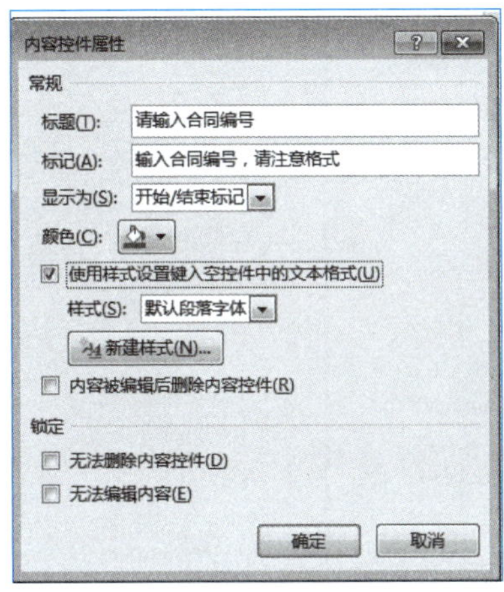

图 8-8　新建内部控件文档样式

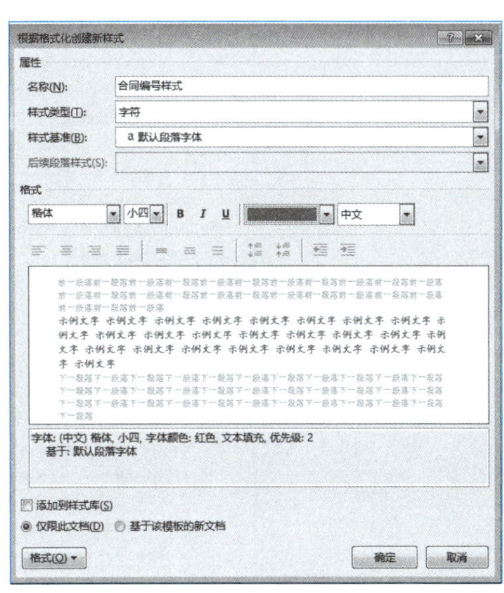

图 8-9　设置样式格式

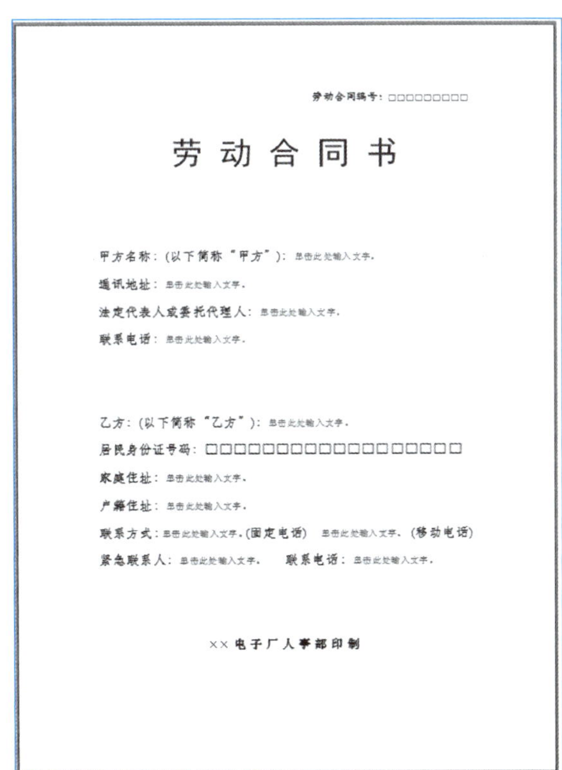

劳动合同编号：□□□□□□□□□□

劳 动 合 同 书

甲方名称：（以下简称“甲方”）：单击此处输入文字。

通讯地址：单击此处输入文字。

法定代表人或委托代理人：单击此处输入文字。

联系电话：单击此处输入文字。

乙方：（以下简称“乙方”）：单击此处输入文字。

居民身份证号码：□□□□□□□□□□□□□□□□□□

家庭住址：单击此处输入文字。

户籍住址：单击此处输入文字。

联系方式：单击此处输入文字。（固定电话）　单击此处输入文字。（移动电话）

紧急联系人：单击此处输入文字。　联系电话：单击此处输入文字。

××电子厂人事部印制

图 8-10　封面效果

（5）根据同样道理，小王一口气设置了合同正文、合同使用说明部分的文档格式，在需要限制文本输入的地方，加入了“格式文本内容控件”。效果如图 8-11 所示。

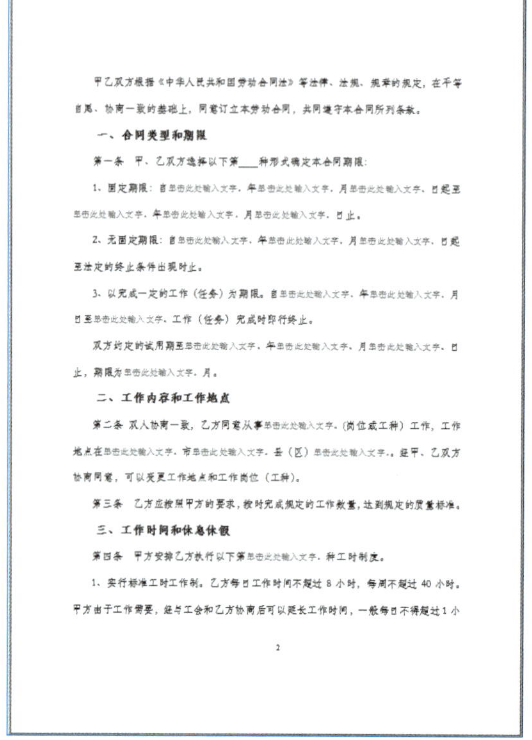

甲乙双方根据《中华人民共和国劳动合同法》等法律、法规、规章的规定，在平等自愿、协商一致的基础上，同意订立本劳动合同，共同遵守本合同所列条款。

一、合同类型和期限

第一条　甲、乙双方选择以下第___种形式确定本合同期限：

1、固定期限：自单击此处输入文字．年单击此处输入文字．月单击此处输入文字．日起至单击此处输入文字．年单击此处输入文字．月单击此处输入文字．日止。

2、无固定期限：自单击此处输入文字．年单击此处输入文字．月单击此处输入文字．日起至法定的终止条件出现时止。

3、以完成一定的工作（任务）为期限。自单击此处输入文字．年单击此处输入文字．月日至单击此处输入文字．工作（任务）完成时即行终止。

双方约定的试用期至单击此处输入文字．年单击此处输入文字．月单击此处输入文字．日止，期限为单击此处输入文字．月。

二、工作内容和工作地点

第二条 双人协商一致，乙方同意从事单击此处输入文字．(岗位或工种）工作，工作地点在单击此处输入文字．市单击此处输入文字．县（区）单击此处输入文字.。经甲、乙双方协商同意，可以变更工作地点和工作岗位（工种）。

第三条　乙方应按照甲方的要求，按时完成规定的工作数量，达到规定的质量标准。

三、工作时间和休息休假

第四条　甲方安排乙方执行以下第单击此处输入文字．种工时制度。

1、实行标准工时工作制。乙方每日工作时间不超过 8 小时，每周不超过 40 小时。甲方由于工作需要，经与工会和乙方协商后可以延长工作时间，一般每日不得超过1小

2

图 8-11　使用样式设置文档格式

步骤四：文档保护和 Word 模板分发。

至此所有的合同区域设置完成后，文档的基本操作完成，但是丽姐的任务要求还浮现在小王脑海中：“对文档进行限制，做成模板”，这么说来送到客户手中的文本应该是部分锁定的，只能在窗体中添加内容。如何对文档进行保护，避免非正常的内容变更呢？小王查阅资料后，觉得应该启用 Word 2016 的文档保护功能，小王进行了如下操作：

（1）在“开发工具”选项卡中使用“限制编辑”功能。“限制编辑”功能专门用来对文档进行加密，防止恶意篡改，为文档添加密码，如图 8-12 与图 8-13 所示。

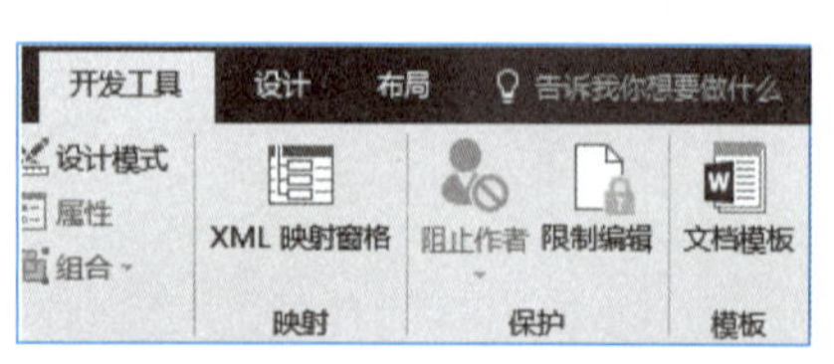

图 8-12　启动“限制编辑”功能

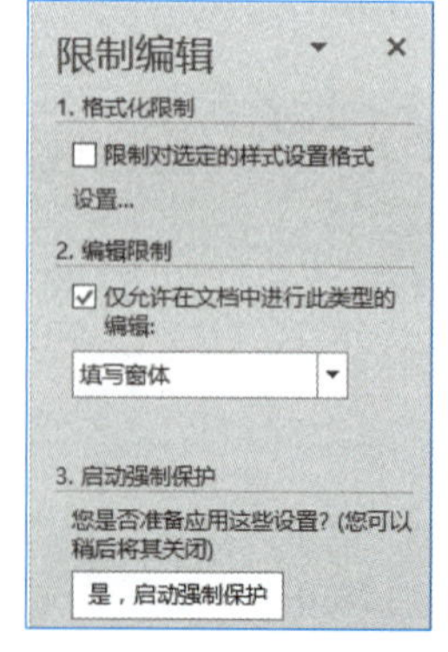

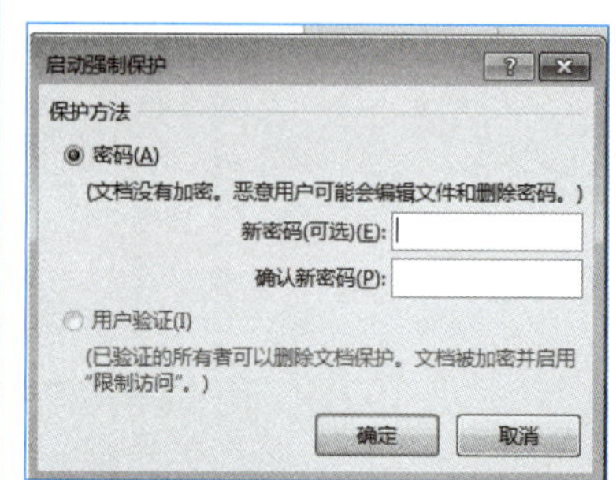

图 8-13　为保护文档添加密码

（2）启动强制保护后，除添加格式文本的区域可以编辑外，其余文字区域都处于只读状态。

（3）将文档另存为模板文件，得到以“× × 公司劳动合同书模板 .dotx”命名的 Word 模

板文件。将文件复制到 ×:\Users\ 计算机登录名 \AppData\Roaming\Microsoft\Templates 中。

说 明

"×"为系统盘盘符名称，计算机登录名为登录系统的用户名。

（4）将先前制作的劳动合同案例关闭，重新打开 Word 2016 软件，单击"文件"→"新建"按钮，在"新建"对话框中选择"××公司劳动合同书模板 .dotx"，如图 8-14 所示。

（5）打开"劳动合同书"，测试各项功能正常，只有特定区域才能编辑，可以编辑的窗体区域完全符合各新建样式表格式，小王心中兴奋异常，只要给丽姐计算机上安装"××公司劳动合同书模板 .dotx"模板，丽姐就可以很方便地访问本公司劳动合同书了。如果要编辑格式文本以外的区域，只需单击"停止保护"按钮，并输入密码即可，如图 8-15 所示。

图 8-14 选择自定义模板建立文档

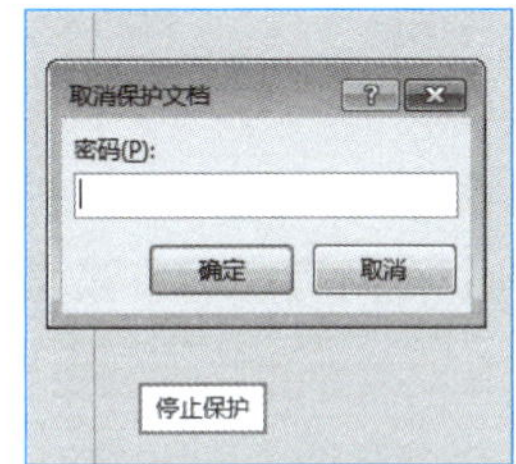

图 8-15 输入密码

知识点小结

本案例中，制作劳动合同书主要用到了文本内容控件、新建样式、保护文档、模板建立等功能。

（1）文字、段落的格式设置，主要有字体、段落间距、行距。

（2）限制文本区域输入，使用了 Word 开发工具中的"格式文本"功能。

（3）在设置"格式文本"时，使用了"新建样式"，统一了文本输入。

（4）将制作好的文档另存为模板文件，存放到 Windows 特定目录中，可以在 Word 2016 中方便地使用模板创建文档。

拓展训练

请使用本案例用到的相关知识点设计一份房屋租赁合同。

知识链接

保障劳动合同的有关法规

根据《中华人民共和国劳动法》，劳动合同是用人单位与劳动者建立劳动关系的法律依据，用以明确双方的权利义务。双方一旦建立了劳动关系，就要签订书面劳动合同，试用期也不例外。劳动合同必须是合法的，否则从签订之日起无效，必须重签。按规定，签合同以后，用人单位就应为劳动者购买社会保险，包括养老保险、工伤保险、医疗保险、生育保险、失业保险。

对于不签合同的单位或个人，劳动部门有权责令其补签或施以处罚。对于不签合同的一方，另一方有权要求其赔偿损失。因履行劳动合同发生的争议，当事人可自行和解，也可向单位的调解委员会申请调解，或向劳动争议仲裁委员会申请仲裁，或向人民法院起诉。用人单位不签合同，造成劳动者权益受到损害时，劳动者可依法向劳动保障监察机构举报。

劳动合同是劳动者权益的有力保障，劳动者应充分重视合同的作用。在自己的正当权益受到损害时，更要勇于向法律寻求帮助和保护。

案例 9　个人简历——设计与制作

情境再现

情景：找工作。

角色：小张。

故事：小张下个月想找一份新的、工资更高的、更有兴趣的工作，找工作之前得准备一份简洁、精美的个人简历……小张坐在书桌前，想象着自己工作上的美好前景。

说明

个人简历是求职者给招聘单位发的一份简要介绍，包含自己的基本信息：姓名、性别、年龄、民族、籍贯、政治面貌、学历、联系方式，以及自我评价、工作经历、学习经历、荣誉与成就、求职愿望、对这份工作的简要理解，等等。以简洁、重点突出为最佳标准。

任务分解

小张火速打开计算机查看自己以前的个人简历，发现原来做的那些简历都是网上下的模板，虽然都很精美，但不能突出个性，所以小张决定用 Word 中的绘图功能自己来做一份突出个性的个人简历，他对网上个人简历的模板进行了分析，发现标准的求职简历主要由四个基本内容组成：

（1）基本情况：姓名、性别、出生日期、民族、婚姻状况和联系方式等。

（2）教育背景：按时间顺序列出初中至最高学历的学校、专业和主要课程，以及所参加的各种专业知识和技能培训。

（3）工作经历：按时间顺序列出参加工作的所有的就业记录，包括单位名称、职务、就任及离任时间，应该突出所任每个职位的职责、工作性质等，此为求职简历的精髓部分。

（4）其他：个人特长及爱好、其他技能、专业团体、著述和证明人等。

人事部门的经理往往会收到堆积如山的简历，他们根本没有太多的时间仔细看一份冗长的简历。如果你寻求一个专业或技术职位，写上一两页的简历是正常的。一位忙碌的人事经理根本无暇顾及超过两页的简历，而简短的简历往往又比冗长的简历难写。所以要将写出来的简历尽量压缩，使之简短有力。

结合这些分析，小张在脑海里想象了一下自己的个人简历，如图 9-1 所示。

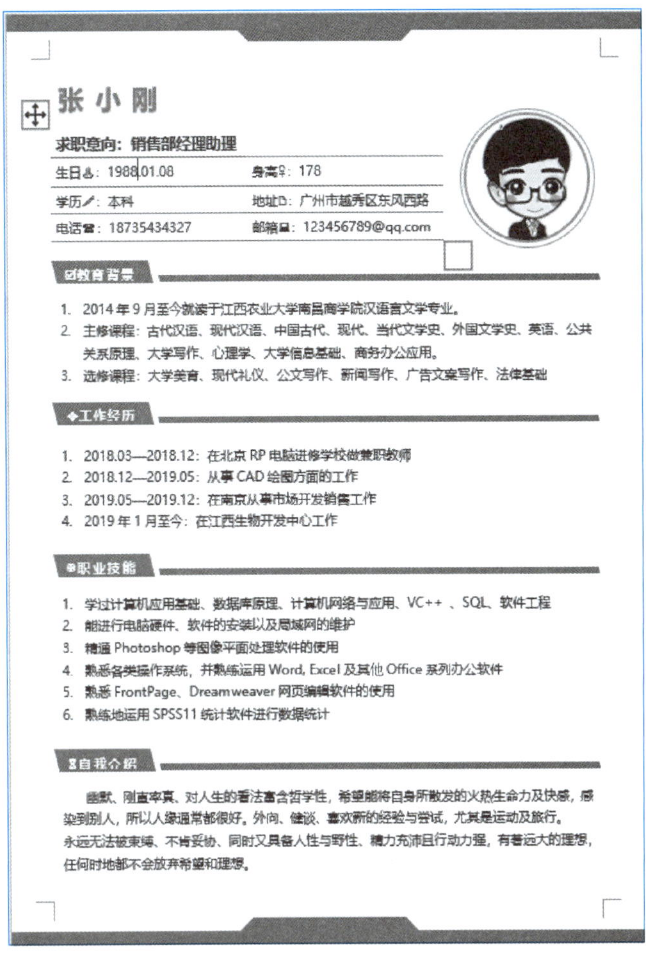

张小刚

求职意向：销售部经理助理

生日：1988.01.08　身高：178

学历：本科　地址：广州市越秀区东风西路

电话：18735434327　邮箱：123456789@qq.com

教育背景

1. 2014年9月至今就读于江西农业大学南昌商学院汉语言文学专业。
2. 主修课程：古代汉语、现代汉语、中国古代、现代、当代文学史、外国文学史、英语、公共关系原理、大学写作、心理学、大学信息基础、商务办公应用。
3. 选修课程：大学美育、现代礼仪、公文写作、新闻写作、广告文案写作、法律基础

工作经历

1. 2018.03—2018.12：在北京RP电脑进修学校做兼职教师
2. 2018.12—2019.05：从事CAD绘图方面的工作
3. 2019.05—2019.12：在南京从事市场开发销售工作
4. 2019年1月至今：在江西生物开发中心工作

职业技能

1. 学过计算机应用基础、数据库原理、计算机网络与应用、VC++、SQL、软件工程
2. 能进行电脑硬件、软件的安装以及局域网的维护
3. 精通Photoshop等图像平面处理软件的使用
4. 熟悉各类操作系统，并熟练运用Word, Excel及其他Office系列办公软件
5. 熟悉FrontPage、Dreamweaver网页编辑软件的使用
6. 熟练地运用SPSS11统计软件进行数据统计

自我介绍

幽默、刚直率真、对人生的看法富含哲学性，希望能将自身所散发的火热生命力及快感，感染到别人，所以人缘通常都很好。外向、健谈、喜欢新的经验与尝试，尤其是运动及旅行。永远无法被束缚、不肯妥协、同时又具备人性与野性、精力充沛且行动力强，有着远大的理想，任何时地都不会放弃希望和理想。

图 9-1　“个人简历”效果图

任务实现

步骤一：绘制个人简历页眉页脚位置的图形。

（1）绘制图形。启动 Word 2016，切换到“插入”选项卡，如图 9-2 所示，单击“插图”选项组中的“形状”按钮。

图 9-2　“插入”选项卡

（2）在弹出图 9-3 所示的“最近使用的形状”下拉菜单中选择“矩形”，用鼠标把矩形绘制在页面顶端，宽度和页面宽度一样，高度设为 1 厘米，把矩形的轮廓设置为无轮廓，填充一种适合体现你性格的颜色，比如你是一个完美主义者，可以选择蓝色，如图 9-4 和图 9-5 所示。

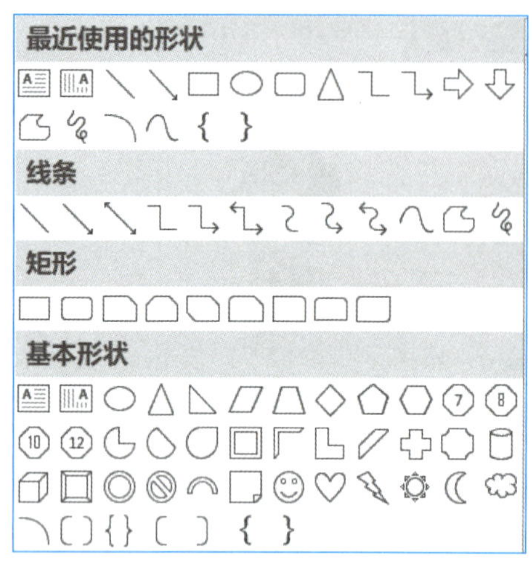

图 9-3 “最近使用的形状”下拉菜单

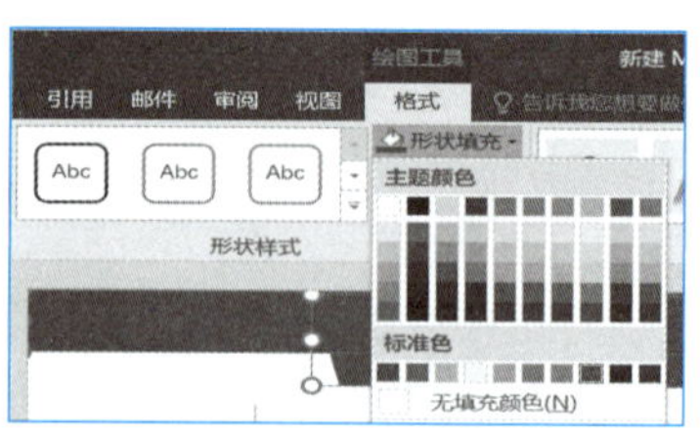

图 9-4 形状填充

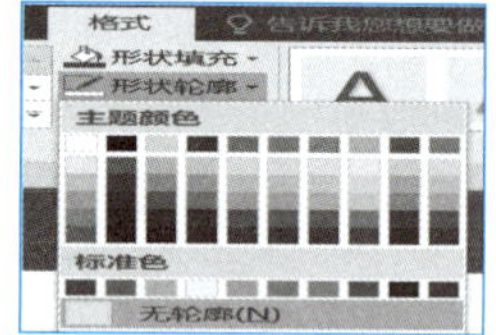

图 9-5 形状轮廓

（3）再在图 9-3 所示的“最近使用的形状”下拉菜单中选择“梯形”，绘制一个梯形，然后旋转 180°，把梯形也放置在页面顶端中间位置，宽度设为 12.7 厘米，高度设为 1.5 厘米，把梯形的轮廓设置为无轮廓，填充为蓝色。

（4）把绘制好的矩形和梯形选中，右击，通过“组合”菜单组合起来，如图 9-6 所示。

（5）把组合好的图形复制一份，再旋转 180°，放置于页面底端。

步骤二：制做个人简历的个人信息部分。

（1）单击“插入”选项卡的“文本”选项组中的“艺术字”按钮，如图 9-7 所示。内容为姓名“张小刚”。

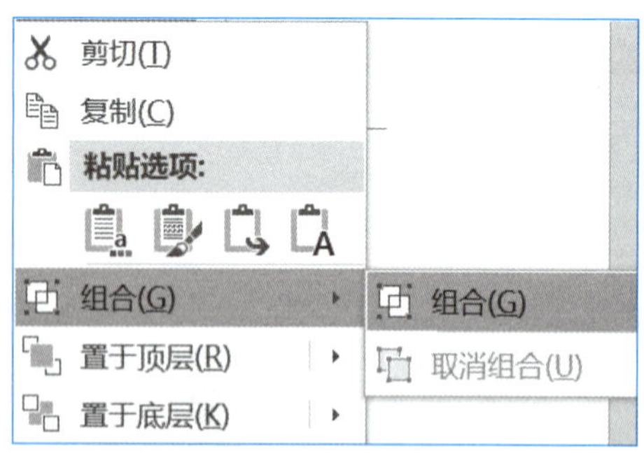

图 9-6 图形组合

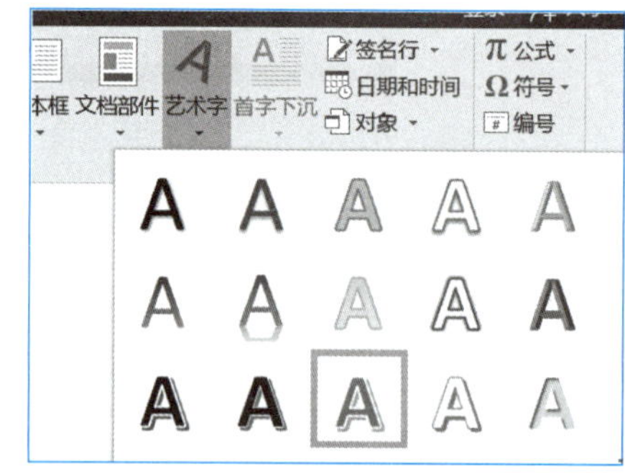

图 9-7 插入“艺术字”

（2）在“插入”选项卡中，选择“表格”命令，绘制一个 4 行 2 列的表格，输入求职意向、生日、身高、学历、地址、电话、邮箱等个人信息，把表格的每行合并单元格，并且把表格的左右和上边框设置为无边框，表格的下边框设置为蓝色。

（3）在表格的右边绘制两个嵌套在一起的圆形，如图 9-8 所示，设置外层圆的边框为蓝色，填充色为无，内层圆的边框为蓝色，设置形状轮廓粗细为 3 磅，形状填充为个人简历图片。

步骤三：在表格的下方绘制教育背景、工作经历、职业技能、自我介绍等形状。

（1）单击“插入”选项卡“插图”选项组中的“形状”按钮，在弹出的下拉菜单中选择“矩形”命令，绘制一个矩形，然后选中该矩形，右击，在弹出的快捷菜单中选择“编辑顶点”如

图 9-9 所示，可绘制一个高 1 厘米、宽 4 厘米的平行四边形，填充色为蓝色，轮廓设置为无轮廓，按上述同样的方法在该平行四边形的右边再绘制一个高 0.4 厘米、宽 12.3 厘米的平行四边形，最后把这两个平行四边形“组合”成一个图形，用【Ctrl+D】组合键可复制四个该组合图形，分别放置教育背景、工作经历、职业技能、自我介绍等文字内容。

图 9-8　圆形

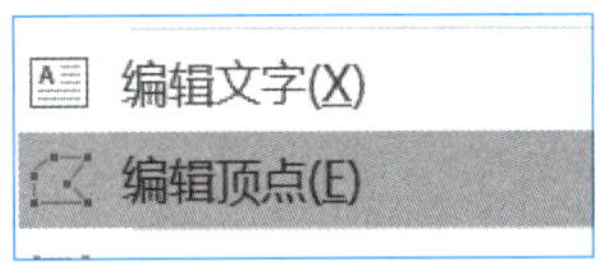

图 9-9　编辑顶点

（2）分别在四个组合图形的下方插入文本框，输入教育背景、工作经历、职业技能、自我介绍等具体内容，最后把文本框的边框设置为无轮廓。

知识点小结

本案例中的个人简历主要用到绘制形状并且设置形状填充、形状轮廓、插入艺术字等功能来制作。

1. 绘制形状

Word 2016 提供了形状，可自由地设置形状填充、形状轮廓。

2. 形状轮廓

Word 2016 提供了形状轮廓的设置，可自由地设置形状轮廓的线条类型和线条的颜色。

拓展训练

请结合案例中所学的知识，设计并制作自己的个人简历。

知识链接

写一份出色的个人简历不光是对找工作很有用，更是让陌生人了解自己的第一步。个人简介的撰写有以下原则：

第一原则是要有重点。一个招聘者希望看到你对自己事业认真负责的态度。不要忘记雇主在寻找的是适合某一特定职位的人，这个人将是数百位应聘者中最合适的人。

第二条原则是把简历看作一份广告，推销自己。最成功的广告则要简短而富有感召力，并且能够多次重复重要的信息。简历应该限制在一页纸以内，个人情况介绍不要以段落的形式出现，尽量运用动作性短语，使语言更加鲜活有力；在简历页面上端写一段总结性的语言，陈述你在求职上最大的优势，然后再在个人介绍中将这些优势以经历和成绩的形式加以叙述。

第三，要陈述有利的信息，争取成功的机会，也就是说尽量避免在简历阶段就遭到拒绝。

在撰写简历时，要强调工作目标和重点，语言要简短，多用动词，并且要避免可能会淘汰你的不相关信息。要知道当你获准参加面试，简历就完成了它的使命。同时要注意，一份专业的简历还要注意四个核心原则：

1. 真实性

简历是给企业的第一张“名片”，不可以撒谎，更不可以掺假，但可以进行优化处理。优化不等于掺假，即可以选择把强项突出，将弱势忽略。比如一个应届毕业大学生毕业，可以重点突出在校时的学生会工作和实习、志愿者、支教等工作经历，不单单是陈述这些经历本身，更重要的是提炼出自己从中得到了什么具有价值的经验，而这些收获能在今后持续发挥效用。如此一来，HR 便不会用“应届生没有工作经验”为由而拒你于千里之外了。

2. 针对性

写简历时可以事先结合职业规划确定自己的求职目标，写出有针对性的版本，运用专门的语言对不同企业递送简历，这样做往往更容易得到 HR 的认可，而不是拿着千篇一律的简历海投。

3. 价值性

把最有价值的内容放在简历中，无关痛痒就的不要浪费篇幅，语言讲究平实、客观和精练，太感性的描述不宜出现。通常简历的篇幅为 A4 纸版面 1~2 页，不宜过长，内容不能只有一页半、半页，最好能整理成整页。简历中尽量提供能够证明自己工作业绩的量化数据，比如拓展了多少个新的市场客户、年销售业绩达到多少万元、每年发表学术论文多少篇等。最好还可以提供能够提高职业含金量的成功经历，比如完成了一个很难的项目、拿下了一个很大的客户等。对于自己独有的经历一定要保留，如在著名公司工作、参加著名培训、与著名人物接触等都可以重点突出处理。

4. 条理性

将公司可能雇佣你的理由用自己过去的经历有条理地表达出来，最重点的内容有：个人基本资料、工作经历（职责和业绩）、教育与培训经历。次重要的信息有：职业目标（这个一定要标示出来）、核心技能、背景概述、语言与计算机能力，以及奖励和荣誉信息，其他的信息可不作展示，对于自己的最闪光点可以点到即止，不要过于详细，留在面试时再作详尽的展开。

撰写简历还要注意以下关键点：

1. 信息真实，保护个人隐私

没拿奖学金，千万不能写拿了。招聘公司会暗中核实。大学生在保护自己隐私的前提下，应尽量提供自己的真实信息。网络是虚拟的，但招聘却很真实。许多大公司将“面对面”的招聘会摆到网上，就做好了“打假”的准备。比如:像荷兰银行这样的跨国大公司会不惜人力物力，到就业办或者院系印证求职者个人简历中的某个“小细节”；有的公司还会要求填写各类兼职中同事的姓名和手机号码，一个电话打过去，个人简历的真实性即可验明正身。除了信息真实、求职诚信外，网上求职还要懂得保护个人隐私。

2. 突出关键

“一定要找好自己的关键词！”招聘公司网上寻觅，通常以学历、资历、薪资要求、职位意向等为关键词，快速筛选求职者。所以，大学生填写网络个人简历时，要将自己条块化，放进相应的关键词里，在每一个标签下，用直观的数字和实例介绍自己。工作经验、兼职经历、性格爱好、个人能力等简介，要避免大篇的文字描述，尽量浓缩简化成“一、二、三”等几小点，如参与了哪些项目，写清楚项目的软硬件环境即可；薪资要求要精确到具体数字，少用含糊其词的“上下”“左右”等；求职意向不要杂，最好是彼此相关的职位群。

3. 招聘语

网络信息鱼龙混杂，要懂得识破骗子公司的网络欺诈，别找错“婆家”。建议投简历前先看一下有关防骗的文章，招聘用语暗藏玄机，读懂大小公司的招聘“网语”，有助于大学生网上求职少走弯路，避免受骗上当。正规大公司有专业的人力资源部门，网络招聘中公司简介、职位描述、招聘要求等往往具体而贴切，如职责能力要求、在公司中的位置、由谁负责、由谁领导、薪资待遇、假期规定等都会一一注明。而那些过于简单、笼统、千篇一律的公司和职位描述，其背后可能潜伏着一个说谎的“皮包”公司。

4. 关键细节

（1）要仔细检查已成文的个人简历，绝对不能出现文字、语法和标点符号方面的低级错误。最好让文笔好的朋友帮你审查一遍，因为别人比自己更容易检查出错误。

（2）个人简历最好用 A4 标准复印纸打印，字体最好采用常用的宋体或楷体，尽量不要用花里胡哨的艺术字体和彩色字，排版要简洁明快，切忌标新立异，排的像广告一样。当然，如果你应聘的是排版工作则是例外。

（3）要记住个人简历必须突出重点，它不是个人自传，与申请工作无关的事情要尽量不写，而对申请工作有意义的经历和经验则绝不能漏掉。

（4）要保证简历会使招聘者在 30 秒之内即可判断出投递者的价值，并且决定是否聘用。

（5）个人简历越短越好，因为招聘者没有时间或者不愿意花太多的时间阅读一篇冗长空洞的个人简历。最好在一页纸之内完成，一般不要超过两页。

（6）要切记不要仅仅寄你的个人简历给应聘的公司，附上一封简短的应聘信，会使公司增加对你的好感。否则，成功的概率将大大降低。

（7）要尽量提供个人简历中提到的业绩和能力的证明资料，并作为附件附在个人简历的后面。一定要记住是复印件，千万不要寄原件给招聘单位，以防丢失。

（8）一定要用积极的语言，切忌用缺乏自信和消极的语言写个人简历。 最好的方法是在心情好的时候撰写个人简历。

（9）不能凭空编造经历，说谎永远是卑鄙的，没有哪个公司会喜欢说谎的员工。但也没有必要写出所有真实的经历。对求职不利的经历可忽略不写。

（10）要组织好个人简历的结构，不能在一份个人简历中出现重复的内容。个人简历条理清楚、结构严谨是很重要的。

（11）最好用第三人称写个人简历，不要在个人简历中出现“我”的字样。

（12）个人经历应该倒叙，这样可使招聘单位在最短的时间内了解你最近的经历。

（13）在结构严谨的前提下，要使个人简历富有创造性，使阅读者能产生很强的阅读兴趣。

（14）遣词造句要精雕细磨，惜墨如金。尽量用简洁而又不简单的语言。

（15）个人资料里的联系方式一定要齐全，包括手机号码、宿舍固定电话、暂住或家庭地址、E-mail 等，方便招聘单位第一时间通知参加面试或发布面试结果。

（16）进行了多项个人职业测评后，需注意挑选恰当的测评结论作为第三方推荐来使用。不要把所有的测评结果都显示到个人简历上去。只有把符合职位要求的职业测评结论显示在个人简历上，再发到招聘单位，这样才是最好的。

案例 10　论文排版

情境再现

情景：学生寝室。

角色：李明（同寝室同学）、张小（同寝室同学）。

故事：眼看论文内容在教师的指导下已经完成，现在就剩下论文排版工作，同寝室的李明向张小请教如何进行毕业论文的排版，张小拿出大一学的商务办公书籍，逐一操作，在李明前演示。

任务分解

李明首先对论文的结构内容进行了分析，确定了论文的封面及各个章节的内容。基于此，李明对这次请教的问题做了如下分析：

（1）论文的封面有题目、班级、学号、指导教师、日期。

（2）论文的目录有 3 级。

（3）论文的各大章节，以及页眉、页码等内容。

（4）按毕业论文管理手册进行格式排版。

任务实现

步骤一：把论文标题分为摘要、ABSTRACT、第 1 章、1.1 节、1.1.1 节等，各个标题分别设置成标题 1 样式、标题 2 样式，标题 3 样式……

为操作方便，先把样式找出来，方法是单击“开始”选项卡→“样式”选项组，如图 10-1 所示。标题外的其他普通段落一般需要设置成统一格式，可在设置章标题格式之前先设置好其格式。把全部内容连标题一起全部选定，将字体和段落格式等全部设置成普通段落格式，如果有个别文字格式比较特殊，那就跳过这一步，然后再设置章节等标题的格式。

设置标题样式。将光标放在第 1 章标题上，单击“样式”选项组内的“标题”样式（如“标题 1”）。

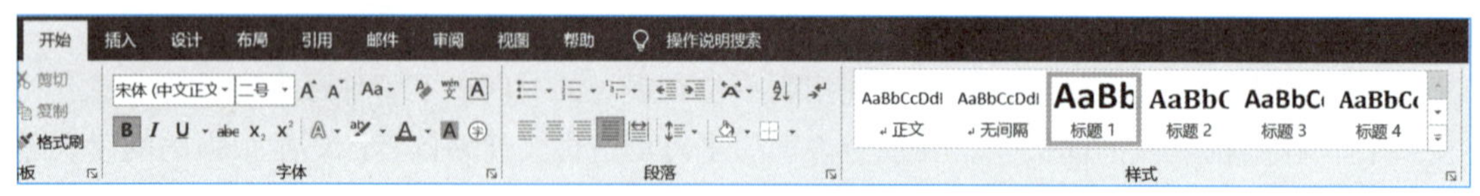

图 10-1　“样式”选项组

这时第 1 章标题格式已经改变，如果格式不符合要求，可以重新设置它的格式（如段落格式、字体格式等）。方法：选择“标题 1”样式，右击，在弹出的快捷菜单中选择“修改”命令，如图 10-2 所示，弹出“修改样式”对话框，如图 10-3 所示，可直接进行字体、字号、加粗、段落居中等设置，也可以单击左下方的“格式”按钮，在弹出菜单中进行进一步的设置。如选择“段落”后，可进行段落格式的进一步设置。设置好后，可发现第一章标题已经发生改变，如果满意，可接着处理其他各章的标题。此外，如果章下有节，想让节标题显示在目录里，可以用同样的方法将节标题设置成另一种样式，如设置成“标题 2”样式。到此为止，第一步工作完成，可进入第二步的工作。

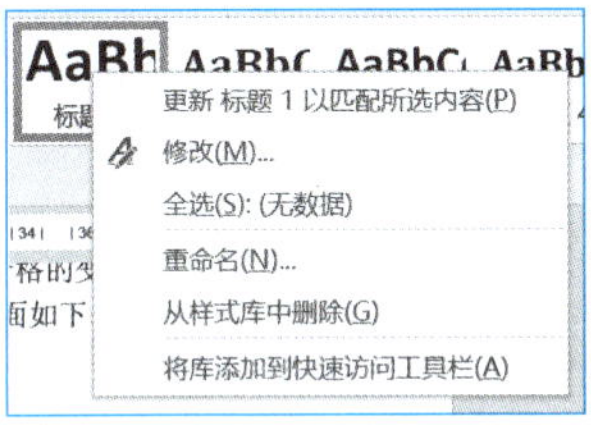

图 10-2　选择“修改”命令

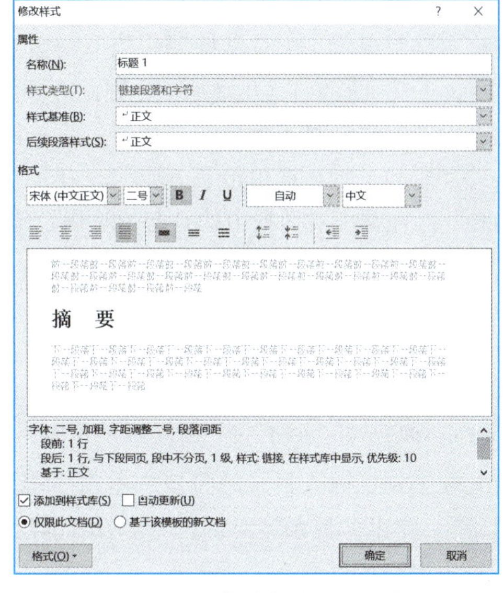

图 10-3　“修改样式”对话框

步骤二：设置各大章节的标题从新的一页开始，并在各大章节页眉位置插入各章的标题 1。

（1）插入分节符：将光标置于设置了标题1的标题前，单击“布局”选项卡→“页面设置”→“分隔符”→“分节符”→“下一页”，如图10-4所示。

（2）插入页眉：在页眉编辑状态下，将光标放在页眉处，单击“插入”选项卡→“文本”选项组→“文档部件”→“域”选项，弹出“域”对话框，如图 10-5 所示。“类别”选择“链接和引用”，“域名”选择“StyleRef”，“样式名”选择章标题的样式（如“标题 1”），单击“确定”按钮。

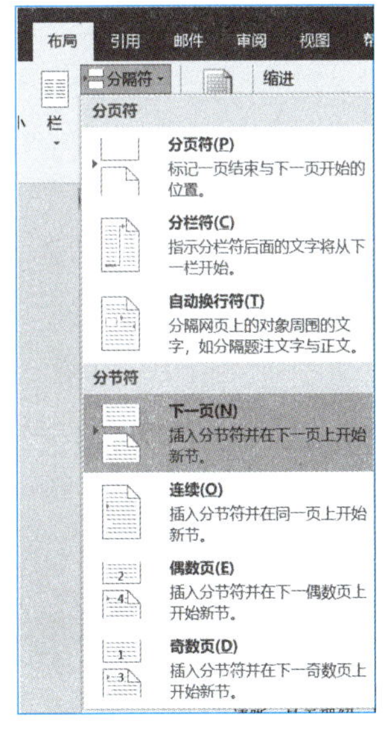

图 10-4　插入分节符

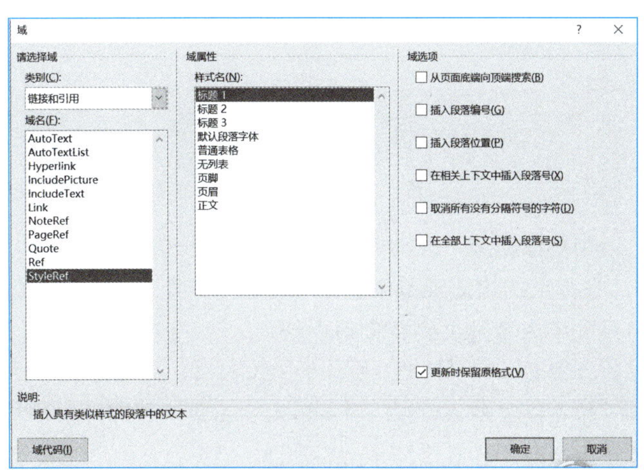

图 10-5　“域”对话框

插入页眉操作完成，这时可以到各章去看看各章的标题是否已经插入页眉内。

步骤三：在页脚中插入页码。

按论文排版规范，中英文摘要采用罗马数字，正文页码采用阿拉伯数字，正文页码要从1开始编排，因此在插入页码时要注意设置好起始页码。方法：将光标放在“摘要”页脚内，单击“插入”选项卡→“页眉和页脚”选项组“页码”，在下拉菜单中选择“设置页码格式”，在弹出对话框中的“起始页码”输入罗马数字“I”，单击“确定”按钮，单击“当前位置”，将光标放在“ABSTRACT”页脚内，在“页码格式”对话框中，选择“续前节”单选按钮，将光标放在“第1章”页脚内，在页码格式对话框的“起始页码”输入阿拉伯数字“1”，单击“确定”按钮，如图10-6所示。

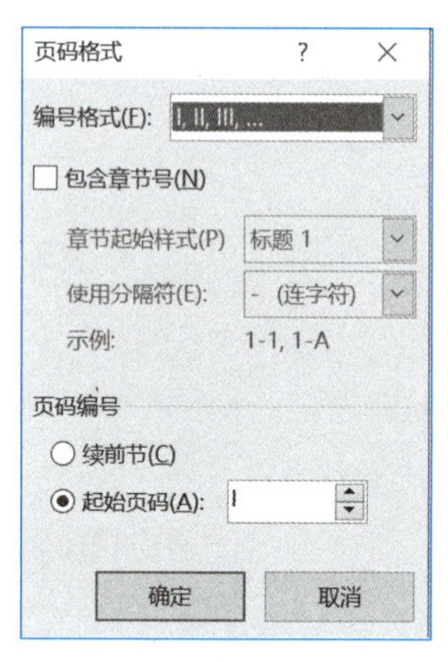

图 10-6 “页码格式”对话框

步骤四：确定好生成目录光标所在的位置，插入目录。

将光标放到要插入目录的位置，单击“引用”选项卡→“目录”选项组→“目录”→“自定义目录”，弹出“目录”对话框，如图 10-7 所示，“格式”设置为“正式”，单击“确定”按钮插入目录以完成操作。

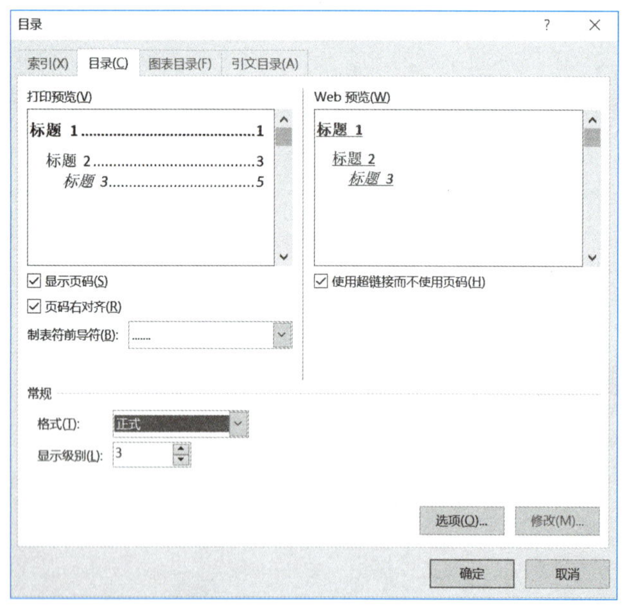

图 10-7 “目录”对话框

当章标题文字改动或标题所在页码发生改变时，可用下面方法更新目录：在目录文字上右击，在弹出的快捷菜单中选择“更新目录”选项，若章标题文字改动，要选择“更新整个目录”，目录文字内容及页码会自动更新。

步骤五：在“摘要”页前插入空白页，完成论文封面。

将光标置于“摘要”前，单击“布局”选项卡→“页面设置”选项组→“分隔符”，在下拉菜单中选择“分节符”→“下一页”，生成了空白页，输入封面页论文题目、班级、学号、指导教师、日期等。

步骤六： 删除封面页页眉内容及页眉横线和页码。

（1）将光标置于“摘要”页页眉处，单击“页眉和页脚工具” →“设计”选项卡→“导航”选项组中的“链接到前一节”，如图10–8所示。关闭此功能可为当前节创建不同的页眉或页脚，删除上一节封面页的页眉内容。

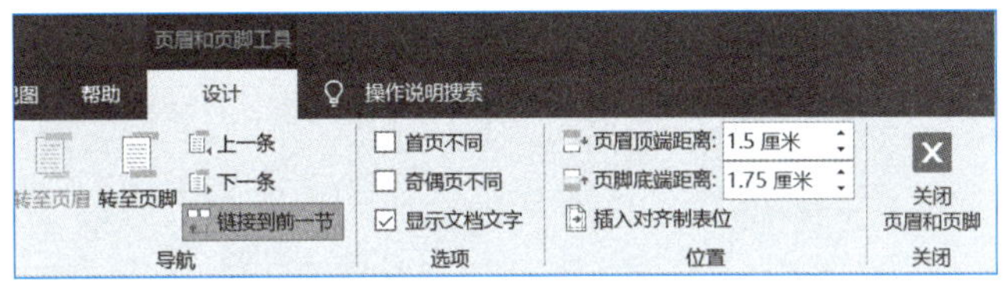

图 10-8 单击“链接到前一节”

（2）用上述同样的方法删除封面页页脚的内容页码。

（3）删除封面页页眉横线，单击“开始”选项卡→“段落”选项组→“边框”，在下拉菜单中选择“边框和底纹”，打开“边框和底纹”对话框，选择“自定义”选项，应用于“段落”，在“预览”框中，单击“下边框”使其显示，再单击“下边框”使其消失，如图10–9所示。

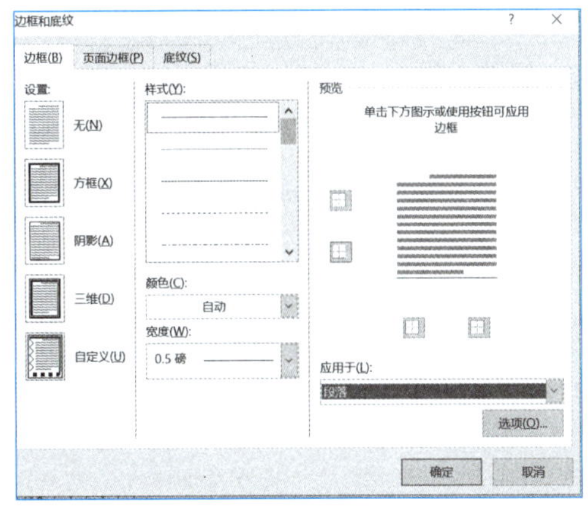

图 10-9 “边框和底纹”对话框

知识点小结

本案例中主要是运用 Word 软件插入域功能来生成目录、插入页眉等。一篇长文章，需要插入目录，并在正文的页眉插入章标题名称。一般方法是每章之间插入分节符，然后每章单独进行页眉插入章标题操作。但是这样重复操作不但浪费时间，而且当修改正文标题的文字时，页眉文字不会自动更改。其实，在 Word 里可以使用插入域的方法，只需要分别进行一次插入操作，就能轻松地插入目录、在页眉插入各章标题名称，并且当正文的标题改动后，目录和页眉会自动相应更改。可通过两个步骤来完成：第一步，把各章标题设置成标题样式；第二步，分别插入目录和页眉。

拓展训练

请结合案例上所学的知识，设计并制作一份大学生涯规划书，主要包含目录、页眉、页码等内容。

知识链接

论文写作的一般方法：

1. 论文的基本结构

（1）题名（标题）。

（2）署名（作者单位、邮编）。

（3）摘要（概要，内容提要）。

（4）关键词（3 ~ 5 个为宜）。

（5）正文（引言—本论—结论）。

（6）参考文献。

2. 论文的结构及写作规范

1）题名（标题）

（1）题名是一篇论文的总题目，是论文内容的高度概括，是论文精髓的集中表现，它以简洁的词语反映论文中重要的特定内容的逻辑组合，让人一看就能清楚地了解论文的主旨和中心内容。

（2）题名应醒目、简练、新颖。题名往往决定读者是否阅读。

（3）中文标题一般不宜超过 20 个字，最多 25 个字。

（4）副标题是对题名的补充，一般说明写作的原因、内容和范围。

2）署名

（1）署名位于题名之下的位置，还要写明单位、邮编。

（2）署名表明对作者的尊重和作者应有荣誉，也表明文责自负。

例如：

我国农村义务教育教师队伍建设：问题及其破解

庞丽娟 韩小雨 北京师范大学教育学院 （北京 100875）

又如：

信息技术支持中小学课堂教学的作用到底是什么

沙景荣 西北师范大学教育技术与传播学院（甘肃 兰州 730070）

姚勇伟 河北大学教育技术研究所 （河北 保定 071002）

3）摘要（概要、内容提要）

（1）摘要是全文的高度浓缩，是简明、确切地记述论文重要内容、不加评论（包括自我评价）、不加补充解释的短文。

（2）摘要是文章内容概括而准确的表达形式，不分段，中文一般为 200 ~ 300 字。

（3）摘要的特点如下：

- 独立性和自明性：忠实于原文，与原文具有等量的主要信息。
- 浓缩性：限制字数。
- 筛选性和系统性：有利于信息检索。
- 创新性：传递新观点，新理论，新方法。

（4）摘要的主要功能：

让读者尽快了解论文的主要内容，以补充题名的不足，即不阅读全文，就能获得必要的信息。

为文献检索数据库的建设和维护提供方便。论文发表后，文摘杂志或各种数据库对摘要可以不做修改或稍做修改而直接利用，从而避免他人编写摘要可能产生的误解、欠缺甚至错误。同时论文摘要的索引是读者检索论文的重要工具，所以论文摘要的质量高低，直接影响着论文的被检索率和被引用频次。

（5）撰写摘要的注意事项：

- 摘要中应排除本学科领域已成为常识的内容；切忌把应在引言中出现的内容写入摘要；一般也不要对论文内容作诠释和评论（尤其是自我评价）。
- 不得简单重复题名中已有的信息。例如，一篇文章的题目是《未来教育怎样走进我的课堂》，摘要的开头就不要再写“本文回顾了未来教育怎样走进我的课堂”。
- 结构严谨，表达简明，语义确切，逻辑清楚，无空泛、笼统、含混之词。
- 用第三人称。不必使用“本文”“本人”“作者”“笔者”等作为主语。

4）关键词

（1）关键词是表明论文主要概念的规范化语言，是那些出现在论文标题（篇名、层次标题）以及摘要、正文中，能表现论文主要内容，并具有实质意义的、规范的、关键的、可作为检索入口用的词语。

（2）一篇论文的关键词以 3 ~ 5 个为宜，不考虑文法上的结构，不一定表达完整的意思。

（3）作为关键词的几个词语彼此分开，或用逗号隔开。

5）正文

- 引言：简要说明撰写论文的原因，或论述问题的目的、意义等。
- 本论：论文的核心部分（本论中一般包含若干个层次标题）。
- 结论：是对本论论点的强调，是对论文最终的、总体的高度总结，是对本论最终的必然逻辑发展，也是整篇论文的归宿和作者认识上的升华。

6）参考文献

参考文献的著录应符合国家有关标准（按 GB 7714—2015《信息与文献 参考文献著录规则》执行）。参考文献的序号左顶格，并用数字加方括号表示，如 [1]，[2]，[3]，…，应与正文中的指示序号和格式一致。每一参考文献条目的最后均以“.”结束。一篇论著在论文中多处引用时，在参考文献中只应出现一次，序号以第一次出现的为准，应将序号归并到一起集中列出。不得将参考文献标示置于正文中的各级标题处。

（1）格式要求。

① 连续出版物（期刊、学报等）：

[序号] 主要责任者．文献题名 [J]．刊名，出版年份，卷号（期号）：起止页码．

（题名后方括弧内的单字母表示文献类型）

例如：

[1] 王秉利．基于网络的教师培训模式研究 [J]. 中小学电教，2006，(1)：32-34.

[2] 毛峡，丁玉宽．图像的情感特征分析及其和谐感评价 [J]．电子学报，2001，29（12A）：23-27.

② 专著：

[序号]主要责任者．文献题名[M]．出版地：出版者，出版年：起止页码．

例如：

[1] 韩雪屏．语文教育的心理学原理[M]. 上海：上海教育出版社，2001：102-105.

[2] 联合国教科文组织国际21世纪教育委员会．教育：财富蕴藏其中[M]. 北京：教育科学出版社，1996：19.

[3] 李克东．教育技术学研究方法[M]. 北京：北京师范大学出版社，2003.

③ 报纸：

[序号]主要责任者．文献题名[N]．报纸名，出版日期（版次）．

例如：

[1] 李肖含．“蚁族”与社会上每个人相关联[N]．文摘周报，2010-03-16（5）．

④ 电子文献：

[序号]主要责任者．文献题名[电子文献及载体类型标识]．文献出处，发表或更新日期/引用日期．

- 电子文献载体类型用双字母标识，具体如下：

  磁带：MT　　　磁盘：DK

  光盘：CD　　　联机网络：OL

- 电子文献及载体类型的类型标识方法为：[文献类型标识/载体类型标识]。例如：

  联机网上数据库[DB/OL]　　　磁带数据库[DB/MT]

  光盘图书[M/CD]　　　磁盘软件[CP/DK]

  网上期刊[J/OL]　　　网上电子公告[EB/OL]

例如：

[1] 万锦柔．中国大学学报论文文摘（1983—1993）[DB/CD]．北京：中国百科全书出版社，1996．

[2] 徐宏霞．网络化学习的特点与模式[EB/OL]. http://eblog.cersp.com/userlogl/53970/archives/2006/169303.shtml，2006-03-03/2006-3-26.

⑤ 会议论文集：

[序号]主要责任者．文献题名[A]. 主编．论文集名[C]．出版地：出版者，出版年：起止页码．

例如：

[1] 毛峡．绘画的音乐表现[A]．中国人工智能学会．2001年全国学术年会论文集[C]．北京：北京邮电大学出版社，2001：739-740．

⑥ 学位论文：

[序号]主要责任者．文献题名[D]．保存地：保存单位，年份．

例如：

[1] 张和生．地质力学系统理论[D]．太原：太原理工大学，1998．

⑦ 报告：

[序号]主要责任者. 文献题名[R]. 报告地：报告会主办单位，年份.

例如：

[1]何克抗. 信息技术与课程的深度整合[R]. 厦门：中国教育技术协会，2004.

⑧ 专利文献：

[序号]专利所有者. 专利题名[P]. 专利国别：专利号，发布日期.

例如：

[1]姜锡洲. 一种温热外敷药制备方案[P]. 中国：881056078，1983-08-12.

（2）参考文献与注释的区别。

① 参考文献是作者写作论著时所参考的著作、论文、报告等文献，一般集中列表于文末，用方括号[ ]标注。

参考文献的说明如下：

- 作者在论文写作过程中参考的学术著作、重要论文，通常采用“参考文献”的形式在文后标出。“参考文献”不一定每篇论文都有，它多见于学术著作和篇幅比较长的论文。
- 列参考文献要精当，要有代表性，不可随便凑数。
- 参考文献标识出论文写作的主要思想资源和材料来源，从另一个方面表现了作者研究的广度和深度。

② 注释是对论著正文中某一特定内容的进一步解释或补充说明。用数字加圆圈标注(如①，②…)，注释分为随文注、页下注、篇末注。

- 随文注（夹住）：紧接文句，用圆括号标明。
- 页下注（脚注）：在本页下端的适当空白处作注。
- 篇末注（尾注）：在文章后面对全文的引文统一作注。

引文注释的说明如下：

撰写学术论文，尤其是社会科学类的学术论文，常常要引用一定的文字材料，把别人的观点、理论或论述放进自己的文章里作为论据，这就是引用。引用的形式一般有两种：转述，也称复述或间接引用，转述的部分不加引号；节录：又称直接引文，是对原著中话语的直接引用，这样的引用要加引号，如果是成段的引文，也可以不加引号而依照正文内缩两个字的位置独立成段。

注释的要求如下：

- 引文一般都需要明确标出其来源，特别是节录形式的引文更需要认真严肃地对待，这项工作称为注释、注述。
- 引用一定要加注释，而且要准确地加注释。
- 准确注释有两个方面：一个是引文和注释的内容都要准确，不能有错误。这也是目前很多学术期刊编辑非常重视的一点，他们在审稿的时候往往都要想办法去核对原文。所以，我们如果在投论文时能够附上我们引文的复印件，这对于我们稿件的录取会有一定的帮助。另外一个就是注释的方式/写法要正确。

3. 字体要求

（1）论文标题：2号黑体加粗、居中。

（2）论文副标题：小2号字，紧挨正标题下居中，文字前加破折号。

（3）姓名、专业、学号等：3 号楷体。

（4）内容提要：3 号黑体，居中上下各空一行，内容为小 4 号楷体。

（5）关键词：4 号黑体，内容为小 4 号黑体。

（6）目录：另起页，3 号黑体，内容为小 4 号仿宋，并列出页码。

（7）正文：文字另起页，标题用 3 号黑体，文字一般用小 4 号宋体，每段首起空两个格，单倍行距。

（8）正文文中标题：

一级标题：标题序号为"一、"，4 号黑体，独占行，末尾不加标点符号。

二级标题：标题序号为"（一）"，与正文字号相同，独占行，末尾不加标点符号。

三级标题：标题序号为"1."，与正文字号、字体相同。

四级标题：标题序号为"（1）"，与正文字号、字体相同。

五级标题：标题序号为"①"，与正文字号、字体相同。

（9）注释：4 号黑体，内容为 5 号宋体。

（10）附录：4 号黑体，内容为 5 号宋体。

（11）参考文献：另起页，4 号黑体，内容为 5 号宋体。

（12）页眉：小五号字体，左对齐。

4. 纸张与页面设置

1）纸型及页边距

（1）A4 纸（297 mm × 210 mm），纵向。

（2）页边距：天头（上）20 mm，地角（下）15 mm，订口（左）25 mm，翻口（右）20 mm。

2）页眉

（1）设置：1.4 cm。

（2）字体：统一使用汉语，小五号宋体。

（3）分隔线：3 磅双线。

（4）内容：× × 学院 × × × × 论文，居中。

3）页脚

内容：页码，居中。

5. 论文分类

1）科学技术报告

科学技术报告是描述一项科学技术研究结果或进展，或一项技术研制试验和评价的结果，是论述某项科学技术问题现状的文件。

科学技术报告中一般应该提供系统的或按工作进程的充分信息，可以包括正反两方面的结果和经验。

2）学术论文

学术论文是某一学术课题在实验性、理论性或观测性上具有新的科学研究成果或创新见解和知识的科学记录；是某种已知原理应用于实际中取得新进展的科学总结，用以在学术会议上宣读、交流和讨论；是在学术刊物上发表、有其他用途的书面文件。

它应提供新的科学技术信息，其内容应有所发现、有所发明、有所创造、有所前进，绝对不允许重复、模仿、抄袭别人的成果。

案例 11　红头文件的制作

情境再现

情景：制作红头文件。

角色：小张（文员）、李书记（部门部长）。

故事：李书记让小张制作一个红头文件发给各部系，让其学习安全管理的知识。

说　明

"红头文件"泛指政府机关发布的措施、指示、命令等非立法性文件，长期以来都是各级行政机关实施行政管理活动的重要抓手。

任务分解

小张火速打开计算机，查看李书记发的"学习安全管理知识"的内容，按照红头文件的格式制作一份《关于学习安全管理知识的通知》的红头文件。

标准的红头文件结构即国家行政机关公文格式结构，由两条红色反线分隔成三部分：眉首、主内体和版记。

1. 眉首部分

（1）公文份数序号。

（2）秘密等级和保密期限。

（3）紧急程度。

（4）发文机关标识。

（5）发文字号。

（6）签发人。

2. 主体部分

（1）标题。

（2）主送机关。

（3）正文。

（4）附件。

（5）成文时间。

（6）公文生效标识。

（7）附注。

3. 版记部分

（1）主题词。

（2）抄送机关。

（3）印发机关和印发时间。

（4）页码。

结合这些分析，小张在脑海里想象了一下红头文件的样式，如图 11-1 所示。

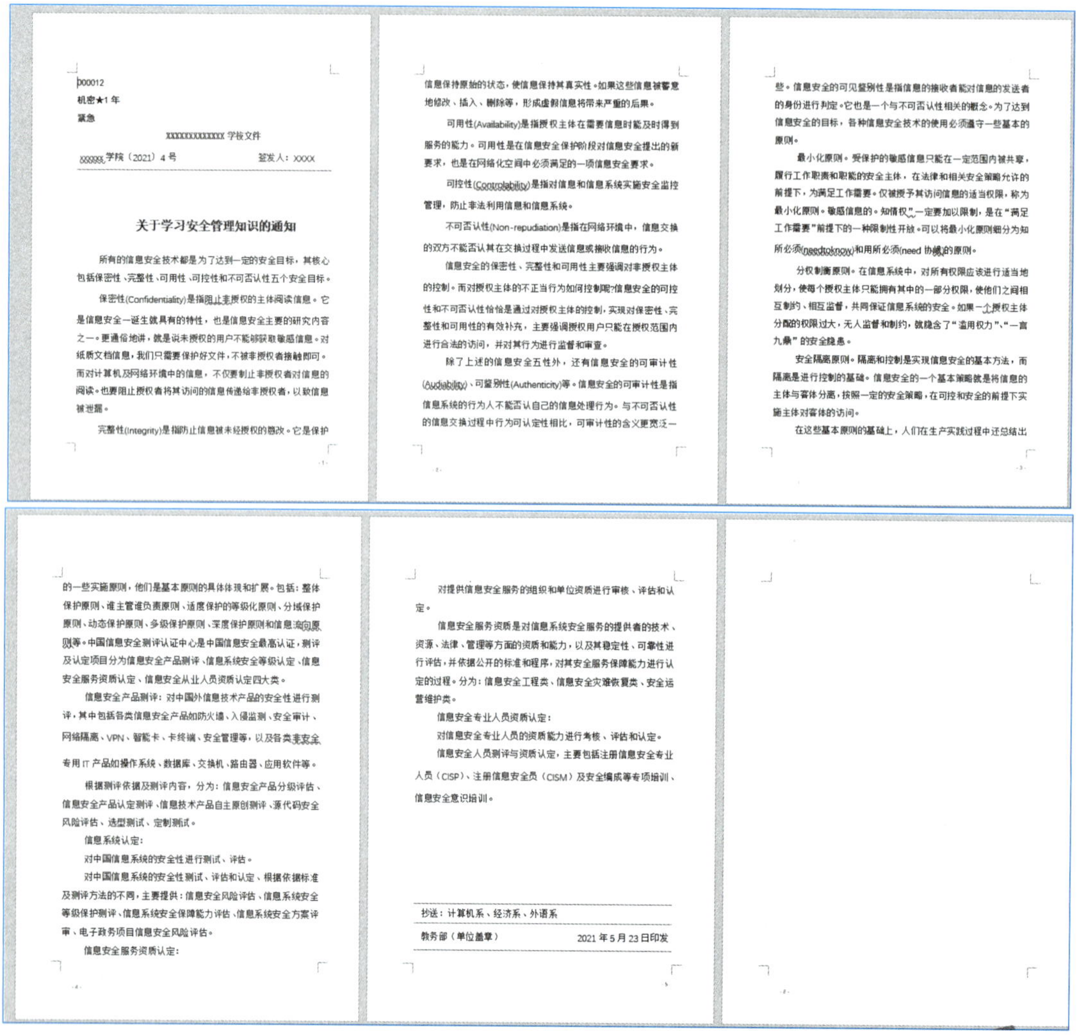

000012

机密★1 年

紧急

XXXXXXXXXXXXX 学校文件

XXXXXX 学院（2021）4 号　　　　签发人：XXXX

关于学习安全管理知识的通知

所有的信息安全技术都是为了达到一定的安全目标，其核心包括保密性、完整性、可用性、可控性和不可否认性五个安全目标。

保密性(Confidentiality)是指阻止非授权的主体阅读信息。它是信息安全一诞生就具有的特性，也是信息安全主要的研究内容之一。更通俗地讲，就是说未授权的用户不能够获取敏感信息。对纸质文档信息，我们只需要保护好文件，不被非授权者接触即可。而对计算机及网络环境中的信息，不仅要制止非授权者对信息的阅读。也要阻止授权者将其访问的信息传递给非授权者，以致信息被泄露。

完整性(Integrity)是指防止信息被未经授权的篡改。它是保护信息保持原始的状态，使信息保持其真实性。如果这些信息被蓄意地修改、插入、删除等，形成虚假信息将带来严重的后果。

可用性(Availability)是指授权主体在需要信息时能及时得到服务的能力。可用性是在信息安全保护阶段对信息安全提出的新要求，也是在网络化空间中必须满足的一项信息安全要求。

可控性(Controlability)是指对信息和信息系统实施安全监控管理，防止非法利用信息和信息系统。

不可否认性(Non-repudiation)是指在网络环境中，信息交换的双方不能否认其在交换过程中发送信息或接收信息的行为。

信息安全的保密性、完整性和可用性主要强调对非授权主体的控制。而对授权主体的不正当行为如何控制呢?信息安全的可控性和不可否认性恰恰是通过对授权主体的控制，实现对保密性、完整性和可用性的有效补充，主要强调授权用户只能在授权范围内进行合法的访问，并对其行为进行监督和审查。

除了上述的信息安全五性外，还有信息安全的可审计性(Audiability)、可鉴别性(Authenticity)等。信息安全的可审计性是指信息系统的行为人不能否认自己的信息处理行为。与不可否认性的信息交换过程中行为可认定性相比，可审计性的含义更宽泛一些。信息安全的可见鉴别性是指信息的接收者能对信息的发送者的身份进行判定。它也是一个与不可否认性相关的概念。为了达到信息安全的目标，各种信息安全技术的使用必须遵守一些基本的原则。

最小化原则。受保护的敏感信息只能在一定范围内被共享，履行工作职责和职能的安全主体，在法律和相关安全策略允许的前提下，为满足工作需要。仅被授予其访问信息的适当权限，称为最小化原则。敏感信息的。知情权”一定要加以限制，是在“满足工作需要”前提下的一种限制性开放。可以将最小化原则细分为知所必须(needtoknow)和用所必须(need 协㈱)的原则。

分权制衡原则。在信息系统中，对所有权限应该进行适当地划分，使每个授权主体只能拥有其中的一部分权限，使他们之间相互制约、相互监督，共同保证信息系统的安全。如果一个授权主体分配的权限过大，无人监督和制约，就隐含了“滥用权力”、“一言九鼎”的安全隐患。

安全隔离原则。隔离和控制是实现信息安全的基本方法，而隔离是进行控制的基础。信息安全的一个基本策略就是将信息的主体与客体分离，按照一定的安全策略，在可控和安全的前提下实施主体对客体的访问。

在这些基本原则的基础上，人们在生产实践过程中还总结出的一些实施原则，他们是基本原则的具体体现和扩展。包括：整体保护原则、谁主管谁负责原则、适度保护的等级化原则、分域保护原则、动态保护原则、多级保护原则、深度保护原则和信息流向原则等。中国信息安全测评认证中心是中国信息安全最高认证，测评及认定项目分为信息安全产品测评、信息系统安全等级认定、信息安全服务资质认定、信息安全从业人员资质认定四大类。

信息安全产品测评：对中国外信息技术产品的安全性进行测评，其中包括各类信息安全产品如防火墙、入侵监测、安全审计、网络隔离、VPN、智能卡、卡终端、安全管理等，以及各类非安全专用 IT 产品如操作系统、数据库、交换机、路由器、应用软件等。

根据测评依据及测评内容，分为：信息安全产品分级评估、信息安全产品认定测评、信息技术产品自主原创测评、源代码安全风险评估、选型测试、定制测试。

信息系统认定：

对中国信息系统的安全性进行测试、评估。

对中国信息系统的安全性测试、评估和认定、根据依据标准及测评方法的不同，主要提供：信息安全风险评估、信息系统安全等级保护测评、信息系统安全保障能力评估、信息系统安全方案评审、电子政务项目信息安全风险评估。

信息安全服务资质认定：

对提供信息安全服务的组织和单位资质进行审核、评估和认定。

信息安全服务资质是对信息系统安全服务的提供者的技术、资源、法律、管理等方面的资质和能力，以及其稳定性、可靠性进行评估，并依据公开的标准和程序，对其安全服务保障能力进行认定的过程。分为：信息安全工程类、信息安全灾难恢复类、安全运营维护类。

信息安全专业人员资质认定：

对信息安全专业人员的资质能力进行考核、评估和认定。

信息安全人员测评与资质认定，主要包括注册信息安全专业人员（CISP）、注册信息安全员（CISM）及安全编成等专项培训、信息安全意识培训。

抄送：计算机系、经济系、外语系

教务部（单位盖章）　　　　2021 年 5 月 23 日印发

图 11-1 “红头文件”效果图

任务实现

步骤一： 设置红头文件的页边距。

单击“布局”选项卡→“页面设置”选项组→“页边距”，在下拉菜单中选择“自定义边距”，在弹出对话框中，把上、下、左、右的距离分别设置为 3.7 厘米，3.5 厘米，2.8 厘米，2.6 厘米，如图 11-2 所示。

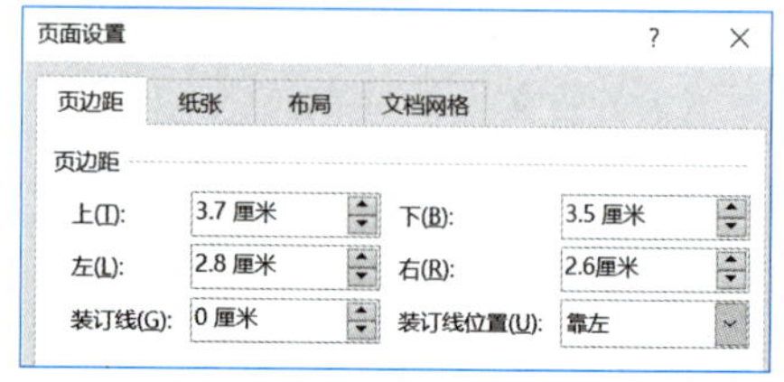

图 11-2 “页眉设置”对话框

步骤二： 设置红头文件的正文格式。

在“开始”选项卡→“样式”选项组中，选择“正文”样式，右击，在快捷菜单中选择“修改”命令，在弹出的“修改样式”对话框中设置“宋体、三号、间距紧缩，磅值0.2”，如图11-3~图11-5所示。

修改样式
属性
名称(N): 正文
样式类型(T): 段落
样式基准(B): (无样式)
后续段落样式(S): 正文
格式
宋体
三号
自动
中文
机密★1年
字体: (中文) 宋体, (默认) +西文正文 (等线), 三号, 紧缩量 0.2 磅, 缩进: 两端对齐
行距: 多倍行距 1.4 字行
首行缩进: 2 字符, 样式: 在样式库中显示

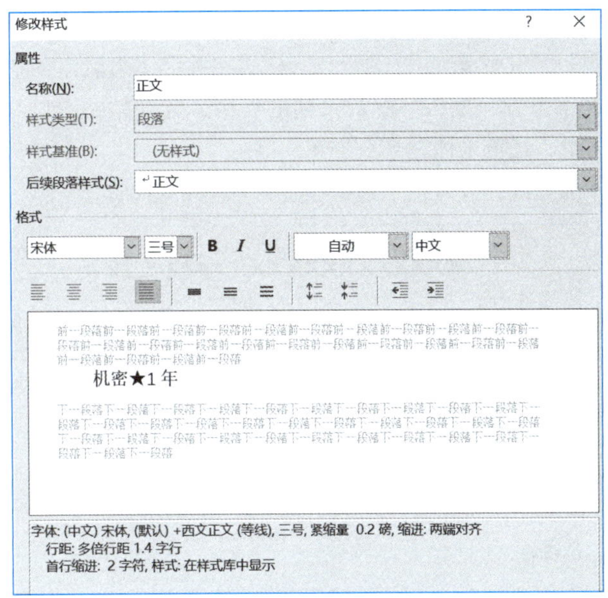

图 11-3 “修改样式”对话框

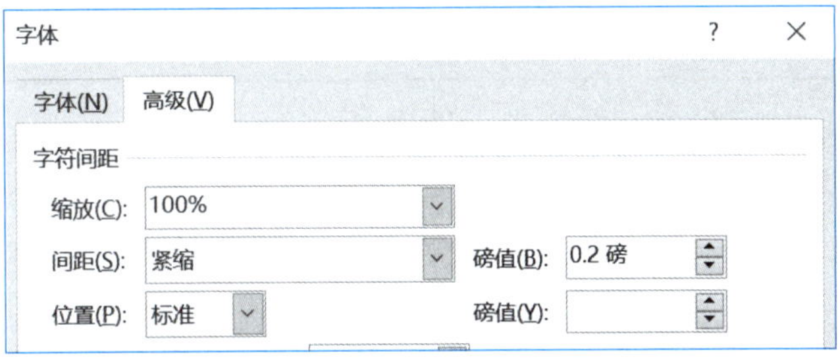

字体
字体(N)
高级(V)
字符间距
缩放(C): 100%
间距(S): 紧缩
磅值(B): 0.2 磅
位置(P): 标准
磅值(Y):

图 11-4 “字体高级”设置

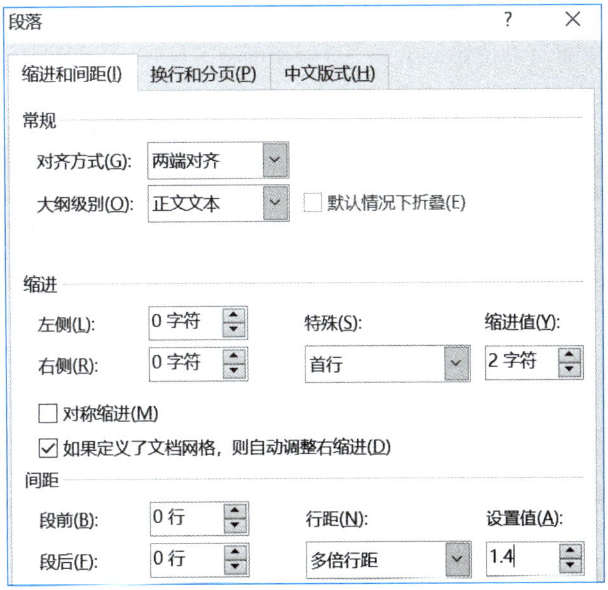

段落
缩进和间距(I)
换行和分页(P)
中文版式(H)
常规
对齐方式(G): 两端对齐
大纲级别(O): 正文文本
默认情况下折叠(E)
缩进
左侧(L): 0 字符
右侧(R): 0 字符
特殊(S): 首行
缩进值(Y): 2 字符
对称缩进(M)
如果定义了文档网格，则自动调整右缩进(D)
间距
段前(B): 0 行
段后(F): 0 行
行距(N): 多倍行距
设置值(A): 1.4

图 11-5 “段落”设置

步骤三： 设置红头文件页眉部分。

（1）设置“000012”“机密★1年”“紧急”格式相关字体为黑体，左对齐。

（2）在“紧急”文字下方，插入一个2行1列的表格，分别粘贴图11-6所示的文字内容，把表格第1行文字设置为居中，红色宋体三号，加粗。

（3）删除表格的外部框线，并且把下边框设置为1.5磅的红线。

XXXXXXXXXXXXXX 学校文件

xxxxxx 学院（2021）4 号　　　　签发人：XXXX

图 11-6 “红头文件页眉部分”效果图

设置“关于学习安全管理知识的通知”的格式，字体为宋体，加粗，居中，段前2行，段后1行，单倍行距。

步骤四： 设置红头文件版记部分。

（1）在最后一页正文底端插入一个2行1列的表格，分别粘贴图11-7所示的文字内容。

（2）删除表格的外部框线，并且把整个表格的上、下边框设置为1.5磅的红线。

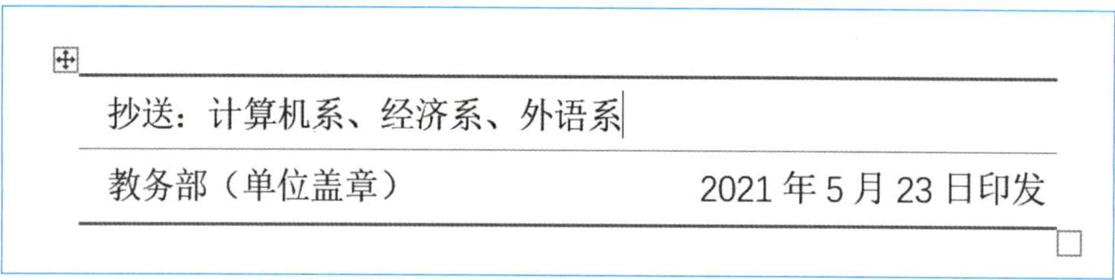

图 11-7 “红头文件版记部分”效果图

（3）把表格的第 1 行的下边框设置为 0.75 磅的红线。

步骤五： 给红头文件加上页码。

（1）把光标停在首页页脚位置，单击“页眉和页脚工具”→“设计”选项卡→“选项”选项组“奇偶页不同”复选框，如图11-8所示。

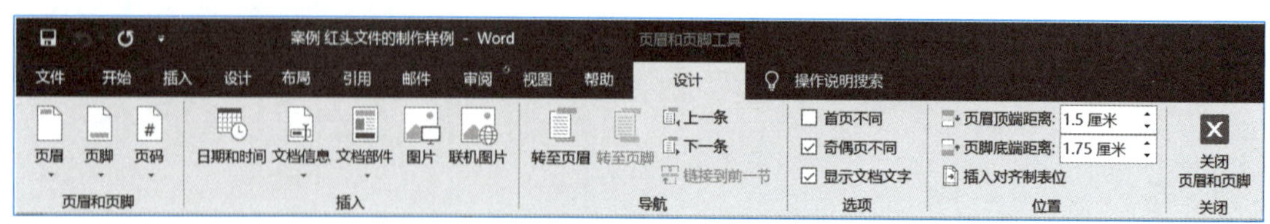

图 11-8 “页眉和页脚工具”选项卡

（2）单击“页眉和页脚工具”→“设计”选项卡→“页眉页脚”选项组→“页码”，在下拉列表中选择“设置页码格式”，在弹出的图11-9所示对话框中进行设置。

（3）在红头文件“奇数页页脚”处，单击“页眉和页脚工具”→“设计”选项卡→“页眉页脚”选项组→“页码”，在下拉菜单中选择“页面底端”→“普通数字1”，把页码右对齐。

（4）在红头文件“偶数页页脚”处，单击“页眉和页脚工具”→“设计”选项卡→“页眉页脚”选项组→“页码”，在下拉菜单中选择“页面底端”→“普通数字1”，把页码左对齐。

（5）在红头文件“奇数页页眉”处，单击“开始”选项卡→“段落”选项组，单击“边框”，在下拉菜单中选择“边框和底纹”，在弹出对话框中的“边框”选项卡中，“设置”为“无”，“应用于”为“段落”，则可删除页眉横线。

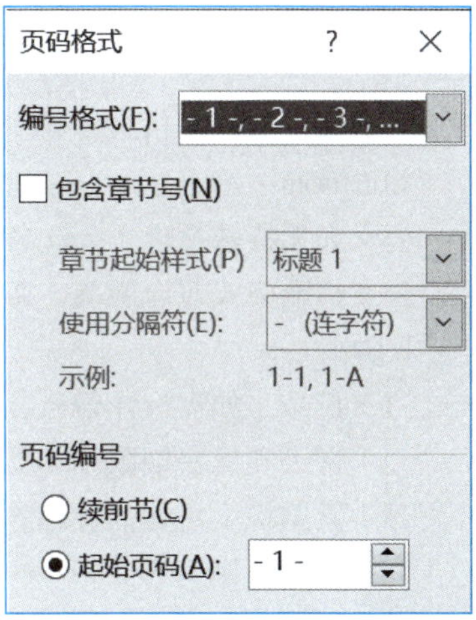

图 11-9 “页码格式”对话框

知识点小结

本案例中的红头文件要用到表格、样式等功能来制作。

1. 表格

Word 2016 提供了表格，可设置表格的框线。

2. 样式

通过修改标题、正文样式，修改内容格式。

拓展训练

请结合案例中所学的知识，设计并制作图 11-10 所示的红头文件。

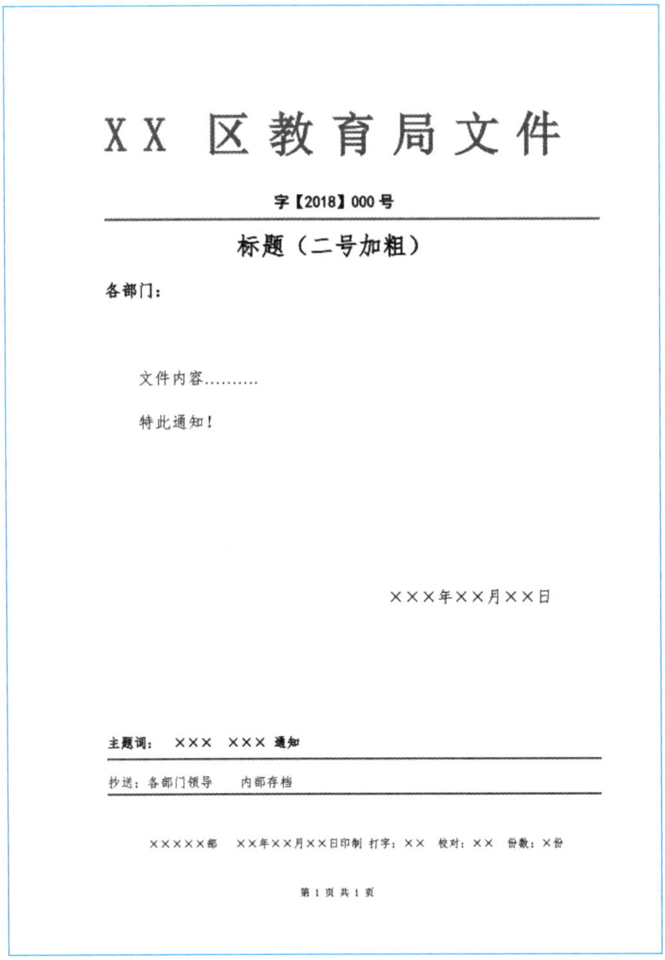

XX 区教育局文件

字【2018】000 号

标题（二号加粗）

各部门：

文件内容……….

特此通知！

×××年××月××日

主题词： ××× ××× 通知

抄送：各部门领导 内部存档

×××××部 ××年××月××日印制 打字：×× 校对：×× 份数：×份

第 1 页 共 1 页

图 11-10 “拓展训练——红头文件”效果图

知识链接

红头文件的标准格式：

局面布局：A4（210 mm × 297 mm）纸，页边距上下 37 mm，左右 26 mm。

公文如无特殊要求，公文各要素一律采用三号仿宋体。

公文标准格式包含版头、版体、版记三个部分。

1. 版头

（1）份号：如需标注份号，用 6 位阿拉伯数字表示，左上第一行。

（2）密级和保密期限：如需标注，则用 3 号黑体左上第二行。

（3）紧急程度：如需标注，3 号黑体。（如果（1）、（2）未标注，则为第一行，如果（1）、（2）同时标注，则为第三行……）

（4）发文机关标志：红色小标宋体字，字号原则上为三号。如果联合发文，则联合机关自上而下排列，分散对齐。

（5）发文字号：位于发文机关标志下空两行，居中排布，使用〔 〕，发文字号不加“第”，不虚编（1 号不编为 01 号）。上行文中的发文字号，居左空一格，与最后一个签发人姓名同一行。

（6）签发人：“签发人：”字样，用 3 号仿宋体，姓名用 3 号楷体。多个签发人，自上而下，每行两个姓名。

（7）分割线：位于字号下 4 mm 处居中与版心等宽的红色分割线。

2. 版体

（1）标题：2 号小标宋体字，位于分割线下空两行，分一行或多行居中排布，回行时注意表意完整性，长短适中，间距恰当，排列用梯形或菱形。

（2）主送机关：标题下空一行居左顶格，回行时依然顶格，最后一个机关用全角冒号。

（3）正文：公文首页必须显示正文，3 号仿宋体，正文结构次序采用一、（一）、1、（1）标注，第一级黑体，第二级楷体，第三、四级仿宋体。

（4）附件说明：正文下空两行，左空两字注明“附件：”，“：”为全角。多个附件用阿拉伯数字标记，1.××××，附件名后面不带任何标点符号。

（5）发文机关署名、成文日期、印章：详细见 GB/T 9704—2012。

（6）成文日期中的数字不得使用虚数。

（7）特殊情况说明。

（8）附注：如有附注，居左空两字，用（ ）编排在成文日期的下一行。

（9）附件：附件应当另面编排，3 号黑体字，顶格编在版心左上行。

三、版记

（1）分割线。

（2）抄送机关：4 号仿宋体，“抄送：×××”。如需将主送机关移至版记，则记作“主送：×××”。

（3）印发机关和引发日期：印发日期右空一字，日期后加印发二字。

（4）页码：4 号半角阿拉伯数字，公文版心下边缘之下，单页码居右空一字，双页码居左空一字。空白页、版记不编页码。

第二部分　数据处理

数据（Data）是对客观事物的符号表示，是用于表示客观事物的未经加工的原始素材，如图形符号、数字、字母等；或者说，数据是通过物理观察得来的事实和概念，是关于现实世界中的地方、事件、其他对象或概念的描述。而信息则是数据内涵的意义，是数据的内容和解释。信息可以离开信息系统而独立存在，也可以离开信息系统的各个组成和阶段而独立存在；而数据的格式往往与计算机系统有关，并随载荷它的物理设备的形式而改变。

信息与数据的关系：信息与数据是不可分离的，数据是信息的表达，信息是数据的内涵。数据本身并没有意义，数据只有对实体行为产生影响时才成为信息。

数据处理是指将数据与特定的应用相关联起来，提取出其有价值的信息，为生产、商务活动的决策分析提供帮助。数据处理也是对数据进行解释并赋予一定的意义，将其转变成为信息的处理过程。

案例 12　现金记账凭证的制作

情境再现

情景：周五下班。

角色：徐哥、小衫。

故事：周末了，下班了，想着我计算机里的游戏，还有周末开始的西班牙国家德比，我哼着小曲，整个人处于一种极度兴奋的状态。

经过刚上班不久的出纳小衫身旁，发现她还在埋头苦干，我随口问了一句：“小衫，还没下班呢？”

“哦，徐哥，今天的账本还没记，还有一大堆数据要我核对呢。”小衫说话的时候，手里不停地整理各种单据、核对数据。

“那你怎么不用 Excel 来记账啊，这样多简单啊，还不容易出错。”刚说完我就后悔了，这不是没事找事做吗……

果然，小衫用她那双水汪汪的大眼睛望着我说：“徐哥，您看我刚来，还处于菜鸟阶段，您就帮我做一个吧，好不好？”。

话都说出口了，好人做到底吧：“那你将你日常工作的流程说一下。”

小衫高兴地说：“其实也挺简单的，就是要将咱们单位每天借方的金额和贷方的金额核对一下。”

“行，你将详细的要求发到我邮箱里面吧，下周一做好了给你。”我说。

任务分解

出纳的日常工作主要包括货币资金核算、往来结算、工资核算 3 个方面的内容。这里以日记账凭证为例，利用 Excel 2016 软件来解决这个问题，从而缩短工作时间，提高工作效率。

记账凭证是专门记录现金收付业务的特种日记账，它一般由出纳人员负责填写。现金日记账既可用作明细账，也可用于过账媒介。

利用 Excel 2016 软件来实现现金日记账功能需要做的工作如下：

（1）根据实际的记账凭证在 Excel 2016 中制作一个模板。

（2）在模板中利用函数和公式来实现自动计算功能。

（3）最后把实际工作中的数据输入到相应的单元格内，得到想要的结果。

说明

记账凭证通常是根据审核后的现金收款、付款凭证逐日逐笔按照经济业务发生的顺序进行登记的，可加强对企业现金的监管。

任务实现

步骤一：制作记账凭证 Excel 模板。

（1）利用已经掌握的 Excel 2016 知识，制作图 12-1 所示的记账凭证模板。

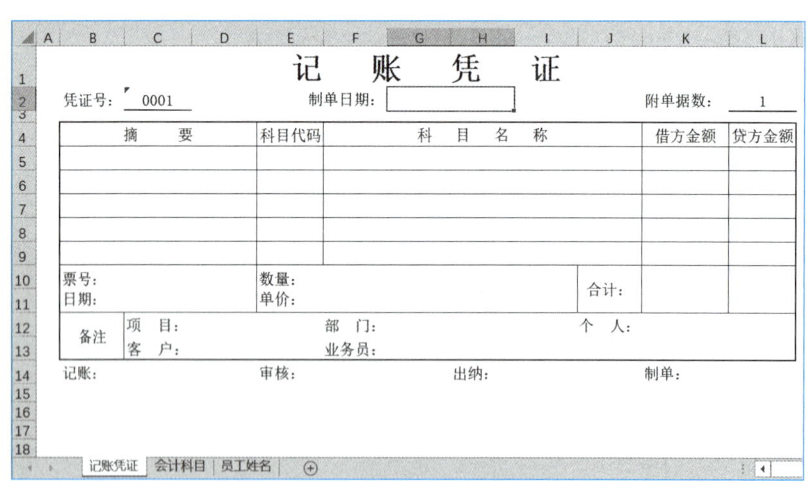

图 12-1 记账凭证模板

（2）在记账凭证模板中，在制单日期 G2 单元格中输入日期公式“=TODAY()”。

（3）在科目代码中输入数据，为了方便输入数据，可以制作下拉菜单来选择要输入的科目代码，这里以“科目代码”一列为例说明如何来制作下拉菜单。选择 E5~E9 单元格，单击“数据”选项卡→“数据工具”选项组→“数据验证”按钮，在下拉菜单中选择“数据验证”命令，如图 12-2 所示。

（4）在弹出的“数据验证”对话框的“允许”中选择“序列”，如图 12-3 所示。

（5）在“来源”选项中输入日常处理的工作内容，如图 12-4 和图 12-5 所示。

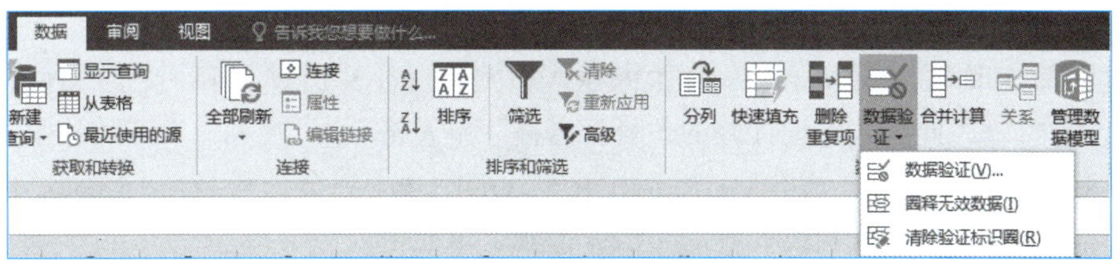

图 12-2　设置单元格数据验证

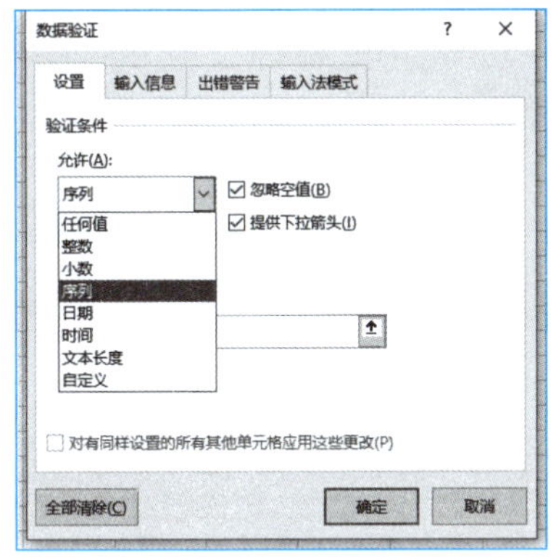

图 12-3　设置数据验证（1）

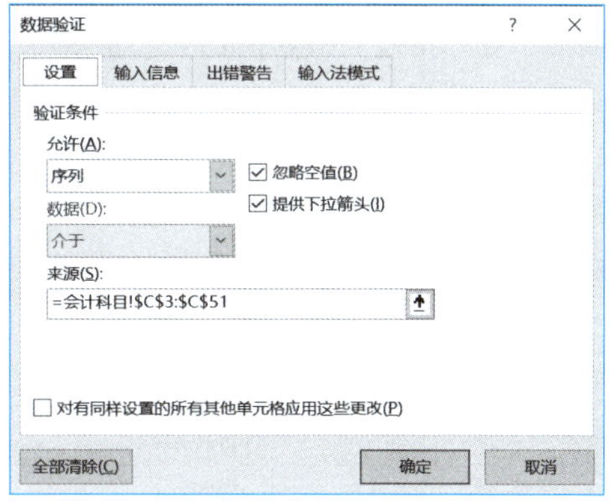

图 12-4　设置数据验证（2）

会计科目表

序号	科目性质	科目代码	总账科目	明细科目	余额方向	借方	贷方	账户名称
1	资产类	1001	库存现金		借	28300		库存现金
2	资产类	1002	银行存款		借	74500		银行存款
3	资产类	100201	银行存款	建设银行	借	89200		银行存款——建设银行
4	资产类	100202	银行存款	工商银行	借	42500		银行存款——工商银行
5	资产类	1015	其它货币基金		借	31800		其它货币基金
6	资产类	1121	应收票据		借	22400		应收票据
7	资产类	1122	应收账款		借	15300		应收账款
8	资产类	1123	预付账款		借	53000		预付账款
9	资产类	1231	其它应收款		借	49000		其它应收款
10	资产类	1241	坏账准备		贷		4600	坏账准备
11	资产类	1401	材料采购		借	44600		材料采购
12	资产类	1403	原材料		借	43600		原材料
13	资产类	1406	库存商品		借	35600		库存商品
14	资产类	1501	待摊费用		借	43900		待摊费用
15	资产类	1531	长期应收款		借	46300		长期应收款
16	资产类	1601	固定资产		借	27100		固定资产
17	资产类	1602	累计折旧		贷		33200	累计折旧
18	资产类	1901	待处理财产损益		借	65700		待处理财产损益
19	负债类	2202	应付账款		贷		31600	应付账款

记账凭证　会计科目　员工姓名

图 12-5　会计科目表中的数据

（6）这样，输入数据时就可以通过下拉菜单来选择，避免输入错误，如图 12-6 所示。

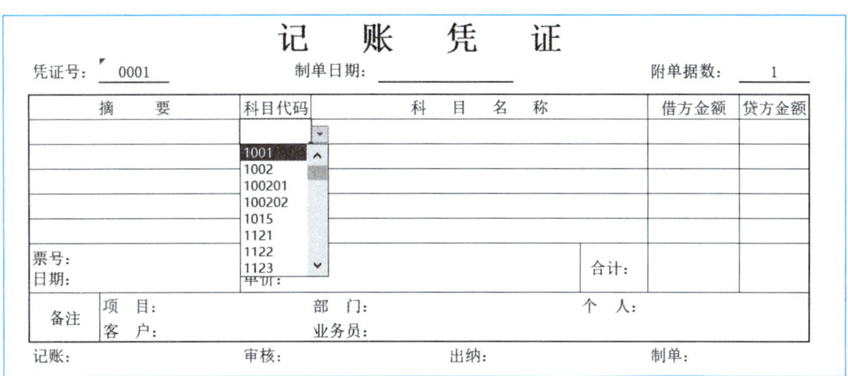

图 12-6　利用下拉菜单来输入数据

步骤二：在设置好的模板中输入函数和公式。

（1）“科目名称”F5 单元格：=IFERROR(VLOOKUP(E5, 会计科目 !$C$3:$I$51,2,0),"")。使用方法：直接输入此公式到设计好的“科目名称”单元格。

（2）“借方金额”K5 单元格：=IFERROR(VLOOKUP(E5, 会计科目 !$C$3:$I$51,5,0),"")。使用方法：直接输入此公式到设计好的“借方金额”单元格。

（3）“贷方金额”L5 单元格：=IFERROR(VLOOKUP(E5, 会计科目 !$C$3:$I$51,6,0),"")。使用方法：直接输入此公式到设计好的“贷方金额”单元格。

步骤三：在“记账”C14 单元格、“审核”F14 单元格、“出纳”I14 单元格、“制单”L14 单元格中输入数据，为了方便输入员工姓名数据，可以制作下拉菜单来选择要输入的员工姓名，步骤和步骤一一样。

记账凭证最终样张如图 12-7 所示。

记 账 凭 证

凭证号：0001　　制单日期：2021/3/8　　附单据数：1

摘　　要	科目代码	科　目　名　称	借方金额	贷方金额
	1501	待摊费用	¥43,900.00	¥0.00
	1901	待处理财产损益	¥65,700.00	¥0.00
	1122	应收账款	¥15,300.00	¥0.00
	1121	应收票据	¥22,400.00	¥0.00
	1241	坏账准备		¥4,600.00
票号： 日期：	数量： 单价：	合计：		
备注	项　目： 客　户：	部　门： 业务员：	个　人：	

记账：李斐　　审核：刘荣　　出纳：徐晓晖　　制单：钟祉元

图 12-7　记账凭证最终样张

知识点小结

本案例中的记账凭证的建立主要用到 Excel 2016 中的自动填充、函数、数据有效性、筛选等功能来完成，由于现金日记账对输入的数据要求准确无误，而我们建立好的记账凭证可以利用下拉菜单功能保证输入的正确，从而避免错误发生，提高工作效率。

拓展训练

请结合案例所学的知识，设计并制作一个家庭日记账模板。

知识链接

会计核算形式，也称为会计处理程序，是指账簿组织、记账程序和记账方法相互结合的方式。其中，账簿组织是指账簿的种类、格式以及各种账簿之间的关系，又称为账簿体系；记账程序是指会计凭证的整理、填制、传递以及账簿的登记和据以编制会计报表的顺序；记账方法是指财务的处理是手工操作还是计算机运行。

企业、政府机关和事业单位等在会计核算中，都应当根据自身的情况，正确地选用会计核算形式。科学合理的会计核算形式具有以下作用：

（1）促使会计核算组织本身工作规范化。有了科学合理的会计核算形式，会计人员在进行会计核算时就能够做到有章可循，使会计核算工作能够有条不紊的进行。

（2）提高会计核算工作的效率。科学合理的会计核算形式可以减少不必要的核算环节，避免低效的重复，将会大大提高会计核算工作的效率。

（3）确保会计核算工作的质量。在会计核算的过程中，保证会计核算工作的质量是会计工作的基本要求。建立科学合理的会计核算形式，形成加工和整理会计信息的规范机制，将有利于确保会计信息的客观性、完整性。

（4）节约会计核算工作的成本。组织会计核算的过程需要耗费人力、物力和财力，因此，会计核算本身也要讲求经济效益。科学合理的会计核算形式选用的会计凭证、会计账簿和会计报表种类适当，数量适中，在一定程度上也能节约会计核算工作的成本。

会计核算形式的原则：

（1）符合各单位的实际情况。设计会计核算形式时，应充分考虑单位本身的经营管理特点、规模的大小、经济业务的繁简以及会计机构设置和会计人员配备等因素，使会计核算形式与本单位的经济业务的需要适应。

（2）保证会计核算的质量。确定适用的会计核算形式，要确保能够准确、及时和完整地提供相关和可靠的会计信息资料，以满足会计信息使用者了解会计信息，并据以做出经济决策的需要。

（3）力求降低会计核算的成本。在满足会计核算工作需要、确保会计核算工作质量、提高会计核算工作效率的前提下，力求简化核算手续、节省核算时间、降低核算成本。

（4）有利于建立会计工作岗位责任制。确定会计核算形式，要有利于会计人员的分工与合作，有利于明确各会计人员工作岗位的职责。

会计核算形式的建立是由多种因素决定的，包括经济活动和财务收支的实际情况、经营管理的具体要求、企业组织形式（尤其是公司治理结构）、会计人员的数量和质量，以及会计核算的手段。由于这些因素是不断变化的，因此，会计核算形式也不是一成不变的。

在手工记账的情况下，登记总账的依据主要有记账凭证、汇总记账凭证、科目汇总表和日记总账，基于此，会计核算形式一般包括记账凭证核算形式、汇总记账凭证核算形式、日记总账核算形式和科目汇总表核算形式。

记账凭证会计核算形式是直接根据经济业务发生后所填制的各种记账凭证逐笔登记总分类账，并定期编制会计报表的一种会计核算形式。记账凭证会计核算是最基本的会计核算形式，包括各种核算程序的基本要素，其他各种会计核算形式都是在此基础上，根据经济管理的需要逐笔发展和形成的。

在记账凭证核算形式下，记账凭证可采用一种通用的格式，也可以将记账凭证分为收款凭证、付款凭证和转账凭证，作为登记总分类账的依据。

同时在记账凭证会计核算形式下，需要设置现金日记账、银行存款日记账、总分类账和明细分类账。现金日记账和银行存款日记账一般采用收、付、余三栏式；总分类账应按总账科目开设账页，一般采用借、贷、余三栏式；明细分类账则根据经营管理的需要来设置，可采用三栏式、数量金额式或者多栏式。

记账凭证通常由出纳人员根据审核后的现金收、付款凭证，逐日逐笔顺序登记。登记记账凭证的总的要求是:分工明确，专人负责，凭证齐全，内容完整，登记及时，账款相符，数字真实，表达准确，书写工整，摘要清楚，便于查阅，不重记、不漏记、不错记，按期结账，不拖延积压，按规定方法更正错账等。

案例 13　产品的入库出库管理

情境再现

情景：支持表哥创业。

角色：表哥（汽车配件公司股东）。

故事：我们家和舅舅家关系一直很好，又是一个周末，我们应邀去舅舅家吃饭。快到吃饭时间了，表哥还是没回来，大家都在等着他回来再开饭呢。

舅舅说话了：“这孩子吃饭时间还没看到人，整天不知道瞎忙什么。”

“外甥开公司赚大钱，当然忙啦，你也不用说他，要是我儿子能像他表哥这样就好啦。”爸爸说。我顿时觉得心里不是滋味，表哥读完初中就辍学了，起初跟着一些朋友卖卖报纸，之后做了些小生意，后来生意越做越大，这些年积攒了不少钱。表哥确实是做生意的料，他把准了中国汽车消费量急剧上升的大好局势，抓住机遇和几个朋友合伙开了家汽车配件贸易公司，打算好好赚上一笔。

不一会儿表哥就回来了。“真是说曹操，曹操就到呀！”妈妈说。

表哥洗了个手，大家就开饭了，边吃边聊了起来。

“听说你开了家汽车配件贸易公司，赚大钱了！”妈妈接着说。

“哪有，三姨，公司营业才一个月就出问题了。”表哥轻叹了口气说。

“由于没有统一的配件入库和出库管理，使得销售人员对店里有什么配件、什么配件卖完了要及时补充都不是很清楚，公司运营情况一团糟。”表哥长叹了口气说。

“不是有专业的出入库管理软件卖吗？我商务办公应用老师和我们说的。”我终于可以插得上嘴了，心里暗喜，总算可以提个意见了。

“老弟你是不知道啊，公司刚创业起步，小本经营，花钱去买专业软件，太不划算了。”说完，表哥的表情又是一脸的漠然。

突然表哥眼睛一亮：“你刚刚是说你学过商务办公应用？”“是啊！”我回答。

“那你帮我做个基本的出入库电子表格吧？只要能实现基本的功能就行。”“对哦，我学过Excel，而且学得还不错，但是好像对这个入出库不是很明白。”我心里嘀咕着。

“你就帮帮忙吧，表哥一定记得你的好！”表哥还以为我是不愿帮忙。我想了想，基本的操作都会，无非就是再学点物品出入库管理的知识，再想到爸爸总是在叔叔他们面前夸表哥怎么好，这次也算是有机会证明自己也是优秀的。“好，包在我身上了！”年轻人血气方刚的原因吧，一下就答应了，其实心里也没有十足的把握。既然答应了就开始构思了，从表哥家一回来，我就开始筹划着如何动手……

说　明

产品入库出库是每一个公司都要涉及的工作。有效把握公司的产品进出情况，是一个公司合理运转的必要条件。

贸易公司一般不去生产产品，也不需要采购原材料来进行产品加工。其主要进行的是商品的买与卖，该类公司最重要的是信息和业务渠道，要有货源和销售目标，目的当然是要创造一定的利润。

任务分解

对表哥的贸易公司进行一番了解后，我决定结合自己所学的知识，用 Excel 电子表格来实现对公司产品的出入库管理。

由于之前都没有进行统一的出入库管理及登记，就只是一些入库出库的单据，因此就必须把所有单据中的数据输入 Excel 中。于是我首先找到表哥，拿到了公司全部的入库及销售单据，然后计划着构建电子表格及输入数据，这将花费较多的时间去完成，但是一旦电子表格构建好了，以后的工作及产品管理基本上就可以一劳永逸了。

我经过一番思考后，提出了如下的设计思路：

（1）出入库电子表格的建立。产品的出入库数据表格应该由 6 部分组成：

① 产品代码表：记录产品的名称、采购单位、型号、价钱等。

② 入库明细表：反映具体的产品入库的时间和数量。

③ 出库明细表：反映具体的产品出库的时间和数量。

④ 入库汇总表：反映某个月份产品的整体入库情况。

⑤ 出库汇总表：反映某个月份产品的整体出库情况。

⑥ 库存盘点表：实时反映公司的产品库存情况。

也就是说，在一个 Excel 工作簿中要建立 6 个相应的工作表，分别完成相应的功能，同时又相互关联，相互联系。

（2）为了能够实现入库出库产品的智能化管理，同时显示本人商务办公应用的熟练程度，一些筛选、排序和分类汇总功能的加入是必须的。

同时，为了让表哥这种不懂 Excel 的人也能一目了然地看清楚公司的产品销售及库存情况。我决定利用 Excel 中的“数据透视表”来实现。

任务实现

步骤一：工作表的生成。

首先新建一个空白的 Excel 工作簿，同时在原来的工作表区，新建一个工作表，加上原有的 5 个名为 Sheet 的表格，总共就有 6 个工作表了。同时依次重新命名为产品代码表、入库明细表、出库明细表、入库汇总表、出库汇总表和库存盘点表。重命名完成后，可以在状态栏上方看到图 13-1 所示的效果，这就简单地完成了第一步。接下来就是向各个空白表格中输入相对应的数据及编辑了。

图 13-1 新建的工作表

步骤二：代码表的编辑。

如何编辑一个简洁而又让人看了一目了然的产品代码表呢？我首先向表哥要来了产品的入库单据，从产品入库的单据中发现，有些物品的名称相同，但是进货渠道不同，有的是 A 公司，有的是 B 公司，也就是说同一类物品会来自于不同的公司，价格自然也不一样。于是在代码表的设计上，就应该要清楚反映物品名称、生产公司、物品型号、单位及价格等信息。所以我首先选中名为“代码表”的工作表，在其第一行设计了一个包含以上信息的表头，接着根据进货单的信息，依次输入对应的信息，输入完成的效果如图 13-2 所示。

	A	B	C	D	E	F
1	代码	公司名称	物品名称	型号	单位	单价
2	0010001	A公司	仿毛方向盘套		套	14.00
3	0010002	A公司	挡泥板	花冠	套	6.00
4	0010003	A公司	立标	大众	套	6.00
5	0010004	A公司	车衣	波罗	套	5.00
6	0010005	A公司	挡泥板	捷达 12	套	6.00
7	0010006	A公司	玻璃防雾剂样品		样	14.00
8	0010007	A公司	紫薇座垫三件套	成丰	套	4.00
9	0010008	A公司	亚麻脚垫	花冠	套	54.00
10	0010009	A公司	挡泥板	A6	套	15.00
11	0010010	A公司	拖把	16	个	10.00
12	0010011	A公司	立标	M6	个	6.00
13	0010012	A公司	车牌架	M6	个	14.00
14	0020001	B公司	亚麻脚垫	A4	套	52.00
15	0020002	B公司	防滑踏板		个	12.00
16	0020003	B公司	双钩把锁		个	10.00
17	0020004	B公司	车衣	宝来	件	80.00
18	0020005	B公司	防滑垫	0	套	40.00
19	0020006	B公司	水晶车牌架	宝来	个	23.00
20	0020007	B公司	拖把王	大黑沙	个	14.00
21	0020008	B公司	车衣	丰田 GL8	件	90.00
22	0020009	B公司	立标	丰田	个	21.00
23	0020010	B公司	立标	M6	个	20.00
24	0030001	C公司	挡泥板	皇冠	套	23.00
25	0030002	C公司	香水	丰田 水晶	瓶	50.00
26	0030003	C公司	后尾箱饰条	M6	套	41.00
27	0030004	C公司	三角牌	12	个	10.00
28	0030005	C公司	手缝地板	捷达	套	23.00

代码表 | 入库明细表 | 出库明细表 | 入库汇总表 | 出库汇总表 | 库存盘点表

图 13-2 代码表的编辑

说 明

所谓代码表，就是简要记录商品的名称、型号、存货单位、单价、物品代码（可自定义）等信息的一类数据表格。该表是进货采购的依据，也是实现入库出库管理不可缺少的一个组成部分。

在编辑代码表时，应注意物品的代码和型号应使用文本格式输入（数据前加撇号），不然会默认为数字。

步骤三：入库明细表的编辑。

入库明细表的编辑相对麻烦一些，因为入库明细表不仅要反映物品的入库日期、供应商、物品名称、入库时间等信息，还要反映入库的类别、入库制单人员、入库库别等信息。以便于以后库房的查询和管理。而类别、库别等信息的输入都需要实现数据的可选性。

同编辑代码表一样，我首先选中新建的入库明细表，然后建立相应表头，表头应该包括物品的各种相关信息，接着输入相应的数据信息。最后的编辑效果如图 13-3 所示。

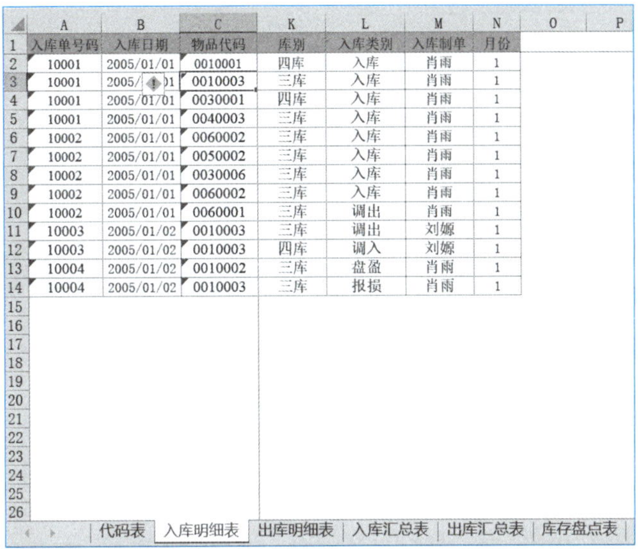

	A	B	C	K	L	M	N
1	入库单号码	入库日期	物品代码	库别	入库类别	入库制单	月份
2	10001	2005/01/01	0010001	四库	入库	肖雨	1
3	10001	2005/01/01	0010003	三库	入库	肖雨	1
4	10001	2005/01/01	0030001	四库	入库	肖雨	1
5	10001	2005/01/01	0040003	三库	入库	肖雨	1
6	10002	2005/01/01	0060002	三库	入库	肖雨	1
7	10002	2005/01/01	0050002	三库	入库	肖雨	1
8	10002	2005/01/01	0030006	三库	入库	肖雨	1
9	10002	2005/01/01	0060002	三库	入库	肖雨	1
10	10002	2005/01/01	0060001	三库	调出	肖雨	1
11	10003	2005/01/02	0010003	三库	调出	刘嫄	1
12	10003	2005/01/02	0010003	四库	调入	刘嫄	1
13	10004	2005/01/02	0010002	三库	盘盈	肖雨	1
14	10004	2005/01/02	0010003	三库	报损	肖雨	1

代码表 | 入库明细表 | 出库明细表 | 入库汇总表 | 出库汇总表 | 库存盘点表

图 13-3 入库明细表的编辑

考虑到表哥可能有几个存放物品的仓库，入库类别和入库制单人员也有可能不同，因此在这几项的数据录入过程中，需要实现数据的可选性输入。可使用 Excel 中的“数据有效性”功能来设置下拉菜单，供选择数据填表使用。于是对入库明细表当中的库别、入库类别、入库制单这三项内容，设置成了图 13-4 所示的下拉菜单的效果。

说明

下拉菜单是制作表单类文档必不可少的一项内容。如何在 Excel 中制作下拉菜单，是商务办公应用中必须掌握的内容。

下拉菜单的具体设计方法如下：

选定输入库别的数据区域，因为对每一种物品都要进行库别的输入，所以应该选择工作表中的一列作为数据区域，如图 13-5 所示。

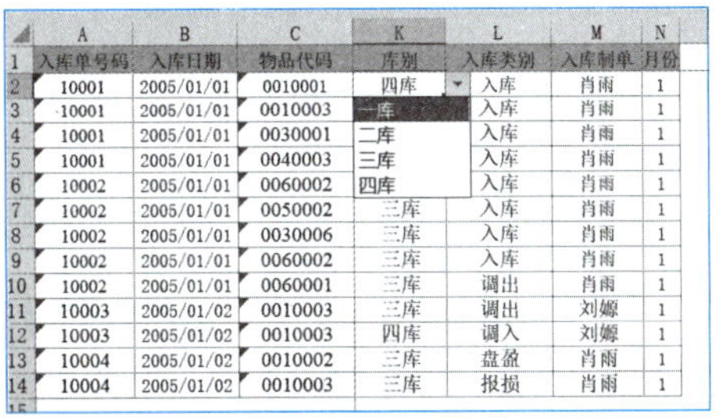

图 13-4 工作表中的下拉表单

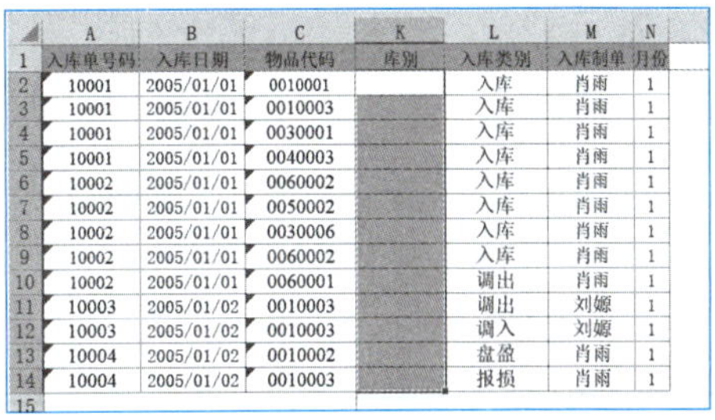

图 13-5 选定数据区域

然后找到“数据”选项卡中的“数据工具”选项组，执行“数据验证”命令，如图 13-6 所示。

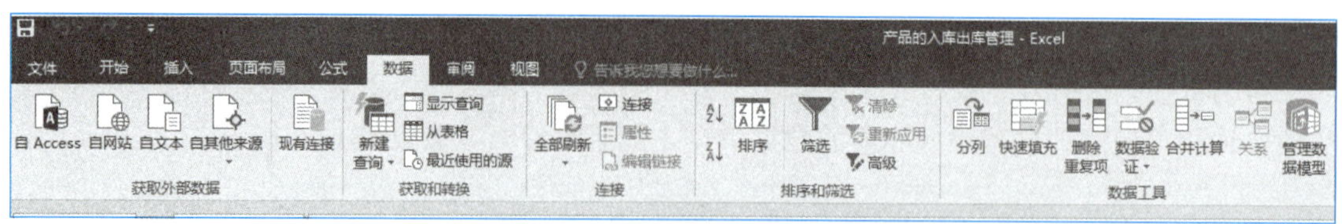

图 13-6 “数据工具”选项组

弹出“数据验证”对话框，如图 13-7 所示，单击“设置”选项卡，在“允许”栏中选择“序列”，在“来源”中输入“一库，二库，三库，四库”（不含引号，且用英文逗号分隔），选中“忽略空值”和“提供下拉箭头”复选框后，单击“确定”按钮。

最后返回工作表，在原选定的单元格区域任意单击一个单元格，右侧出现一个下拉箭头，单击下拉箭头，显示一个库别的列表，在列表中选择后单击，即可在当前单元格进行数据输入。

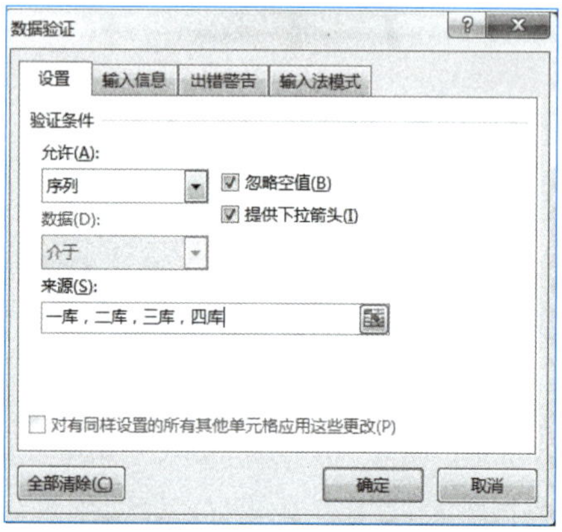

图 13-7 “数据验证”对话框

用同样的方法，依次建立“入库类别”和“入库制单”下拉菜单。

出库明细表的编辑方法和入库明细表的类似，这里不再赘述。出库明细表效果如图 13-8 所示。毛利的计算可以通过在 N2 单元格中输入用公式“=L2−M2”，同时使用填充的方法来实现。

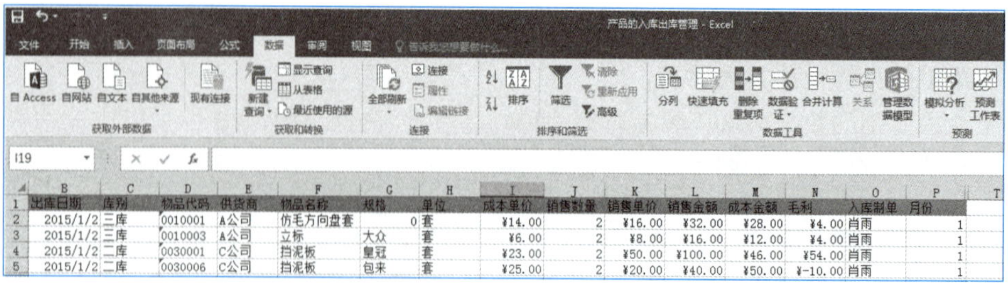

出库日期	库别	物品代码	供货商	物品名称	规格	单位	成本单价	销售数量	销售单价	销售金额	成本金额	毛利	入库制单	月份
2015/1/2	三库	0010001	A公司	仿毛方向盘套	0	套	¥14.00	2	¥16.00	¥32.00	¥28.00	¥4.00	肖雨	1
2015/1/2	三库	0010003	A公司	立标	大众	套	¥6.00	2	¥8.00	¥16.00	¥12.00	¥4.00	肖雨	1
2015/1/2	二库	0030001	C公司	挡泥板	皇冠	套	¥23.00	2	¥50.00	¥100.00	¥46.00	¥54.00	肖雨	1
2015/1/2	二库	0030006	C公司	挡泥板	包来	套	¥25.00	2	¥20.00	¥40.00	¥50.00	¥-10.00	肖雨	1

图 13-8 出库明细表效果

步骤四：入库汇总表的编辑。

考虑到入库汇总表在产品出入库管理中的关键作用，其应该能够反映入库的物品总的数量和金额，同时具备一定的查询功能，能够清楚方便地按“库别”和“入库时间”进行分类显示。当然也应该具备一定的统计功能。思量再三，我决定使用 Excel 中的“数据透视表”来实现。这一步也花费了我较多的时间，现将建立过程说明如下：

（1）打开入库明细表，选中全部的数据区域，在“插入”选项卡，选择“表格”选项组中的“数据透视表”按钮，如图 13-9 所示，弹出图 13-10 所示的“创建数据透视表”对话框。

（2）在“选择放置数据透视表的位置”选项区域中选中“现有工作表”单选按钮，然后指定到名为入库汇总表的工作表。单击“确定”按钮后，在指定的工作表中，将弹出图 13-11 所示的数据透视表，在工作表的右端，可以看到图 13-12 所示的数据透视表字段列表。

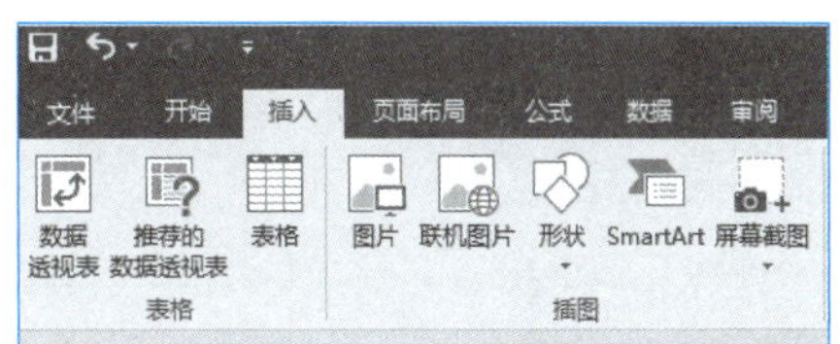

图 13-9 插入数据透视表操作

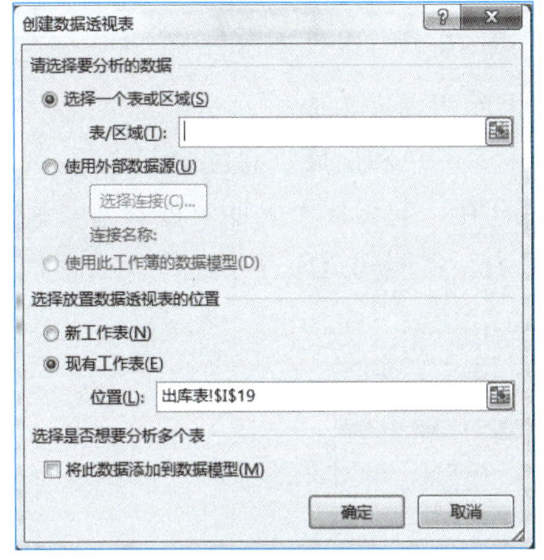

图 13-10 “创建数据透视表”对话框

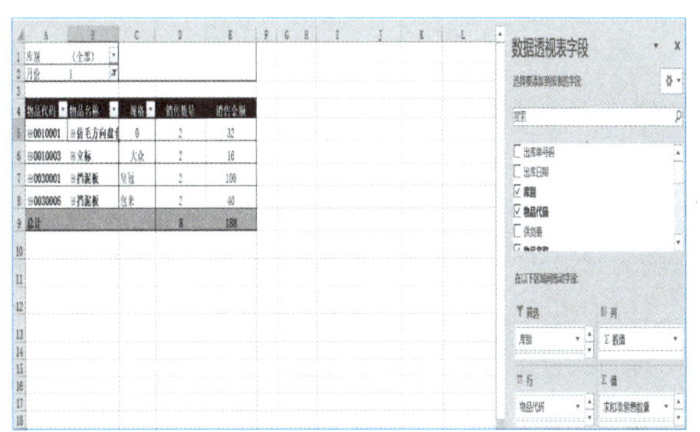

图 13-11 数据透视表

按需要把物品代码、物品名称、规格等项拖入“行标签”，并将相应的“字段”设置成“无”。同时将物品数量和金额拖入数值求和区，如图 13-13 所示。生成数据透视表如图 13-14 所示。

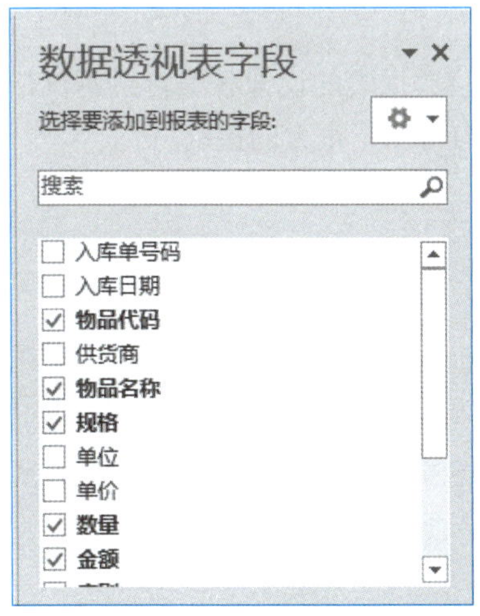

图 13-12 数据透视表字段列表

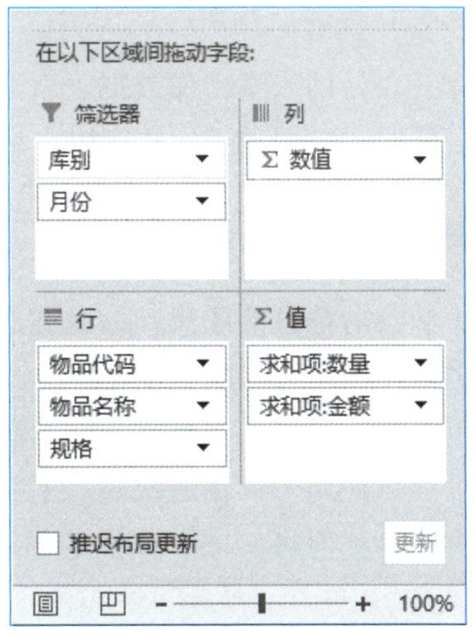

图 13-13 字段列表拖动

（3）为了方便表哥及时了解每月库存情况或者各个仓库库存情况，我将“库别”“月份”拖到了“字段列表”中的“报表筛选”中，这样一来表哥这个外行也能较好地把握产品的变化情况。这一步完成后，入库汇总表的效果如图 13-15 所示。

物品代码	物品名称	规格	求和项：数量	求和项：金额
0010001	仿毛方向盘套	0	12	168
0010002	挡泥板	花冠	2	12
0010003	立标	大众	9	54
0030001	挡泥板	皇冠	12	276
0030006	挡泥板	包来	12	300
0040003	卫生套	M6	12	240
0050002	解码器	双鸽	12	18000
0060001	字标	58	12	120
0060002	钥匙链	22	24	120
总计			107	19290

将报表筛选字段拖至此处

图 13-14 字段拖动后的数据透视表

库别	(全部)
月份	1

物品代码	物品名称	规格	数量	金额
0010001	仿毛方向盘套	0	12	168
0010002	挡泥板	花冠	2	12
0010003	立标	大众	9	54
0030001	挡泥板	皇冠	12	276
0030006	挡泥板	包来	12	300
0040003	卫生套	M6	12	240
0050002	解码器	双鸽	12	18000
0060001	字标	58	12	120
0060002	钥匙链	22	24	120
总计			107	19290

图 13-15 报表筛选的实现

出库汇总表的编辑和入库汇总表的编辑方法一样，由出库明细表生成。

考虑到表哥对 Excel 一点都不懂，应该也不知道要将入库汇总和出库汇总配合起来看，去发现产品的销售及库存情况。为此，我将入库和出库汇总合在一起做成了名叫“库存盘点表”的工作表（见图 13-16），也就是说，表哥只要能打开这张表，就能知道库存中还有什么存货、什么货已经卖完了需要补货。

库别	(全部)
月份	(全部)

物品代	物品名	规格	数量	金额	库存数量	库存金额	实盘数量	盘点差异
001000	仿毛方向	0	12	168	10	136		
001000	挡泥板	花冠	2	12	2	12		
001000	立标	大众	9	54	7	38		
003000	挡泥板	皇冠	12	276	10	176		
003000	挡泥板	包来	12	300	10	260		
004000	卫生套	M6	12	240	12	240		
005000	解码器	双鸽	12	18000	12	18000		
006000	字标	58	12	120	12	120		
006000	钥匙链	22	24	120	24	120		
总计			107	19290	99	19102		

库别	(全部)
月份	(全部)

物品代	物品名	规格	销售数量	销售金额				
001000	仿毛方向	0	2	32				
001000	立标	大众	2	16				
003000	挡泥板	皇冠	2	100				
003000	挡泥板	包来	2	40				
总计			8	188			223	

图 13-16 库存盘点表

至此，表哥的入库出库数据表就算是做好了，通过对该数据表的设计和编辑，不仅帮了表哥的忙，同时也使我的 Excel 应用水平及商务办公实践能力得到了很大的提高。

知识点小结

（1）学会对信息的收集归纳及筛选。

（2）进一步掌握如何在 Excel 中输入数据、文本。

（3）学会在 Excel 中制作下拉菜单。

（4）学习使用“数据透视表”来实现数据的归类、筛选和汇总。

（5）学会如何将 Excel 和现实生活当中的实际应用相结合。

拓展训练

（1）公司根据每天的入库出库情况，需要在相应的表格中添加新的数据，是不是添加新产品记录的时候，都要重新设置数据的输入格式？如果不是，应该如何设置呢？

（2）在入库明细表中加入的项目，如何自动地汇总到入库汇总表中？

（3）在本案例中，除了使用“数据透视表”来实现数据的分类汇总外，是否还可以使用其他的方法呢？

（4）如果想更直观地看到数据的分类、求和、汇总、筛选等效果，是否可以插入一个“数据透视图”呢？在该案例中如何插入和编辑“数据透视图”？

知识链接

1. 商品的出库入库流程

1）商品的入库流程

（1）采购部根据公司的实际情况，核定进货数，杜绝出现库存积压、滞销等情况。

（2）当商品从厂家运抵仓库时，收货员必须严格认真检查商品外包装是否完好，若出现破损、短少等情况，收货人必须拒绝收货，并及时上报采购部。

（3）确定商品外包装完好后，收货员必须依照相关单据，如订单、随货同行联，对进货商品品名、等级、数量、规格、金额、单价进行核实，核实正确后方可入库保管。

（4）入库商品明细必须由收货员和仓库管理人员核对签字认可，做到账货相符。仓库管理员应该依据验收单详细记录商品的名称、数量、规格、入库时间、单证号码、验收情况、存货单位等。

2）商品的出库流程

（1）销售部开具出库单或调拨单，或者采购部开具退货单。单据上应该注明产地、规格、数量等。

（2）仓库收到以上单据后，在对出库商品进行实物明细点验时，必须认真清点，核对准确、无误后方可签字认可出库。

（3）商品出库后仓库管理员在当日根据正式出库凭证销账并清点货品结余数，做到账货相符。

2. 盘盈盘亏

盘盈盘亏是会计中的财产清查方面的知识。财产清查的结果有三种情况：

（1）实存数大于账存数，即盘盈。

（2）实存数小于账存数，即盘亏。

（3）实存数等于账存数，账实相符。

简单来说，就是实物与账面的差异。盘点实物存数或价值大于账面存数或价值，就是盘盈；盘点实物存数或价值小于账面存数或价值，就是盘亏。

另外，盘盈的，账面上没有关于这部分的账目，当然也没有这部分的进项税额，没得转；盘亏的，无论是何种原因造成的货物的短缺，都不可能再用于销售，因此，盘亏部分的进项税额应做进项税额转出。

案例14　人事信息库的制作

情境再现

情景：午休梦境。

角色：Miss.HR、刘儿。

故事：Miss.HR 这段时间整理公司大量的人事信息，繁多的数据让她感到头昏眼花。Miss.HR 手握着的鼠标，任凭怎么晃动也不听使唤，屏幕上鼠标指针就是不动。“完了，死机！”Miss.HR 心里念叨着。

还没等她发脾气，就听到手中鼠标说：“哎哟，哎哟，别摇晃我啦，我都晕啦！”鼠标居然会说话？ Miss.HR 吃惊地说不出一个字来。

“干吗张那么大嘴啊！跟你手底下这么长时间了，我们也该交流一下啦，再怎么说我也是重体力劳动啊！有时间就多关心关心我，给我清洁一下。我说你啊，不要一味地录入数据，其实 Excel 那小子有很多本事呢，完全可以由它自己完成，像简历的生成、日期定时提醒……不信让他给你演示一下。”话音刚落屏幕上 Excel 表格中某个单元格出现了一排函数……

此时的 Miss.HR 完全不知道自己如何反应，好像这一切就发生在瞬间。“是病毒，我机器中毒了，连鼠标也传染了！刘儿，刘儿……”

“来了，来了，在呢！怎么啦？我问你怎么啦？我说你醒醒好不好，别睡了，口水都流到桌子上了！”同事刘儿坐在桌对面无奈地说。

Miss.HR 张开眼睛，看了看手中的鼠标还是那个鼠标，屏幕上表格依然是那个表格。“哦，原来做了一场梦啊！”但是 Miss.HR 似乎从这个梦中得到了什么启示……

说明

在日常工作中，经常要处理大量的数据，如何利用各种软件来解决这个问题，是提高办公效率的重要途径。

任务分解

Miss.HR 根据自己对 Excel 2016 的了解和在网上收集的一些资料，针对自己公司的实际情况，建立的人事信息库功能如下：

（1）设置自动填充，减少信息录入工作量。

（2）劳动合同定期提醒功能。

（3）数据录入首选记录单功能。

（4）冻结窗格便于信息查询。

（5）工作簿美化。

（6）自动筛选便于数据统计。

（7）简历的自动生成。

说明

利用 Excel 2016 提供的功能和操作技巧，可以简化工作流程，从而提高工作效率。

任务实现

步骤一：性别、出生月日、年龄的自动显示功能设置。

（1）性别：=IF(MOD(IF(LEN(E3)=15,MID(E3,15,1),MID(E3,17,1)),2)=1," 男 "," 女 ")。

使用方法：直接输入此公式到设计好的“性别”单元格，类似图 14-1 所示的单元格 F3。

可更改地方：E3 可更换成所用文档中已输入身份证号码的单元格位置。

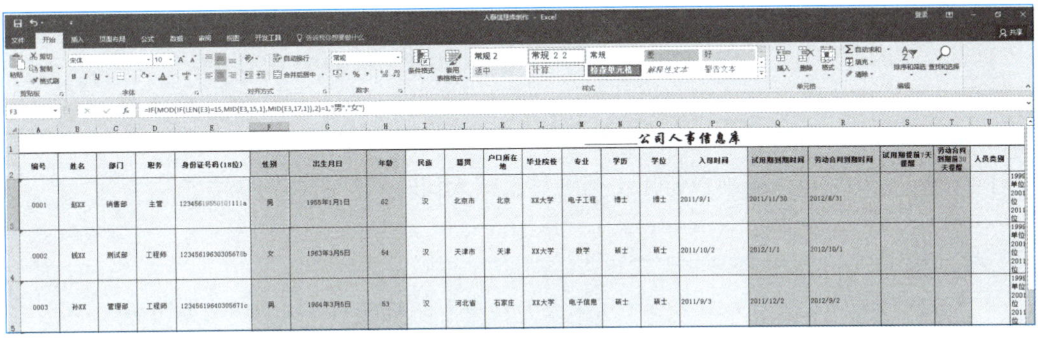

图 14-1　设置性别

（2）出生年月日：=DATE(MID(E3,7,4),MID(E3,11,2),MID(E3,13,2))。

使用方法：直接输入此公式到设计好的“出生年月日”单元格，类似图 14-2 所示的单元格 G3。

可更改地方：E3 可以更换成所用文档中已输入身份证号码的单元格位置。

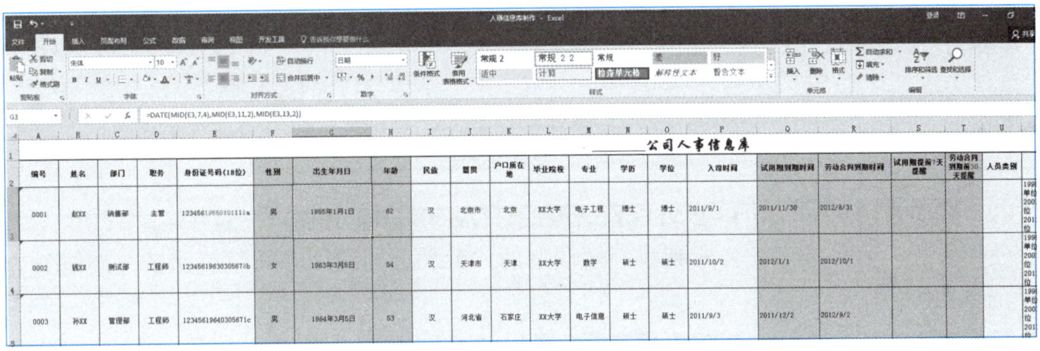

图 14-2　设置出生年月

（3）年龄：=DATEDIF(G3,TODAY(),"Y")。

使用方法：直接输入此公式到设计好的“年龄”单元格，类似图 14-3 所示的单元格 H3。

可更改地方：G3 可以更换成所用文档中显示现实“出生年月日”的单元格位置。

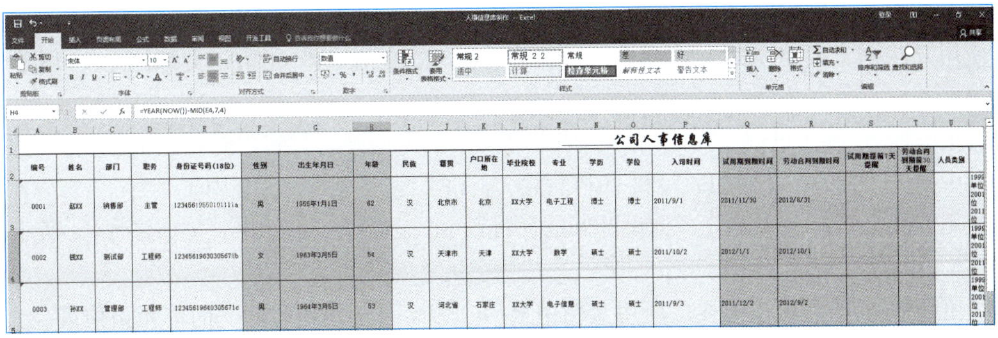

图 14-3　设置年龄

步骤二：劳动合同定期提醒功能设置。

Miss.HR 查阅了公司的规定，公司规定的试用期为 3 个月，劳动合同期限为 1 年，续签合同只需要在前一个合同基础上增加 1 年，如果试用期或者劳动合同快要到期了，提前 7 天提醒。Miss.HR 根据上述规定，利用 Excel 函数设计了以下功能：

（1）试用期到期时间：=DATE(YEAR(P3),MONTH(P3)+3,DAY(P3)−1)。

使用方法：直接输入此公式到设计好的“试用期到期时间”单元格，类似图 14-4 所示的单元格 Q3。

可更改地方：P3 可以更换成所用文档中显示“入司时间”的单元格位置。

说明

劳动合同是劳动者与用工单位之间确立劳动关系、明确双方权利和义务的协议。

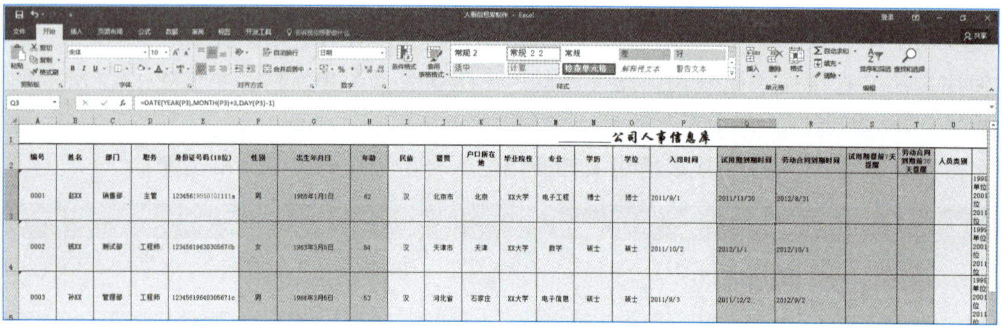

图 14-4 设置试用期到期时间

（2）劳动合同到期时间：=DATE(YEAR(P3)+1,MONTH(P3),DAY(P3)−1)。

使用方法：直接输入此公式到我们设计好的“劳动合同到期时间”单元格，类似图 14-4 所示的单元格 S3。

可更改地方：P3 可以更换成所用文档中显示“入司时间”的单元格位置。

（3）续签合同到期时间：=DATE(YEAR(S3)+1,MONTH(S3),DAY(S3))。

使用方法：直接输入此公式到设计好的“续签到期时间”单元格，类似图 14-4 所示的单元格 S3。

可更改地方：S3 可以更换成所用文档中显示“入司时间”的单元格位置。

（4）提前 7 天提醒：=IF(DATEDIF(TODAY(),Q3,"d")=7," 试用期快结束了 ","")。

使用方法：直接输入此公式到设计好的“提前 7 天提醒”单元格，类似图 14-4 所示的单元格 R3。

可更改地方：Q3 可以更换成所用文档中显示“试用期到期时间”的单元格位置。

（5）提前 30 天提醒：=IF(DATEDIF(TODAY(),S3,"m")=1," 该签合同了 ","")。

使用方法：直接输入此公式到设计好的“提前 30 天提醒”单元格，类似图 14-4 所示的单元格 T4。

可更改地方：S3 可以更换成所用文档中显示“劳动合同到期时间”的单元格位置。

说　明

这里没有设置成相差30天提醒，是因为考虑到设置成月更利于人事工作的操作。同样需要注意的是，不要将显示“今天日期”函数与显示“劳动合同到期时间”函数顺序颠倒。

步骤三：用“记录单”录入信息。

采用“记录单”方式可以避免因逐行输入人事信息而产生的串行或输错信息的工作失误。

使用方法：

（1）单击“文件”→“选项”命令，弹出“Excel选项”对话框，如图14-5所示。

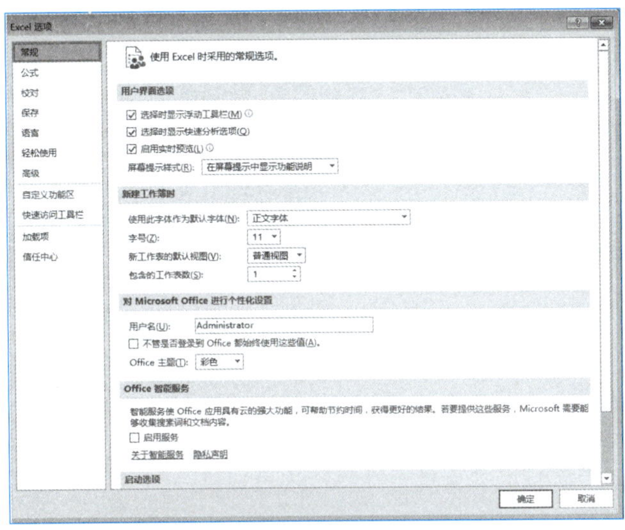

图14-5　“Excel选项”对话框

（2）选择“自定义功能区”选项，如图14-6所示，在“从下列位置选择命令”列表中选择“所有命令”，然后添加“记录单”。

（3）单击快速访问栏中的“记录单”，如图14-7所示，这样就可以快速输入数据。

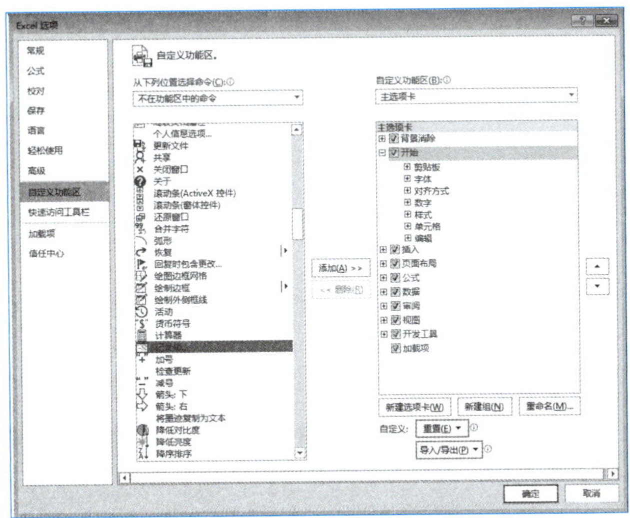

图14-6　自定义功能区

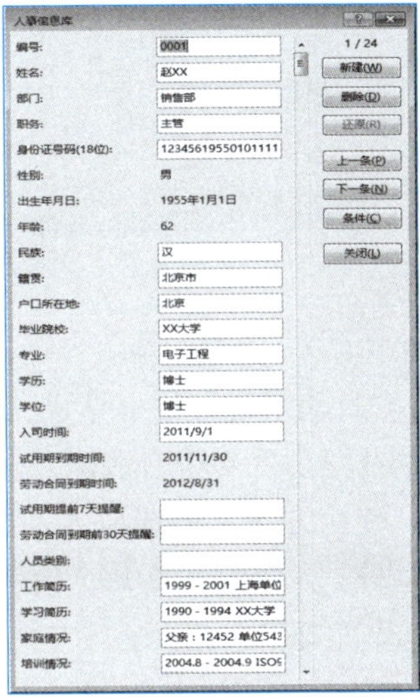

图14-7　记录单

步骤四：用“冻结窗格”功能可以进行简单的数据查询。

“冻结窗格”功能便于大量有效信息的查询。例如，想保留各信息项，同时保留每个人的编号、姓名、部门，让其他信息可以根据需要进行查找。

使用方法：单击 D3 单元格，单击“视图”选项卡→“窗口”选项组→“冻结窗格”按钮，就可以出现图 14-8 所示的下拉菜单。

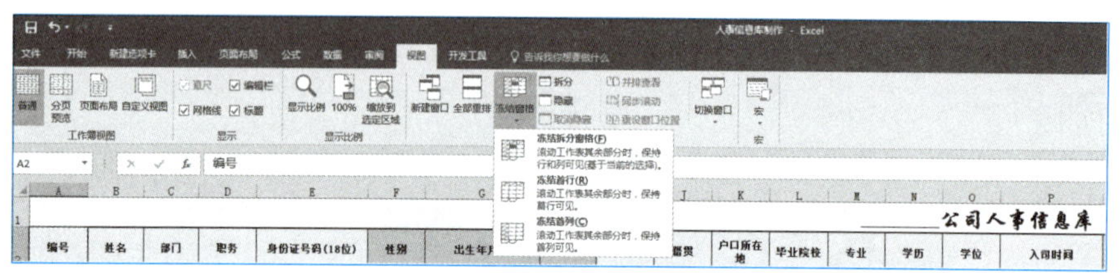

图 14-8 “冻结窗格”下拉菜单

说明

如果想冻结第 2 行，请将光标放到第 3 行单元格处，进行冻结窗格设置。

如果想冻结 C 列，请将光标放到 D 列单元格处，进行冻结窗格设置。

如果既想冻结第 2 行又想冻结 C 列，请将光标放到它们的交叉单元格 D3 上进行冻结窗格设置。

步骤五：工作簿美化功能。

想让我们的 Excel 表格看上去更具个性吗？这里提供一个可以在 Excel 表格中添加背景图片的方法。

使用方法：单击“页面布局”选项卡→“页面设置”选项组→“背景”按钮。设置后的效果如图 14-9 所示。

编号	姓名	部门	人员类别	工作简历	学习简历	家庭情况	培训情况
0001	赵XX	管理部	在职	1999—2001 XX单位 软件工程师 2001—2010 XX单位 软件工程师 2011—今 XX单位 公司总裁	1990—1994 XX大学 本科 数学 1994—1997 XX大学 硕士 计算机应用 1997—1999 XX大学 博士 电子工程	父亲：xxx 单位XXX 联系方式**** 母亲：xxx 单位XXX 联系方式**** 妻子：xxx 单位XXX 联系方式****	2004.8—2004.9 ISO9001质量认证培训
0002	钱XX	管理部	在职	钱某工作简历	钱某学习简历	钱某的家庭情况	钱某的培训情况
0003	孙XX	管理部	离职				

图 14-9 设置背景

步骤六：“自动筛选”功能可以进行简单的数据统计。

“自动筛选”可以帮助我们快速得到想要的数据。例如，我们想知道本公司在职人员中，本科生学历的男生有多少人，该如何操作呢？

使用方法：请选择“人员类别”单元格，单击“数据”选项卡→“排序和筛选”选项组→“筛选”按钮。在每个信息项单元格右下角都会出现选择按钮。我们分别在“人员类别”处选择“在职”，在“学历”处选择“本科”，在“性别”处选择“男”，最后用鼠标将显示的性别全部选上，这时注意图 14-10 中颜色较深的地方就是我们所需要的数据了。

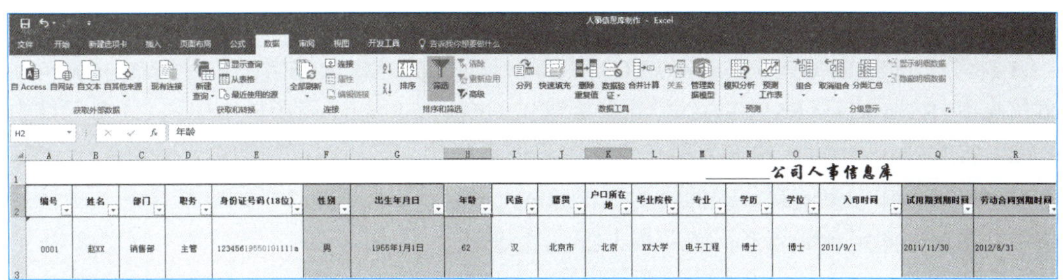

图 14-10　数据筛选

说　明

在自动筛选后计算个数时也可以采用 SUBTOTAL() 函数很方便地统计数据，大家不妨尝试着用一下。

步骤七：简历的自动生成。

从 Excel 中提取重要的字段来组成信息表，这一点可以应用到简历建立方面。特别是如果你的单位参与了 ISO 质量体系的认证，你就更深有体会了，每次质量认证审核时人事部门都需要提供大量的人事信息，对于员工简历整理是个必不可少的环节。这里通过一些函数设置来自动生成简历。

说　明

ISO 通过它的 2 856 个技术机构开展技术活动，其中技术委员会（简称 TC）共 185 个，分技术委员会（简称 SC）共 611 个，工作组（WG）2 022 个，特别工作组 38 个。

首先建一个类似下载文档中的“简历样本”，如图 14-11 所示。接下来要做的是在黄色的单元格内输入函数公式，便于相关信息的自动生成，待所有函数设置完毕后。日后我们想要哪位员工的简历，就可以在图 14-11 所示的 C3 单元格中输入其姓名，系统就会自动生成此人的简历了。

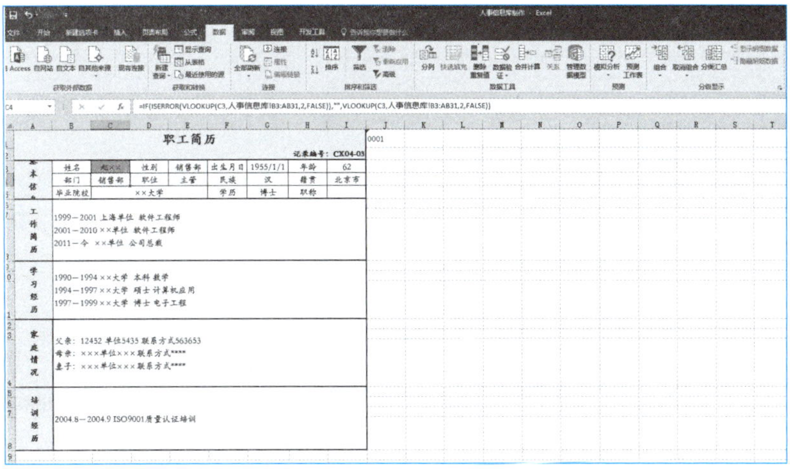

=IF(ISERROR(VLOOKUP(C3,人事信息库!B3:AB31,2,FALSE)),"",VLOOKUP(C3,人事信息库!B3:AB31,2,FALSE))

职工简历

记录编号：CX04-03

基本信息	姓名	赵××	性别	销售部	出生月日	1955/1/1	年龄	62
	部门	销售部	职位	主管	民族	汉	籍贯	北京市
	毕业院校	××大学			学历	博士	职称	
工作简历	1999—2001 上海单位 软件工程师 2001—2010 ××单位 软件工程师 2011—今 ××单位 公司总裁							
学习经历	1990—1994 ××大学 本科 数学 1994—1997 ××大学 硕士 计算机应用 1997—1999 ××大学 博士 电子工程							
家庭情况	父亲：12452 单位5435 联系方式563653 母亲：×××单位×××联系方式**** 妻子：×××单位×××联系方式****							
培训经历	2004.8—2004.9 ISO9001质量认证培训							

0001

图 14-11　职工简历样本

使用方法：

（1）将“=IF(ISERROR(VLOOKUP(C3, 人事信息库 !B3:AB31,2,FALSE)),"",VLOOKUP(C3, 人事信息库 !B3:AB31,2,FALSE))”公式直接输入到刚建立的职工简历样本中的 C4 单元格中。

（2）将此公式中的 C3 换成人事信息库中我们选择的人名所在部门的单元格位置。

（3）单击公式栏中函数公式的显示标识 table_array，如图 14-12 所示，切换到人事信息库表格中，用鼠标圈定全部数据，然后按【Enter】键。

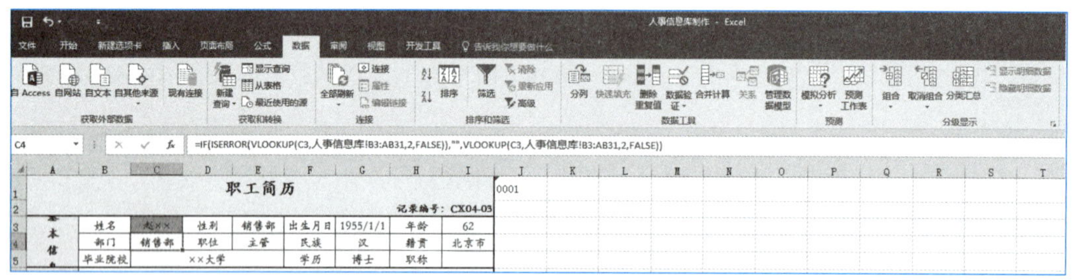

图 14-12 职工简历设置

（4）其他的黄色区域，我们只需要改变数值所在列数即可，如性别就是 5，我们可以将公式中的 2 换成 5：“C3, 人事信息库 !B3:AB31,5,FALSE”。

（5）依此类推，整个简历就可以设置完成，只要我们变换不同的人名就会显示相应人员信息简历，最后完成效果如图 14-13 所示。

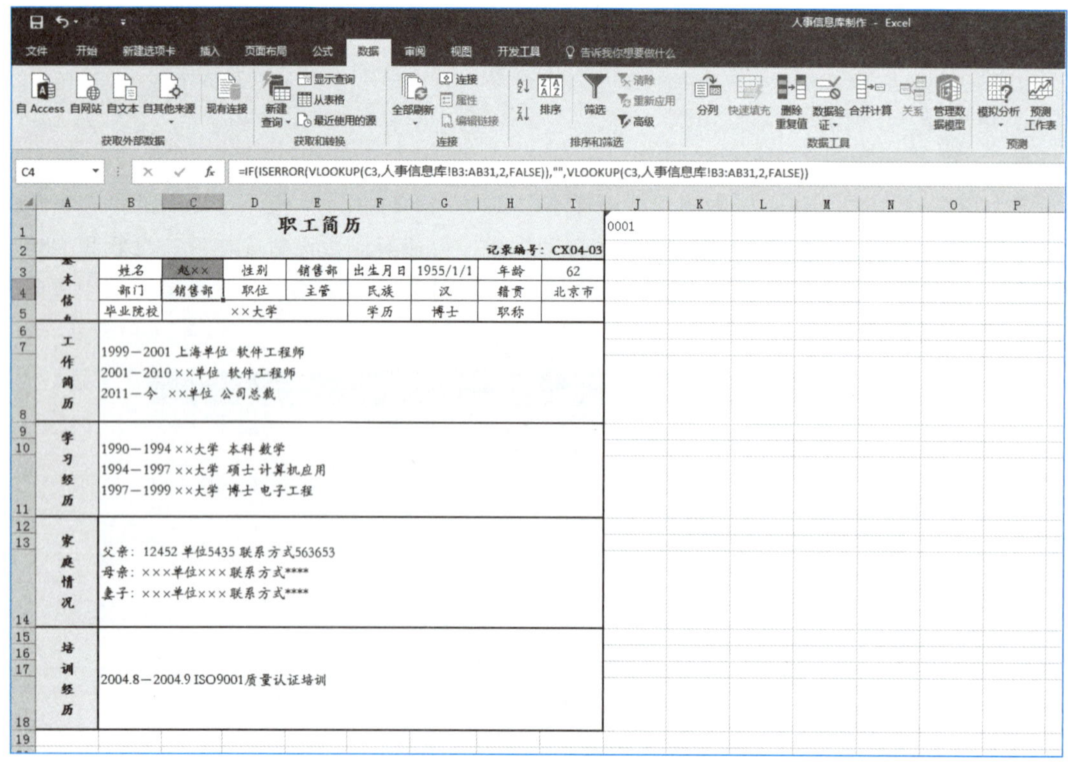

图 14-13 职工简历最终效果

说明

简单说一下 ISERROR、VLOOKUP 两个函数的含义：

ISERROR (value)：用于测试函数式返回的数值是否有错，如果有错该函数返回 TRUE，反之返回 FALSE。

VLOOKUP (lookup_value, table_array,col_index_num,range_lookup)：

（1）lookup_value 代表需要查找的数值；C3 也就是我们需要手工录入人名，也是需要查找的数值。

（2）table_array 代表需要在其中查找数据的单元格区域；人事信息库 !B3:AB31 这是人事信息库数据范围。

（3）col_index_num 为在 table_array 区域中待返回的匹配值的列序号，比如员工部门的序列号在第 2 列，需要输入 2。需要注意的是，这里姓名表示为第一列，依此类推，部门为第二列，因为没有将序号包括在内。

（4）range_lookup 为一逻辑值，FALSE 表示则返回精确匹配值，如果找不到，则返回错误值 #N/A。如果公式 VLOOKUP( ) 返回错误，则显示“空”（“”），反之显示公式的返回结果。

知识点小结

本案例中人事信息库的建立主要用到 Excel 2016 中的自动填充、函数、记录单、筛选、数据透视表等功能来完成，这里我们用的函数主要有 IF、DATE、ISERROR、VLOOKUP。建立好的人事信息库可以方便日常工作记录的输入、修改等操作，进而提高我们的工作效率。

拓展训练

请结合案例上所学的知识，设计并制作一个班级同学信息库。

知识链接

随着科技的进步和社会经济的飞速发展，“人力资源是第一资源”已经被提到了战略的高度，其重要性不言而喻。

人力资源是指包含在人体内的一种生产能力，它是表现在劳动者身上、以劳动者的数量和质量表示的资源。它对经济起着生产性的作用，使国民收入持续增长。从组织的角度看，人力资源是指能够为完成组织的使命、愿景、战略、目标和任务作出潜在贡献的人所具备的能力与才干。

人力资源是进行社会生产最基本、最重要、最特殊的资源，与其他资源相比较，具有以下六个鲜明的特征：

1. 能动性

能动性是人力资源区别于其他资源的根本特征。人力资源具有思想、情感和思维，具有主观能动性，能有目的、有意识、积极主动地利用其他资源，以推动社会和经济的发展。人力资源能够适应各种变化，突破旧思维框架，提出新观念，采用新方法，赋予社会新活力。

2. 不可分割性

人力资源之所以能够创造价值，是因为他所具有的积极态度和工作能力。但是，人的态度和能力与人本身是不可分割的。

3. 两重性

人力资源既是投资的结果，又是财富的创造者；既是生产者，又是消费者。对人力资源的投资程度决定了人力资源质量的高低。从生产和消费的角度看，人力资本投资是一种消费行为，并且这种消费行为是必需的，先于人力资本收益，即先期投资，后期收益。

4. 时效性

人力资源存在于人的生命中，是一种具有生命的资源，其形成、开发和利用都要受到时间的限制。作为生命有机体的人有其生命的周期：幼年期、少年期、青年期、中年期和老年期。由于每个时期人的体力、智力和成熟度不同，劳动能力也不同，因此，这种资源在各个时期的可利用程度也不同。同时，科技的不断进步加速了人的知识和技能的老化速度，使得人力资源的时效性特征更为突出。

5. 可再生性

与物质资源相似的是，人力资源在使用过程中，也会出现“有形磨损”和“无形磨损”。“有形磨损”是指个体生理方面的自然衰老和疲劳，是不可抗拒的消耗。“无形磨损”是指人的知识和技能的老化、意识的敏觉性下降、意志的消磨以及斗志和士气的下降等。但是，一方面，由于总体人口的再生产和劳动力的再生产，并且个体的技能在生产过程中消耗之后可以通过休息并补充能量得到恢复；另一方面，人的知识和技能可以通过持续不断的培训、学习和潜能开发等手段得到不断的更新。因此，人力资源是可以再生的。这就要求对人力资源的管理要注重终身学习，加强后期持续的培训与开发，不断提升其素质水平。

6. 社会性

人的社会性是人的本质特征。人不可避免地要与其他人交往联系，人也是其所处社会和民族的价值观的载体。不同的社会和民族有不同的价值观，不同的个体也有不同的价值取向、信仰和行为模式。这就要求在劳动力多元化和跨国经营的背景下，人力资源管理注重团队管理的建设，注重人与人、人与群体、人与社会的关系，以及利益的协调和整合，倡导团队合作和相互包容的精神。

由于人力资源具有其他资源和生产要素所不具有的无限开发性，人力资源开发成为经济社会可持续发展的最终基础。物资资源的有限性和稀缺性成为经济学家和全人类不得不面对的重要课题。与物资资源的有限性相比，人类潜能的开发具有无可限量的前途。当代世界各国的竞争日益激烈，综合国力竞争的焦点将日趋落在人才、智力资源的开发和使用上，谁拥有一流的人才资源和创新人才，谁就拥有一流的发展优势和创新优势。一个国家技能型人才队伍的数量和质量，特别是质量，将直接影响到一个国家的产业水平，影响到一个国家经济的国际竞争力。人力资源不断地创造新技术，不断地将新技术转化为生产力，不断地推动着社会经济的发展。同时，人力资源又具有再生的特征。因此，理论上和实践上都不可否认，人力资源是社会经济发展的不竭动力。

在知识经济盛行的今天，优秀的组织之所以能够持续地赢得持续的竞争优势，很大程度上得益于其拥有的人力资源。以资源为基础的战略管理理论认为，企业的资源特性和战略要素是企业持久竞争优势的来源。人力资源是具有价值的、稀缺的、难以模仿的，因此成为持久竞争优势的来源。

人事管理是人力资源管理发展的第一阶段（有时也作为广义的“人力资源管理”的代称），是有关人事方面的计划、组织、指挥、协调、信息和控制等一系列管理工作的总称。通过科学的方法、正确的用人原则和合理的管理制度，调整人与人、人与事、人与组织的关系，谋求对工作人员的体力、心力和智力作最适当的利用与最高的发挥，并保护其合法的利益。

人事管理部门的主要任务：

（1）组织，即制定、修改关于权限和职能责任的组织结构，建立双轨的、相互的、纵向及横向的信息交流系统。

（2）计划，即预测对于工作人员的需求，做出人员投入计划，并对所需要的管理政策和计划做出预先设想。

（3）人员的配备和使用，即按照工作需要，对工作人员进行录用、调配、考核、奖惩、安置等。

（4）培训，即帮助工作人员不断提高个人工作能力，进行任职前培训和在职培训。

（5）工资福利，即根据按劳分配的原则，做好工作人员的工资定级、升级和各种保险福利工作。

（6）政治思想工作，即通过各种教育方式，提高工作人员的思想政治觉悟，激励工作人员的积极性、创造性。

（7）人事管理研究，即对工作情况和程序进行总结、评价，以便改进管理工作。

案例 15　员工工资表的制作

情境再现

情景：上班时间。

角色：老板、小张。

故事：

“会计部的小王住院了，过几天我们公司就得发工资了，听说你数学和计算机水平不错，叫你过来算算这个月每个人应发的工资。”老板和小张聊着。

“好吧，我算算看看。”小张。

可小张接过老板手里的每个员工的原始数据就傻眼了，这么多呀！

“每个人的工资的组成还不一样，千差万别。”

“我只是平时多用了点计算机知识上网，老板就要我用计算机算这么多数据呀！”

“没办法，老板叫我过来只有硬着头皮做了。”

说明

工资表是员工所在单位定期给员工反映工资情况的数据，但并不是所有单位都给员工工资表，有的单位会将工资的各项明细表发给员工，有的单位是没有的。通过工资表的公布，我们也可以看到芸芸众生的生活状态，可以进行横向纵向的比较，由此对我们更进一步了解社会是大有裨益的。

任务分解

小张拿着老板给的员工工资表进行了研究，发现数据非常多，如果用计算器去一个个算的话，那可太费时了，所以小张决定用拿手的 Excel 中的公式与函数功能来试试看。

可大学学的 Excel 公式和函数，这时忘得差不多了，于是小张在百度上搜索各种 Excel 公式和函数的用法。小张根据老板给的原始工资表数据结合自己在学校学习的 Excel 知识，建立的工资表功能如下：

（1）Excel 中的公式或函数的使用。

（2）Excel 中自动填充功能。

说明

利用 Excel 2016 提供的函数与公式，可以简化工作流程，从而提高工作效率。我们还可以把 Excel 做成模板，方便以后使用。

任务实现

步骤一：计算销售提成表中提成比例和提成额。图 15-1 所示为提成表和提成比率表。

提成表:

部门	人员	销售类别	销售额	提成比率	提成额
彭钟山	人事部	X	125000		
李玉蛟	人事部	X	260000		
程小丽	软件开发部	X	142000		
吴华	软件开发部	X	360000		
李斐	软件开发部	Y	140000		
邹春燕	软件测试部	Y	260000		
陈媛媛	软件测试部	Y	210000		
占浩	销售部	Z	360000		
柯颜彪	销售部	Z	150000		
李志强	销售部	X	360000		
胡杨	销售部	X	145000		
叶建光	销售部	Y	280000		
陈滢	销售部	Z	210000		
胡俊	财务部	Y	660000		
潘凡华	财务部	Y	560000		
合计					

提成比率表:

销售额	X	Y	Z
0	0.10%	0.15%	0.20%
100000	0.20%	0.25%	0.25%
150000	0.30%	0.35%	0.30%
200000	0.40%	0.45%	0.35%
250000	0.50%	0.55%	0.40%
300000	0.60%	0.65%	0.45%
600000	0.70%	0.75%	0.50%

图 15-1 提成表和提成比率表

（1）提成比率的计算，在 E3 单元格中计算提成比率，根据“提成比率表”通过 VLOOKUP() 函数查询每个部门人员的提成比率，其公式为：VLOOKUP(D3,$H$3:$K$9, MATCH(C3,$H$2:$K$2,0),1))。

说明

VLOOKUP() 函数的语法规则如下：VLOOKUP(lookup_value,table_array,col_index_num,range_lookup)，参数说明如表 15-1 所示。

表 15-1　VLOOKUP() 函数参数说明

参　数	简 单 说 明	输入数据类型
lookup_value	要查找的值	数值、引用或文本字符串
table_array	要查找的区域	数据表区域
col_index_num	返回数据在查找区域的第几列	正整数
range_lookup	精确匹配 / 近似匹配	FALSE（或 0）/TRUE（或 1 或不填）

上述公式中用到的 MATCH() 函数的语法为 :MATCH(lookup_value, lookup_array, match_type)，MATCH() 函数返回指定数值在指定数组区域中的位置。

（2）提成额的计算，在 F3 单元格根据提成比率公式 =D3*E3 计算。

步骤二：根据 Excel 提供的工资级别表（见图 15-2）、销售提成表（见图 15-1）、工龄工资表（见图 15-3）、个人所得税税率表（见图 15-4），计算销售部、软件开发部、人事部、软件测试部以及财务部的基本工资、工龄工资、提成工资、缺勤扣罚工资、应发合计、个人所得税、实发合计等，各部门工资明细表如图 15-5 所示。

	A	B
1	工资级别	基本工资
2	1级	8000
3	2级	7500
4	3级	7000
5	4级	6500
6	5级	6000
7	6级	4600
8	7级	4500
9	8级	4000
10	9级	3500
11	10级	3000

图 15-2　工资级别表

	A	B
1	工龄工资计算表	
2	6个月	40
3	12个月	80
4	18个月	120
5	24个月	160
6	30以上	200
7		

图 15-3　工龄工资表

	A	B	C	D	E	F
1	2018年10月1日起个人所得税扣税基数:				5000	
2	级数	应税所得超过	且不超过	税率(%)	速算扣除数	
3	1	0	3000	3%	0	
4	2	3000	12000	10%	210	
5	3	12000	25000	20%	1410	
6	4	25000	35000	25%	2660	
7	5	35000	55000	30%	4410	
8	6	55000	80000	35%	7160	
9	7	80000		45%	15160	
10						

图 15-4　个人所得税税率表

	A	B	C	D	E	F	G	H	I	J	K	L	M
1	姓名	部门	入职日期	工资级别	应出勤天数	实际出勤天数	基本工资	工龄工资	提成工资	缺勤扣	应发合计	个人所得税	实发合计
2	占浩	销售部	2012/01/04	6级	26	26							
3	柯颜彪	销售部	2014/01/02	8级	26	26							
4	李志强	销售部	2011/02/10	4级	24	23							
5	胡杨	销售部	2014/12/14	2级	26	23							
6	叶建光	销售部	2015/05/18	3级	24	24							
7	陈滢	销售部	2014/10/01	4级	26	26							
8	罗晓伟	销售部	2013/03/12	2级	26	26							
9	翁书培	销售部	2015/03/13	6级	26	26							
10	林煌滨	销售部	2014/06/09	5级	21	20							
11	合计												
12													

图 15-5　各部门工资明细表

（1）基本工资的计算。根据图 15-2 工资级别表，计算每个人的基本工资，其公式为：=VLOOKUP(D2, 工资级别表 !$A$2:$B$11,2,0)。

（2）工龄工资的计算。根据图 15-3 工龄工资表，计算每个人的工龄工资，其公式为：=IF(DATEDIF(C2, 工资表汇总表 !$I$2,"m")>=30,200,INT(DATEDIF(C2, 工资表汇总表 !$I$2,"m")/6)*40)。

（3）提成工资的计算。根据图 15-1 销售提成表中的提成额，计算每个人的提成工资，其公式为：=IFERROR(VLOOKUP(A2, 销售提成表 !$A$3:$F$17,6,0),0)。

（4）缺勤扣罚工资的计算。把每个人的应出勤天数减去实际出勤天数再乘以该人每天的工资，结果保留 2 位小数，其公式为：=ROUND(G2/E2*(E2−F2),2)。

（5）应发合计工资的计算。把每个人的基本工资、工龄工资、提成工资加起来再减去缺勤扣，其公式为：=SUM(G2:I2)−J2。

（6）个人所得税工资的计算。如图 15-4 个人所得税税率表所示，公式为：=ROUND(IF(K2<=5000,0,(K2−5000)*VLOOKUP((K2−5000), 个人所得税税率表 !$B$14:$E$20,3,1)−VLOOKUP((K2−5000), 个人所得税税率表 !$B$14:$E$20,4,1)),2)。

（7）实发合计工资的计算，把每个人的公式为：=K2−L2。

（8）按各个部门，销售部、软件开发部、人事部、软件测试部、财务部分别计算基本工资合计、工龄工资合计、提成工资合计、缺勤扣罚工资合计、应发合计合计、个人所得税合计、实发合计工资的合计结果如图 15-6 所示。

	A	B	C	D	E	F	G	H	I	J	K	L	M
1	姓名	部门	入职日期	工资级别	应出勤天数	实际出勤天数	基本工资	工龄工资	提成工资	缺勤扣	应发合计	个人所得税	实发合计
2	马燕	销售部	2012/01/04	6级	26	26	4600	200	0	0	4800	0	4800.00
3	张小丽	销售部	2014/01/02	8级	26	26	4000	200	1620	0	5820	24.6	5795.40
4	刘艳	销售部	2011/02/10	4级	24	23	6500	200	450	270.83	6879.17	56.38	6822.79
5	彭旸	销售部	2014/12/14	2级	26	23	7500	160	0	865.38	6794.62	53.84	6740.78
6	范俊弟	销售部	2015/05/18	3级	24	24	7000	120	2160	0	9280	218	9062.00
7	杨伟健	销售部	2014/10/01	4级	26	26	6500	160	290	0	6950	58.5	6891.50
8	马路刚	销售部	2013/03/12	2级	26	26	7500	200	0	0	7700	81	7619.00
9	杨红敏	销售部	2015/03/13	6级	26	26	4600	120	1540	0	6260	37.8	6222.20
10	李辉	销售部	2014/06/09	5级	21	20	6000	200	735	285.71	6649.29	49.48	6599.81
11	合计						54200	1560	6795	1421.92	61133.08	579.6	60553.48

图 15-6　合计工资

步骤三：在员工信息查询表中，在对应的单元格中输入图 15-7 中员工信息查询界面中的文字信息并设置底纹和边框，然后在员工信息查询表中输入部门和姓名，即可查询各部门员工工资的各项信息。

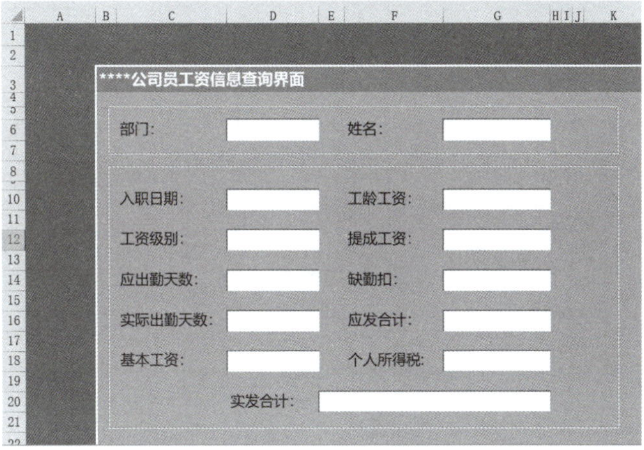

图 15-7　员工信息查询

（1）在员工信息查询表中的部门 D6 单元格中，利用数据验证设置输入员工信息表的部门，具体操作如下：单击“数据”选项卡“数据工具”选项组中的“数据验证”按钮，选择“数据验证”命令，弹出“数据验证”对话框，“允许”设置为“序列”，“来源”设置为图 15-8 所示部门。

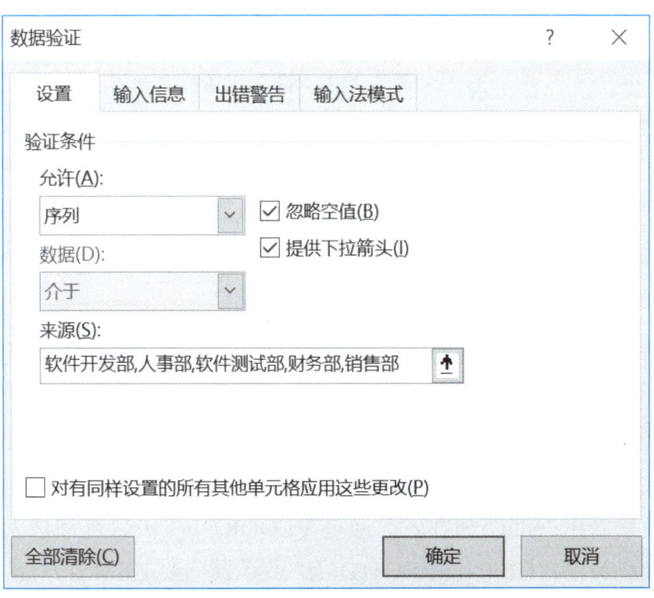

图 15-8　“数据验证”对话框

（2）在员工信息查询表中的部门 G6 单元格中，在“公式”选项卡“定义的名称”选项组中，单击“名称管理器”按钮，弹出“名称管理器”对话框，如图 15-9 所示，单击“新建”按钮，输入图 15-9 所示的各个部门的名称、引用位置，然后在员工信息查询表中的部门 G6 单元格中设置数据验证，输入设置数据验证序列的“来源”公式，如图 15-10 所示。

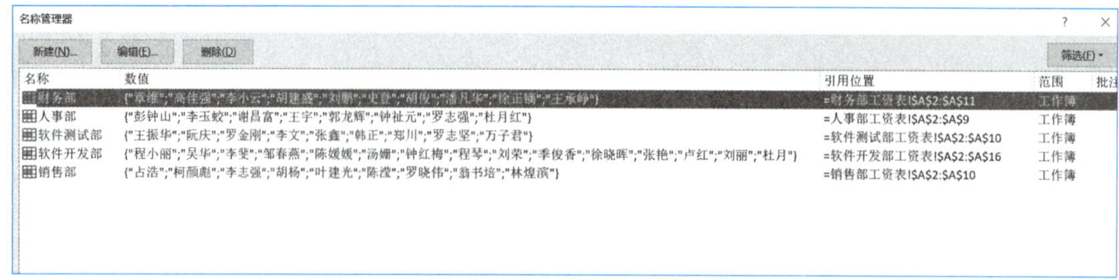

图 15-9 “名称管理器”对话框

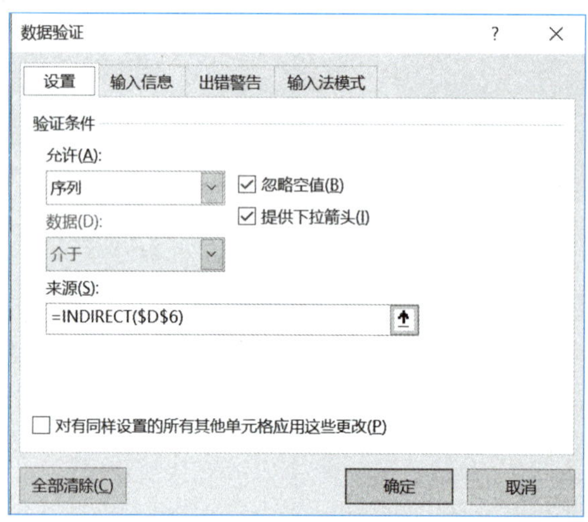

图 15-10 “数据验证”对话框

说 明

INDIRECT() 函数立即对引用进行计算，并显示其内容。当需要更改公式中单元格的引用，而不更改公式本身，请使用此函数，INDIRECT() 为间接引用。

（3）根据员工信息表中的部门和姓名，通过 VLOOKUP() 函数查询该人的入职日期，其公式为：=IFERROR(VLOOKUP(G6,INDIRECT(D6&" 工资表 !$A$2:$M$17"),3,0)," 请输入姓名 ")。

（4）根据员工信息表中的部门和姓名，通过 VLOOKUP() 函数查询该人的工龄工资，其公式为：=IFERROR(VLOOKUP(G6,INDIRECT(D6&" 工资表 !$A$2:$M$17"),8,0)," 请输入姓名 ")。

（5）根据员工信息表中的部门和姓名，通过 VLOOKUP() 函数查询该人的工资级别，其公式为：=IFERROR(VLOOKUP(G6,INDIRECT(D6&" 工资表 !$A$2:$M$17"),4,0)," 请输入姓名 ")。

（6）根据员工信息表中的部门和姓名，通过 VLOOKUP() 函数查询该人的应出勤天数，其公式为：=IFERROR(VLOOKUP(G6,INDIRECT(D6&" 工资表 !$A$2:$M$17"),5,0)," 请输入姓名 ")。

（7）根据员工信息表中的部门和姓名，通过 VLOOKUP() 函数查询该人缺勤扣工资，其公式为：=IFERROR(VLOOKUP(G6,INDIRECT(D6&" 工资表 !$A$2:$M$17"),10,0)," 请输入姓名 ")。

（8）根据员工信息表中的部门和姓名，通过 VLOOKUP() 函数查询该人实际出勤天数，其公式为：=IFERROR(VLOOKUP(G6,INDIRECT(D6&" 工资表 !$A$2:$M$17"),6,0)," 请输入姓名 ")。

（9）根据员工信息表中的部门和姓名，通过 VLOOKUP() 函数查询该人的应发合计，其公式为：=IFERROR(VLOOKUP(G6,INDIRECT(D6&" 工资表 !$A$2:$M$17"),11,0)," 请输入姓名 ")。

（10）根据员工信息表中的部门和姓名，通过 VLOOKUP() 函数查询该人基本工资，其公式为：=IFERROR(VLOOKUP(G6,INDIRECT(D6&" 工资表 !$A$2:$M$17"),7,0)," 请输入姓名 ")。

（11）根据员工信息表中的部门和姓名，通过 VLOOKUP() 函数查询该人的个人所得税，其公式为：=IFERROR(VLOOKUP(G6,INDIRECT(D6&" 工资表 !$A$2:$M$17"),12,0)," 请输入姓名 ")。

（12）根据员工信息表中的部门和姓名，通过 VLOOKUP() 函数查询该人的实发合计，其公式为：=IFERROR(VLOOKUP(G6,INDIRECT(D6&" 工资表 !$A$2:$M$17"),13,0)," 请输入姓名 ")。

步骤四： 在工资汇总表中，汇总销售部、软件开发部、人事部、软件测试部、财务部的人数、基本工资、工龄工资、提成工资、缺勤扣工资、应发合计、个人所得税、实发合计。

（1）在 C4 单元格中计算销售部的总人数，公式为：=COUNTA(INDIRECT(B4&" 工资表 !A:A"))-2。

（2）在 C4 单元格中计算销售部的基本工资的总和公式为：=INDIRECT($B4&" 工资表 !G11")。

知识点小结

本案例中，工资条的计算主要用到 Excel 2016 中的自动填充、函数等功能来完成，建立好工资条计算方式，可以方便我们日常工作的计算，进而提高工作效率。

拓展训练

请结合案例上所学的知识，计算出勤工俭学工作时间及工资表。

知识链接

工资是指雇主或者用人单位依据法律规定、行业规定或根据与员工之间的约定，以货币形式对员工的劳动所支付的报酬。工资可以以时薪、月薪、年薪等不同形式计算。在中国，由用人单位承担或者支付给员工的下列费用不属于工资：①社会保险费，②劳动保护费，③福利费，④解除劳动关系时支付的一次性补偿费，⑤计划生育费用，⑥其他不属于工资的费用。在政治经济学中，工资本质上是劳动力的价值或价格。工资是生产成本的重要部分。法定最少数额的工资称为最低工资，工资也有税前工资、税后工资、奖励工资等各种划分。

1. 基本工资制度

基本工资制度指企业在全面测评职工潜在形态劳动的基础上，结合职工所在岗位或所任职务，在劳动前为职工预先确定报酬标准，供劳动后实际支付工资时做依据的包括工资等级、工资标准、定级升级、工资调整、支付形式等一系列制度规定的综合。总结实践的经验，基本工资制度一般有岗位技能工资制、基数等级工资制、岗位工资制、岗位等级工资制、职务等级工资制、多元结构工资制和薪点工资制等几种。因工种、岗位制宜，选择适合其劳动特点的基本工资制度，是企业贯彻按劳分配原则和具体组织工资分配的起点和基础。基本工资制度中规定的工资标准，只是对职工提供的定额劳动所支付的报酬。在实际支付工资时，必须在考核职工实际提供的劳动量后，运用不同的支付形式予以浮动地兑现。当职工在定额劳动之上提供了超额劳动时，除工资之外，还应另外支付超额劳动的报酬即奖金；当其完不成定额劳动时，则要扣减相应部分的工资。

2. 人保部立法规范工资支付

无论正式工还是劳务派遣工，只要从事相同内容工作、付出等量劳动，就应该获得同级别的工资待遇。2009 年 10 月 27 日上午，北京市启动劳动关系管理实务培训系列课程，首期解读工资支付的法律规范。目前人力资源和社会保障部正在研究制定工资支付统一立法工作，同工同酬将是重点之一。自 20 世纪 90 年代起，我国各地制定实施了本地工资支付有关法律规定，北京现行的是 2004 年发布的工资支付规定。

案例 16　销售市场调查问卷的制作

情境再现

情景：午休闲聊。

角色：王倩、阳云。

故事："阳云姐，新世纪百货最近在搞化妆品促销，好多牌子都在搞活动，听说最低可以打到 5 折，怎么样，下了班要不要去看看？"午休时间，时尚达人王倩跟坐在对面格子间里的阳云闲聊着。

"化妆品？不怎么用，太费时间，有那闲钱，还不如给我儿子多报几个兴趣班呢！"

"阳云姐，这就是你的不对啦，俗话说得好啊，没有丑女人，只有懒女人，你怎么能嫌化妆浪费时间呢，那你觉得化妆的目的是什么？"

"得了，得了，真服了你啦！倩倩，你对化妆品挺在行的嘛，都快成专家啦！"

"还行吧，只是平时喜欢了解一些这方面的信息罢了。"

"刚好公司新接了一个任务，正好就是新世纪百货委托的，要帮它们做一份化妆品的调查问卷，怎么样，你接下来？"

"化妆品的，这不正是我的菜吗，没问题！不过，这个问卷主要针对哪方面的内容啊？"

"具体情况你跟新世纪的市场部经理联系吧，不是正好方便你去看化妆品吗？"

说明

市场调查问卷是公司为获取市场信息，针对公司特定的目标市场和目标人群设计的问卷类调查表。

任务分解

王倩接到这个任务后，立马跟新世纪的市场部经理打了个电话，确定了调查的主要内容和目的，新世纪百货这次委托"阳光"工作室做这个调查，主要是想摸清楚用户选择化妆品的原因，以便为商场以后引进化妆品的品牌和化妆品专柜的营销做一个参考。

王倩结合以前做过的同类的市场调查的情况，先做了问卷的内容设计。

为了方便进行结果的统计，决定采用 Excel 来设计问卷，并利用 Excel 的宏功能自动获取调查数据，并利用公式自动地计算和统计调查数据的结果。

说明

市场调查把消费者、客户、公众和营销者通过信息联系起来，制定、优化营销组合并评估其效果。

市场调查的形式有定量调查、定性调查、媒体和广告调查、商户和工业品调查、特殊社会群体调查、民间测验等。

任务实现

步骤一：设计市场调查问卷。

1. 设置问卷的内容

王倩在设计问卷内容之前，先到新世纪百货溜达了几圈，在对整个商场的化妆品做了一个大致了解的同时，也和排队抢购化妆品的姐妹们聊了个热火朝天，大有相见恨晚之意。从新世纪百货回来后，王倩心里就对这个问卷的内容大概有数了，拿过一张纸，王倩写下了她设计的问卷内容。

化妆品调查问卷

亲爱的消费者，您好！我们是“阳光工作室”。为了更好地开展业务，“新世纪百货”特委托我工作室组织一次大型的调查活动。我们认为：除了品牌实力和商场销售榜外，最重要的是让顾客自己发言，用选票表达自己的态度。我们也坚信：一流的产品和服务态度有制造心动的魅力。

非常感谢您在百忙中抽出时间来填写我们的调查表，在此我们对您表示深深的谢意！

本调查问卷仅作内部参考，不对外公开，请您放心作答。

个人资料：

性别：男 / 女

自己的皮肤状况：了解 / 不了解

使用化妆品的目的：健康 / 美丽 / 礼貌 / 其他

可接受的价位：99 元以内 /99 ~ 299 元 /299 ~ 499 元 /499 元以上

您购买护肤霜考虑的因素：功效 / 价格 / 质量 / 品牌 / 其他

您购买过的化妆品类型：保湿霜 / 防晒霜 / 防晒乳 / 洗面奶 / 面膜 / 粉底

您使用过的化妆品品牌：小护士 / 佳雪 / 玉兰油 / 雅姿 / 美宝莲 / 完美

您选择该品牌的原因：知名度高 / 价格合适 / 服务热情 / 促销活动 / 朋友介绍

您购买化妆品的季节：春季 / 夏季 / 秋季 / 冬季 / 四季

您觉得对化妆品的影响程度：广告宣传 / 促销活动 / 美容讲座 / 专家推销 / 其他

您喜欢的促销方式：现场打折 / 赠送礼品 / 现金返还 / 抽奖 / 抵价券 / 其他

您喜欢的售后服务：产品回馈 / 美容讲座 / 促销活动 / 答谢会 / 其他

说 明

市场调查的内容一般包括标题、前言、问卷指导、内容等。

标题：一般由调查对象、调查内容和调查问卷组成，如“××× 市场调查问卷”。

前言：用来说明调查的意义、目的、调查项目、内容以及对被调查对象的希望和要求等。

问卷指导：指导语的语言一定要精练，指导语中应包括答题的方法和答题的具体要求。

内容：一份完整的问卷包括标题、前言、个人基本信息、问题、结束语等部分。

2. 设计问卷的基本格式并输入标题

问卷内容设计好后，就可以在 Excel 中设计了，王倩打开笔记本式计算机，单击桌面上的“Excel 2016”图标，并将新建的空白工作簿保存为“新世纪百货化妆品市场调查问卷 .xlsx”，考虑到该问卷需要在一张 A4 的纸上打印，王倩打算先做一些基本的格式设置：

（1）选中“Sheet1”工作表，重命名为“问卷”，切换到“页面布局”选项卡，单击“页面设置”选项组中的“纸张大小”按钮，从弹出的下拉菜单中选择纸张大小为“A4”，设置好后，页面上会出现水平和垂直的两条虚线，表明打印时的页面分界线。

（2）由于问卷题目不是很多，王倩准备把问卷横向打印在一张 A4 纸上，她单击“页面布局”选项卡中的“页面设置”选项组中的“纸张方向”按钮，从弹出的下拉菜单中选择“横向”。

（3）单击“页面布局”选项卡中的“页面设置”选项组中的“页边距”按钮，在弹出的下拉菜单中选择“宽”，进行页边距的设置。

（4）取消 Excel 的网格线。切换到“视图”选项卡，取消对“显示 / 隐藏”组中的“网格线”前面的复选框的选择，使整个工作表中的网格线被隐藏起来。

（5）输入标题。选中“A1:M3”单元格，单击“开始”选项卡中的“对齐方式”选项组中的“合并后居中”按钮，将选中的这些单元格合并并居中，然后往该单元格中输入调查问卷的标题“化妆品调查问卷”，并将该标题设置为“隶书、22 号、加粗、倾斜、深蓝色”的字体效果。

说 明

Excel 2016 默认工作表中会显示一个网格线，此网格线在打印时虽然不会显示出来，但是在制作 Excel 调查问卷时可能会影响问卷的视觉效果，所以在制作问卷时一般都会选择将网格线去掉。

3. 添加问卷说明文字

整体格式设置好后，王倩就开始添加问卷的说明文字了。

（1）插入文本框：单击“插入”选项卡“文本”选项组中的“文本框”按钮，选择下拉菜单中的“横排文本框”命令，在标题下方绘制一个和页面等宽的文本框。

说 明

说明文字是问卷的开始，也是向消费者说明调查问卷目的的内容，还需向消费者保证填写内容和个人信息的保密性。

（2）输入说明文字内容：单击文本框后，在文本框内输入问卷的说明文字，并设置为“隶书，13 号”的字体格式。

（3）设置文本框的格式：选中文本框，单击“格式”选项卡中的“形状样式”选项组中的“形状填充”，在弹出的下拉菜单中将文本框设置为“浅橙色”的填充色；单击“格式”选项卡中的“形状样式”选项组中的“形状轮廓”，在弹出的下拉菜单中将文本框设置为“深红色”的轮廓颜色，设置好格式的标题和说明文字效果如图 16-1 所示。

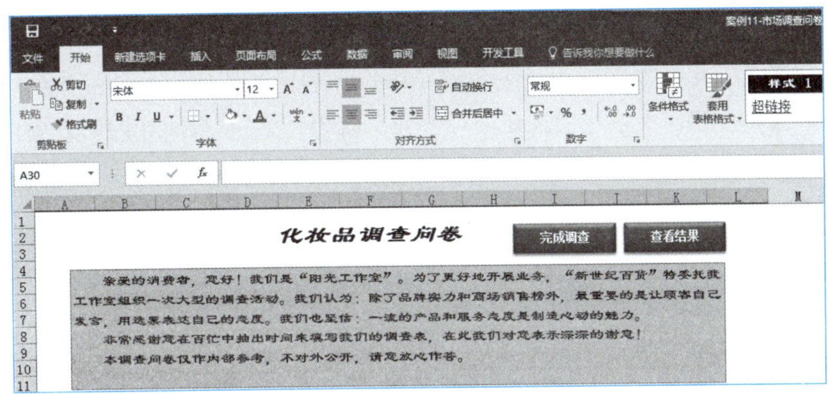

图 16-1　标题和文字说明效果

4. 使用选项按钮设计单选题

王倩在问卷内容中设计的大多数问题都是单选题，在 Excel 中，可以用来设计单选题的有“选项按钮”和“组合框”，而这些都必须在“开发工具”选项卡中才可以找到，所以王倩先解决的第一个问题就是调出“开发工具”选项卡。

（1）调出“开发工具”选项卡：单击“文件”选项卡，选择“Excel 选项”命令，在弹出的图 16-2 所示的“Excel 选项”对话框中的“自定义功能区”中，选中“主选项卡”中的“开发工具”复选框，然后单击“确定”按钮即可把“开发工具”选项卡调出。

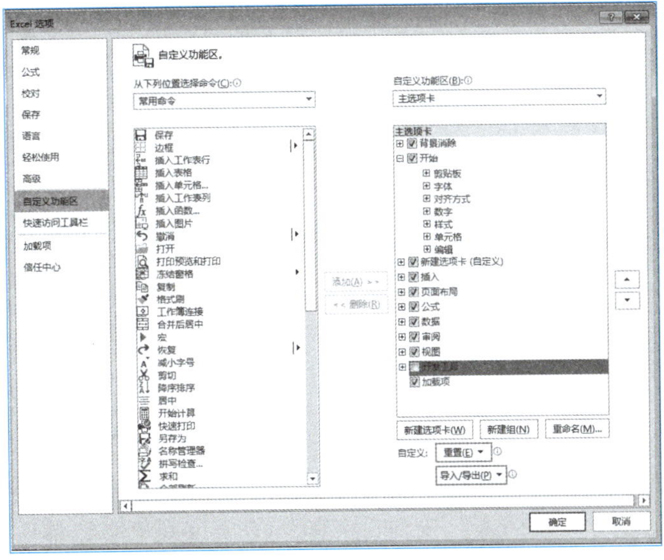

图 16-2　“Excel 选项”对话框

说明

"开发工具"选项卡在默认安装时不会显示，需要时要从"Excel 选项"中将其调出。

（2）插入"分组框"控件，制作第一个单选题"性别"：单击"开发工具"选项卡中的"控件"选项组下的"旧式工具"按钮，如图 16-3 所示，在弹出的下拉菜单中选择"分组框"控件，并在空白区域绘制一个分组框，并将分组框的标签文字改为"性别"，如图 16-4 所示。

（3）插入"选项按钮"控件，制作第一个选项"男"：单击"开发工具"选项卡中的"控件"选项组下的"插入"按钮，在弹出的下拉菜单中选择"选项按钮"控件，并在"性别"分组框内绘制一个选项按钮，并将选项按钮的标签文字改为"男"，按照相同的方法，制作另外一个选项"女"，制作好后的效果如图 16-5 所示。

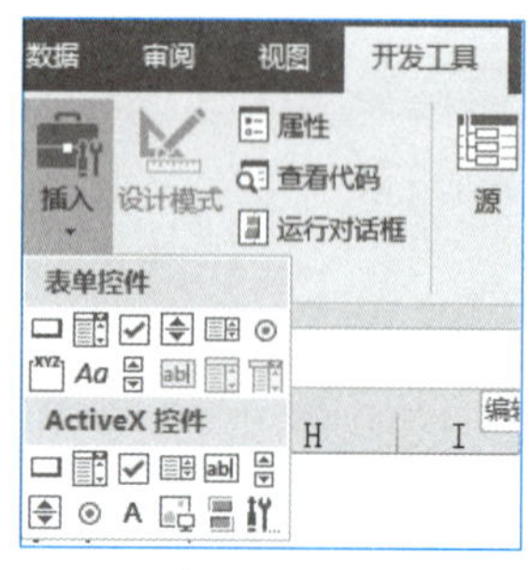

图 16-3 "控件"选项组

图 16-4 "性别"分组框

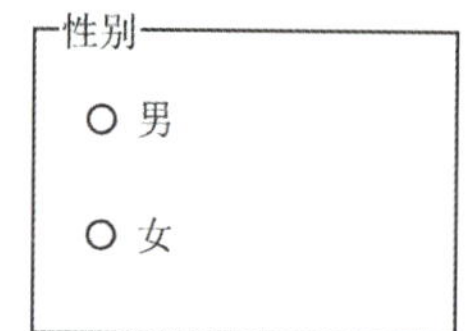

图 16-5 "性别"单选题效果

说明

用"选项按钮"来制作单选题时一定要搭配分组框来使用，当两个选项按钮绘制在同一个分组框里，则表明它们属于同一个单选题。

（4）按照同上所述的方法，制作"自己的皮肤状况""使用化妆品的目的"及"可接受的价位"等单选题，全部制作好后的效果如图 16-6 所示。

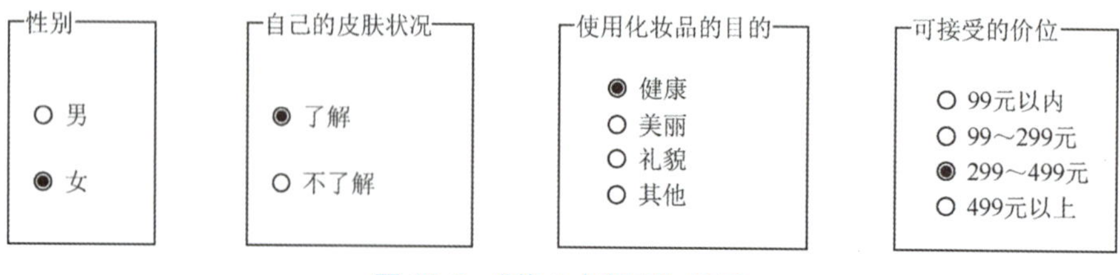

图 16-6 "前 4 个问题"效果

5. 使用组合框设计下拉菜单的单选题

（1）设置组合框的答案选项：新建工作表，名为"选项"，在"A1:H7"单元格中依次输入剩余的单选题的题目和选项，完成后的效果如图 16-7 所示。

（2）通过标签输入单选题的题目：切换回"问卷"工作表，单击"开发工具"选项卡中的"控件"选项组下的"插入"按钮，在弹出的下拉菜单中选择"标签"控件，在空白区域绘制一个标签，并将标签的标签文字改为"您购买护肤霜考虑的因素"，并拖放到合适的位置上。

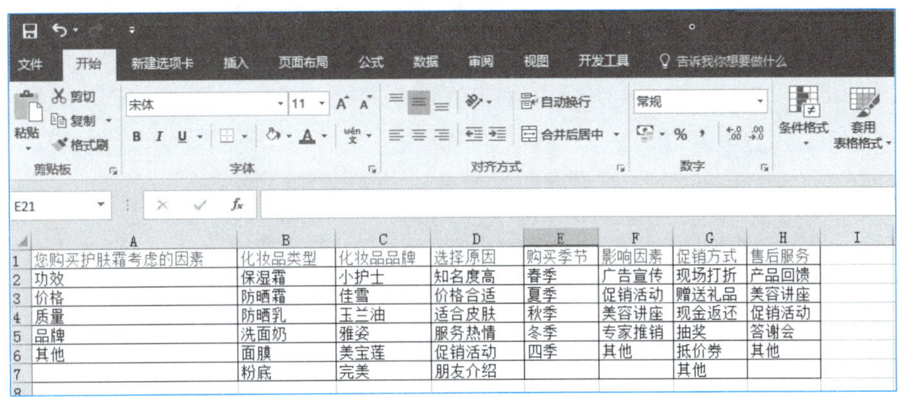

	A	B	C	D	E	F	G	H
1	您购买护肤霜考虑的因素	化妆品类型	化妆品品牌	选择原因	购买季节	影响因素	促销方式	售后服务
2	功效	保湿霜	小护士	知名度高	春季	广告宣传	现场打折	产品回馈
3	价格	防晒霜	佳雪	价格合适	夏季	促销活动	赠送礼品	美容讲座
4	质量	防晒乳	玉兰油	适合皮肤	秋季	美容讲座	现金返还	促销活动
5	品牌	洗面奶	雅姿	服务热情	冬季	专家推销	抽奖	答谢会
6	其他	面膜	美宝莲	促销活动	四季	其他	抵价券	其他
7		粉底	完美	朋友介绍			其他	

图 16-7　“选项”工作表效果

（3）通过组合框导入刚才准备好的选项：单击“开发工具”选项卡中的“控件”选项组下的“插入”按钮，在弹出的下拉菜单中选择“组合框”控件，并在空白区域绘制一个组合框。

说　明

当单选题的选项比较多时，较适合用“组合框”而不是“选项按钮”来完成，但最好是事先在另一个表中准备好题目和选项。

（4）右击刚才绘制好的“组合框”，在弹出的快捷菜单中选择“设置控件格式”命令，在弹出的图 16-8 所示的对话框中切换到“控制”选项卡，将“数据源区域”设置为第（1）步中所设置的相应选项。

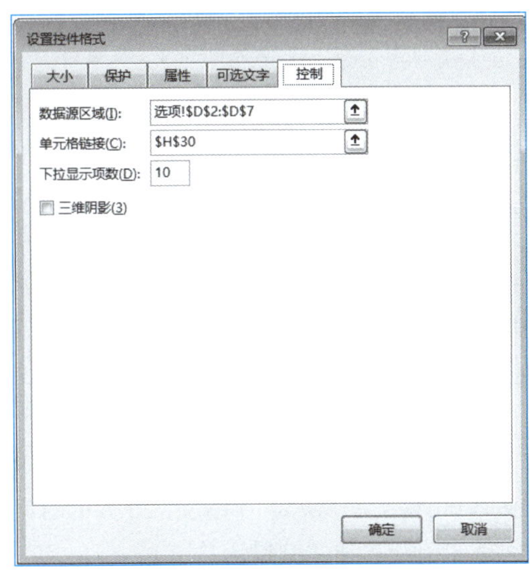

图 16-8　“设置控件格式”对话框

（5）按照同上的方法，制作剩余的问卷题目，最终完成后的效果如图 16-9 所示。

6. 将每道题的结果保存到 A30:L30 单元格中

（1）在 A29:L29 单元格中按问卷内容的先后次序输入问卷的题目，效果如图 16-10 所示。

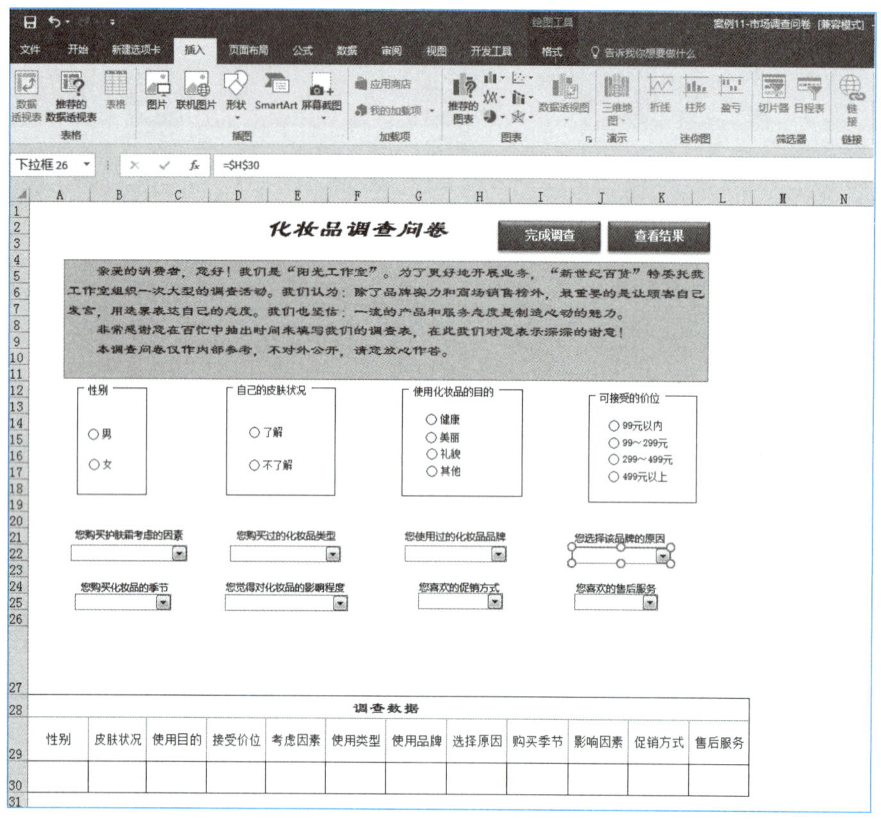

图 16-9 “问卷”效果

	A	B	C	D	E	F	G	H	I	J	K	L	M
29	性别	皮肤状况	使用目的	接受价位	考虑因素	使用类型	使用品牌	选择原因	购买季节	影响因素	促销方式	售后服务	
30													

图 16-10 “问卷答案序列”效果

（2）如要把第一个单选题中的“男”绑定到 A30 单元格中：右击“男”选项按钮，在快捷菜单中选择“设置控件格式”，在弹出的对话框中单击“控制”按钮，并设定“单元格链接”为“$A$30”。按照相同的方法，把“女”选项也绑定到 A30 单元格中。

（3）把其余问题的选项按照相同的方法绑定到 B30:L30 的相应单元格中，则在页面上所选择的内容会以数字的形式呈现在 A30:L30 中，如图 16-11 所示。

（4）为了不影响整个调查问卷的外观，王倩选择将这两行题目和选项暂时隐藏起来：选中第 29 行和第 30 行，并右击，在弹出的快捷菜单中选择“隐藏”选项，则可隐藏这两行。

步骤二：统计调查问卷的结果。

1. 设计“统计”工作表

王倩为了能够更加方便地统计结果，决定用 Excel 2016 的自动计算功能来进行统计，她共设计了两个工作表，分别是“统计”和“结果汇总”。

（1）选中“统计”工作表，选中 A1:L1 单元格，将其合并并居中，并输入“调查数据”，设置为“隶书、14 号”的格式。

（2）在 A1:L2 的单元格中输入调查问卷的题目内容。

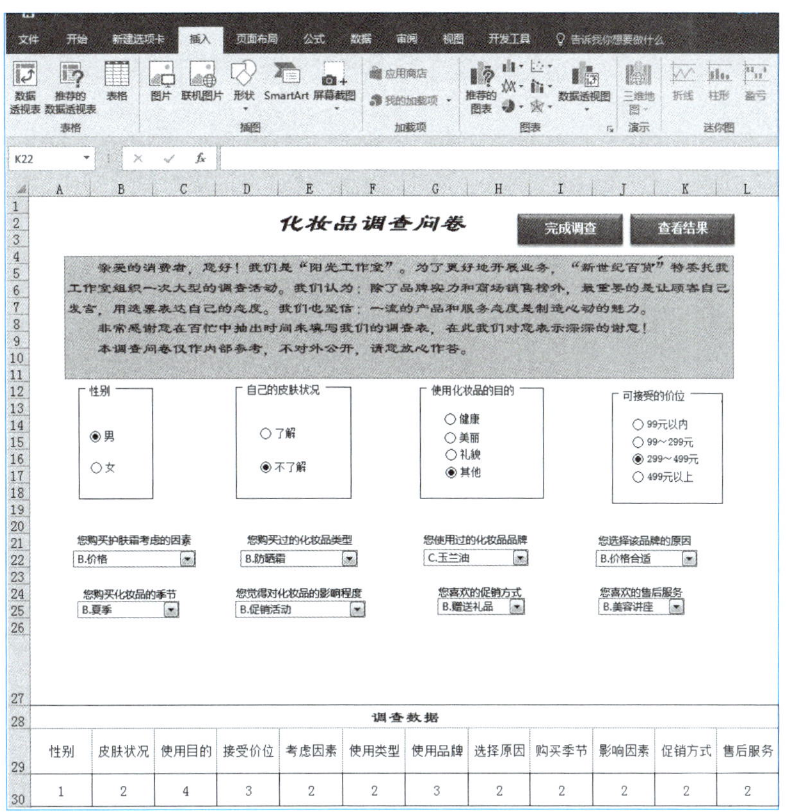

图 16-11 “一次调查及结果”效果

说 明

Excel 2016 的自动统计功能需要用到 Excel 的宏。

宏是 Excel 利用 VBA 语言编制的计算机程序，能帮助 Excel 实现一些自动计算等高级应用。在 Excel 2016 里面要进行 VBA 编程时，需先启动 Microsoft Visual Basic 编程窗口。

2. 建立工作表和问卷表之间的联系

（1）单击“开发工具”选项卡中的“代码”选项组中的 Visual Basic 按钮，进入 Microsoft Visual Basic 脚本编程窗口。

（2）在“Microsoft Visual Basic”窗口左侧的“工程 -VBProject”窗格中右击，并在弹出的快捷菜单中选择“插入”→“模块”命令，新建一个模块 1。

说 明

输入 VBA 程序时，带“‘”的部分为注释部分，可不录入。

（3）在“工程”窗格中双击刚才新建的“模块 1”，在右侧的模块代码编辑窗格中输入实现自动统计的代码并保存，保存后会自动生成一个名为“自动统计数据”的宏。

```
Public Sub 自动统计数据 ()
    Dim Temp As Integer
    Dim count As Integer
```

```
        '定义两个整型变量
        Temp = Sheets("统计").[A1].CurrentRegion.Rows.count
        '将工作表"统计"中的记录行数赋给count
        count = Temp - 3
        '3行单元格保存字段名
        Sheets("问卷").Select
        Range("A30:L30").Select
        '选择待保存数据的区域
        Selection.Copy
        '复制选择的区域
        Sheets("统计").Activate
        '激活"统计"工作表
        Rows(Temp + 1).Select
        '选择最后一条记录的下一行单元格区域
        ActiveSheet.Paste
        '粘贴数据
        Sheets("问卷").Select
        Application.CutCopyMode = False
        '释放进行复制操作的单元格区域
        MsgBox "数据已经成功保存，请重新进行选择！", vbOKOnly, "提示信息"
        '弹出提示信息对话框
        Sheets("统计").Select
        '选择"统计"工作表
    End Sub
```

（4）切换回“问卷”工作表，单击“开发工具”选项卡中的“控件”选项组下的“插入”表单控件中的按钮，并在空白区域绘制一个按钮，按钮绘制完后会自动弹出一个“指定宏”对话框，选中刚才创建的宏“自动统计数据”，则可建立该按钮与该宏的联系，将按钮上的文本修改为“完成调查”。

3. 测试填写问卷

进行效果测试，对所有的题目进行选择，选择完了之后，单击刚才制作的“完成调查”按钮，会弹出一个“提示信息”对话框，则可以将刚才的调查结果复制到“统计”工作表中，生成一行新的数据，多次测试则会生成多条数据。

4. 设计记录统计工作表

问卷都设计好后，王倩就开始汇总调查结果了，她把汇总结果放到“汇总结果”工作表中。

（1）切换到“汇总结果”工作表，合并A1:B1单元格，输入：“参加调查的总人数”。

（2）在“汇总结果”工作表中，输入图16-12所示的问卷题目和选项，并在题目旁边预留统计结果和百分比的位置。

（3）给统计表中的“性别”所在列定义名称。切换到“统计”表，以最多100个人参加问卷调查为例，选中A3:A102，单击“公式”选项卡→“定义的名称”选项组→“定义名称”按钮，在弹出图16-13所示的“新建名称”对话框中，设置名称为“性别”，范围为“工作簿”，引用位置为“统计!$A$3:$A$102”，单击“确定”按钮。

（4）按照同上的方法，给“统计”表中的其余各列都定义一个名称。

参加调查总人数:											
性别	人数	百分比	皮肤状况	人数	百分比	使用目的	人数	百分比	接受价位	人数	百分比
男			了解			健康			99元以内		
女			不了解			美丽			99～299元		
						礼貌			299～499元		
						其他			499元以上		
考虑因素	人数	百分比	使用类型	人数	百分比	使用品牌	人数	百分比	选择原因	人数	百分比
A.功效			A.保湿霜			A.小护士			A.知名度高		
B.价格			B.防晒霜			B.佳雪			B.价格合适		
C.质量			C.防晒乳			C.玉兰油			C.适合皮肤		
D.品牌			D.洗面奶			D.雅姿			D.服务热情		
E.其他			E.面膜			E.美宝莲			E.促销活动		
			F.粉底			F.完美			F.朋友介绍		
购买季节	人数	百分比	影响因素	人数	百分比	促销方式	人数	百分比	售后服务	人数	百分比
A.春季			A.广告宣传			A.现场打折			A.产品回馈		
B.夏季			B.促销活动			B.赠送礼品			B.美容讲座		
C.秋季			C.美容讲座			C.现金返还			C.促销活动		
D.冬季			D.专家推销			D.抽奖			D.答谢会		
E.四季			E.其他			E.抵价券			E.其他		
						F.其他					

图 16-12 “汇总结果”工作表效果图

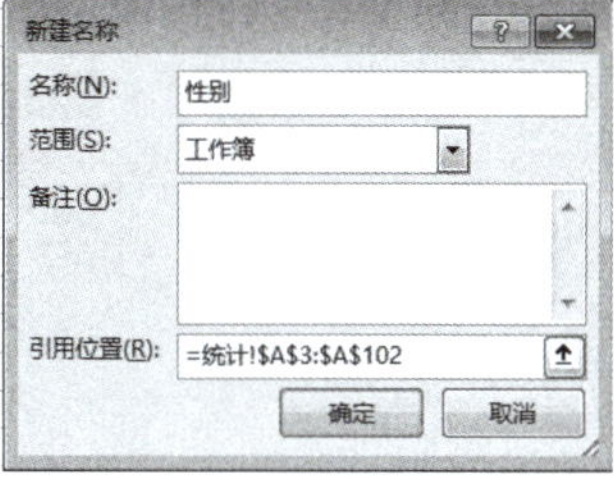

图 16-13 “新建名称”对话框

说 明

在 Excel 2016 中，可为某一块单元格区域定义名称，方便在公式中的引用，特别是跨工作表的引用。

当参加调查的人数大于 100 人时，相应的名称定义的区域也要扩大。

（5）用公式计算参加调查的总人数：选中“汇总结果”表中的 C1 单元格，输入公式“=COUNT(性别)”，则可计算出参加调查的总人数。

（6）按照同上的方法，为 C1 单元格定义一个名称“总人数”。

（7）用公式计算“性别为男”的人数：选中 B3 单元格，输入公式“=COUNTIF(性别 ,1)”，则可计算出“性别为男”的人数。同理，选中 B4 单元格，输入公式“=COUNTIF(性别 ,2)”，则可计算出“性别为女”的人数。

说 明

在计算百分比时，公式可为“=B3/ 总人数”，也可为“=B3/$C$3”或“=B3/C3”，建议使用前两种，前两种是对总人数的绝对引用，计算完一个百分比后，可复制到其余所有需要计算百分比的单元格直接使用。

（8）用公式计算“性别为男”的人数在参加调查的人中所占的“百分比”：选中 C3 单元格，输入公式“=B3/ 总人数”，则可计算出性别为男的人所占的百分比，右击 C3 单元格，在弹出的快捷菜单中选择“设置单元格格式”命令，并在弹出图 16-14 所示的对话框中单击“数字”选项卡，在“分类”栏中选择“百分比”，并把“小数位数”设置为“2”位。

（9）按照同上所述的方法，计算其余问题的相关选项的人数和百分比。

（10）设置“汇总结果”工作表的格式。设置“人数”单元格的格式：在弹出的快捷菜单中选择“设置单元格格式”命令，并在弹出的对话框中选择“数字”选项卡，在“分类”栏中选择“自定义”，并把“类型”设置为‘0“人”’，如图 16-15 所示，则可在“人数”单元格的数字后面出现一个“人”的单位，用格式刷将 C1 单元格中的格式复制到其余“人数”单元格。再对其余单元格进行一定的美化和修饰操作，完成后的效果如图 16-16 所示。

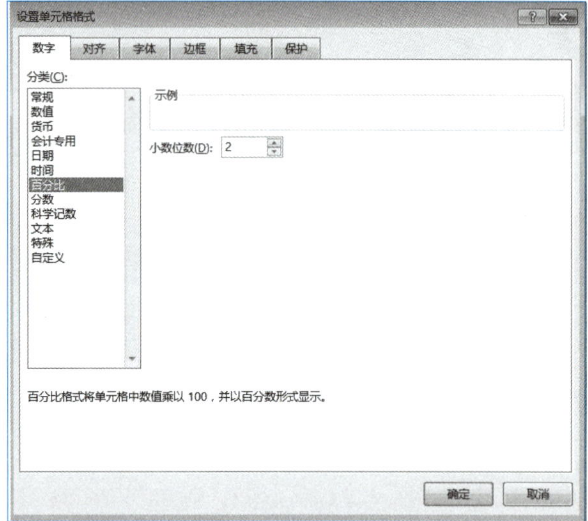

图 16-14 “设置单元格格式”对话框

图 16-15 “人数”单元格设置示例

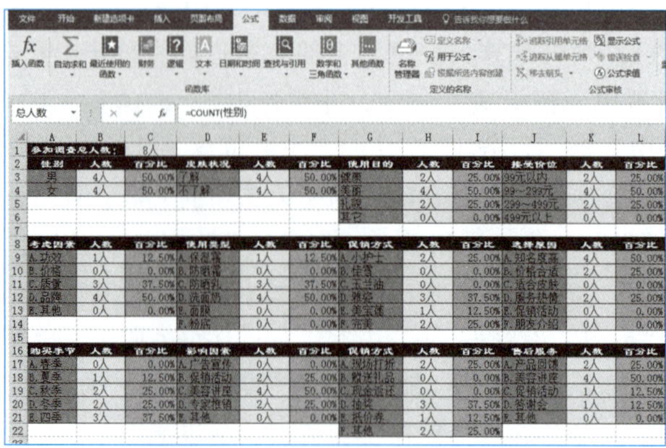

图 16-16 “汇总结果”工作表最终效果

5. 保护工作表及隐藏工作表

（1）问卷终于做完了，王倩为了避免其他人不小心改动汇总表中的内容，决定将“结果汇总表”保护起来：切换到“结果汇总”工作表，单击“审阅”选项卡→“更改”选项组→“保护工作表”按钮，在弹出的“保护工作表”对话框中设置“取消工作表保护时使用的密码”，并取消下面的所有允许的操作，单击“确定”按钮，会再弹出一次“确认密码”对话框，重新输入一次刚才设置的密码，则可将该工作表保护起来，下次用户查看时，不允许对该工作表进行操作，相关设置如图 16-17 所示。

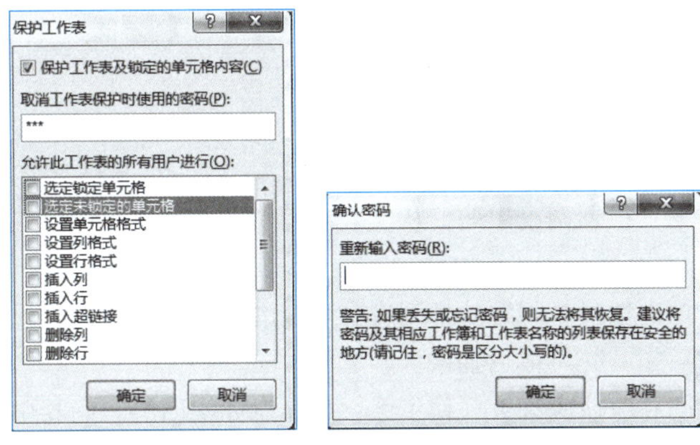

图 16-17 “保护工作表”相关设置

（2）将“选项”工作表隐藏起来。在工作表标签区域，右击“选项”工作表的表标签，在弹出的快捷菜单中选择“隐藏”命令，则可将该工作表隐藏起来。

（3）如果在整个问卷的调查过程中，只关心“问卷的汇总结果”，则可采用同上的方法将“统计”工作表也隐藏起来。

（4）在“问卷”工作表中绘制一个“矩形”框，添加“查看结果”的文字，并做一定的美化和修饰。右击“查看结果”，在弹出的快捷菜单中选择“超链接”命令，在弹出的图 16-18 所示的“插入超链接”对话框中选择链接到“本文档中的位置”，再在右侧窗格中单击“单元格引用”→“汇总结果”，则将该按钮链接到汇总结果表。

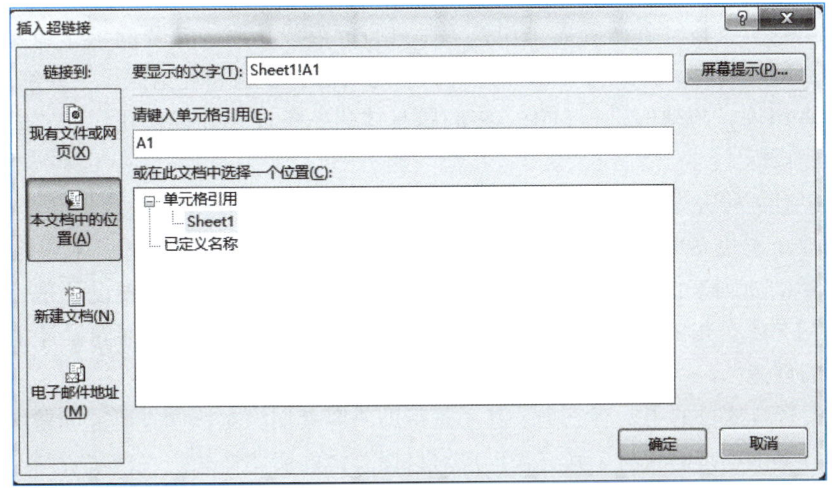

图 16-18 “插入超链接”对话框

知识点小结

本案例中主要用到了“开发工具”选项卡中的“控件”选项组中的相关控件来制作问卷的问题和选项，运用宏调用的功能，自动地记录调查问卷的每一次调查的结果，并灵活运用COUNTIF() 和 COUNT() 等函数来自动地统计出相关的结果。

拓展训练

请结合案例上所学的知识，设计并制作一份调查问卷。

知识链接

1. 问卷设计的原则

（1）有明确的主题。根据调查主题，从实际出发拟题，问题目的明确，重点突出，没有可有可无的问题。

（2）结构合理、逻辑性强。问题的排列应有一定的逻辑顺序，符合应答者的思维程序。一般是先易后难、先简后繁、先具体后抽象。

（3）通俗易懂。问卷应使应答者一目了然，并愿意如实回答。问卷中语气要亲切，符合应答者的理解能力和认识能力，避免使用专业术语。对敏感性问题采取一定的技巧调查，使问卷具有合理性和可答性，避免主观性和暗示性，以免答案失真。

（4）控制问卷的长度。回答问卷的时间控制在 20 min 左右，问卷中既不浪费一个问题，也不遗漏一个问题。

（5）便于资料的校验、整理和统计。

2. 问卷设计的程序

问卷设计的程序包括下列几个步骤：

（1）把握调研的目的和内容。问卷设计的第一步就是要把握调研的目的和内容，这一步骤的实质就是规定设计问卷所需的信息。这同时也就是方案设计的第一步。对于直接参与调研方案设计的研究者来说，他们也可以跳过这一步骤，而从问卷设计的第二步骤开始。但是，对那些从未参与方案设计的研究者来说，着手进行问卷设计时，首要的工作是要充分地了解本项调研的目的和内容。为此需要认真讨论调研的目的、主题和理论假设，并细读研究方案，向方案设计者咨询，与他们进行讨论，将问题具体化、条理化和操作化，即变成一系列可以测量的变量或指标。

（2）搜集有关研究课题的资料。问卷设计不是简单的凭空想象，要想把问卷设计得完善，研究者还需要了解更多的东西。问卷设计是一种需要经验和智慧的技术，它缺乏理论，因为没有什么科学的原则来保证得到一份最佳的或理想的问卷，与其说问卷设计是一门科学，还不如说是一门艺术。虽然也有一些规则可以遵循以避免错误，但好的问卷设计主要来自熟练的调研人员的创造性。

搜集有关资料的目的主要有三个：其一是帮助研究者加深对所调查研究问题的认识；其二是为问题设计提供丰富的素材；其三是形成对目标总体的清楚概念。在搜集资料时对个别调查对象进行访问，可以帮助了解受访者的经历、习惯、文化水平以及对问卷问题知识的丰富程度等。我们很清楚地知道,适用于大学生的问题不一定适合家庭主妇。调查对象的群体差异越大,就越难设计一个适合整个群体的问卷。

(3)确定调查方法的类型。不同类型的调查方法对问卷设计是有影响的。在面访调查中,被调查者可以看到问题并可以与调查人员面对面地交谈,因此可以询问较长的、复杂的和各种类型的问题。在电话访问中,被调查者可以与调查人员交谈,但是看不到问卷,这就决定了只能问一些短的和比较简单的问题。邮寄问卷是自己独自填写的,被调查者与调查人员没有直接的交流,因此问题也应简单些并要给出详细的指导语。在计算机辅助访问(CAPI 和 CATI)中,可以实现随机化安排问题,以减小由于顺序造成的偏差。人员面访和电话访问的问卷要以对话的风格来设计。

(4)确定每个问答题的内容。一旦决定了访问方法的类型,下一步就是确定每个问答题的内容:每个问答题应包括什么,以及由此组成的问卷应该问什么,是否全面并切中要害。

在此,针对每个问题,我们应反问:

① 这个问题有必要吗?

② 是需要几个问答题还是只需要一个就行了?

我们的原则是,问卷中的每一个问答题都应对所需的信息有所贡献,或服务于某些特定的目的。如果从一个问答题得不到满意的使用数据,那么这个问答题就应该取消。

(5)决定问题的结构。一般来说,调查问卷的问题有两种类型:封闭性问题和开放性问题。

封闭性问题,又称为有结构的问题,它规定了一组可供选择的答案和固定的回答格式。

开放性问题,又称为无结构的问题,被调查者用他们自己的语言自由回答,不具体提供选择答案的问题。

(6)决定问题的措词。

(7)安排问题的顺序。

(8)确定格式和排版。

(9)拟定问卷的初稿和预调查。

(10)制成正式问卷。

案例 17 利用 Excel“规划求解”工具实现生产利润最大化

情境再现

情景:公司会议。

角色:李军(好美味食品有限公司一车间主任)、王雷(好美味食品有限公司总经理)、杜云(好美味食品有限公司销售部经理)、肖宁(好美味食品有限公司销售部助理)。

故事:又到了每月一次的生产计划协调会了,大家都在商量着下个月各种产品的生产计划。

“杜云,你汇报一下销售部这边的情况,”公司总经理王雷发话了。

“好的,根据我这边的订单情况来看,蛋黄派至少要生产到 30 000 箱以上。”杜云翻了翻报告说。

“30 000 箱,没问题。”李军盘算着自己车间的情况,“每箱 0.25 h,30 000 箱总共是 7 500 h,

我车间每个月的总工时是 60 000 小时，还绰绰有余。那苏打饼和士力架呢？”

“这两个暂时还没有订单，但根据往年的情况来看，这个季节，苏打饼的销量基本在蛋黄派的 1.5 倍以上，士力架还要更多，在 2 倍以上。”杜云接着说

“没有具体的数字吗？”李军挠了挠头“我们车间的总工时可以在 60 000 h，那多出来的工时我生产什么啊？”

“什么赚钱就生产什么嘛，这还用问！”王雷在一边接话了。

“可我哪知道怎么安排才最赚钱啊！”李军小声地嘀咕着。

“用规划求解一算不就出来了。”杜云看不过去了。

“规划求解！什么东西？”

“不知道？”看着一脸茫然的李军，杜云暗中叹了一口气，谁叫你平时不好好学一下计算机，“小肖，你帮李主任去算一算吧。”

“没问题，李主任，会后我到您办公室去啊。”肖宁的一句话终于让李军舒了口气。

说明

厂商从事生产或出售商品的目的是为了赚取利润。如果总收益大于总成本，就会有剩余，这个剩余就是利润，厂商不仅要获取利润，还要追求最大利润。

说明

“规划求解”是一组命令的组成部分，这些命令有时也称为假设分析。（假设分析：该过程通过更改单元格中的值来查看这些更改对工作表中公式结果的影响。）

任务分解

肖宁在会后，立马跟着李主任来到了他的办公室，他打算用 Excel 的规划求解工具来完成这次生产计划的安排。

这规划求解的总体目标是利润的最大化，可以变动未来计划的三种产品的产量，约束条件则是会上杜云经理提出的各项要求，中间还会用到一车间的各种产品所用工时及成本，还有各种产品的毛利。

肖宁决定把各种产品的工时、成本和毛利先在 Excel 中输入，再调用规划求解工具，设置目标、约束和可变单元格，让规划求解工具自动来完成这次产品生产数量的规划。

任务实现

步骤一：列出本次生产计划制订的相应要求和条件。

（1）生产计划需要达到的目标。让一车间的所有产品在满足相应条件的基础上，达到毛利的最大化。

说　明

在利用规划求解工具来做规划问题的求解时，要先确定好求解问题的目标和变量，及相关的约束条件，最好是事先建立好一个规划模型。

（2）一车间三种产品的实际情况。

经过和一车间主任李军的详细沟通，肖宁理出了一车间三种产品的具体情况，如表 17-1 所示。

表 17-1　“一车间三种产品”生产情况表

食品类别	蛋黄派	苏打饼	士力架
生产每箱所需时间 /h	0.25	0.32	0.33
生产每箱所需成本 / 元	17	23	27
每箱售价 / 元	42	40	45

（3）根据上述情况分析，肖宁很快就确定了此次生产计划制订的目标、变量以及约束条件。

• 目标：合理安排三种产品的生产数量，使得最终三种产品获得最大的总利润。

• 可变因素：三种产品的具体数量是未知的和可变的。

• 约束条件：蛋黄派的产量必须在 30 000 箱以上；苏打饼的产量必须是蛋黄派的 1.5 倍以上；士力架的产量必须是蛋黄派的 2 倍以上。

生产三种产品的总工时必须在一车间的能力范围之内，即 60 000 h 之内。

（4）肖宁制定了以下的一个线性规划模型，即若设蛋黄派、苏打饼、士力架的生产数量分别为 X_1、X_2、X_3 的话，则模型为：

$$\text{Max } Z = (42-17)X_1 + (40-23)X_2 + (45-27)X_3$$

$$\begin{cases} 0.25X_1 + 0.32X_2 + 0.33X_3 \leqslant 60\,000 & \text{（工时约束）} \\ X_1 \geqslant 30\,000 & \text{（蛋黄派数量约束）} \\ X_2 \geqslant 1.5X_1 & \text{（苏打饼与蛋黄派数量关系约束）} \\ X_3 \geqslant 2X_1 & \text{（士力架与蛋黄派数量关系约束）} \\ X_1,\ X_2,\ X_3 \geqslant 0 & \text{（非负约束）} \end{cases}$$

步骤二：将列出的相关条件录入到 Excel 工作表中。

（1）启动 Excel 2016，将 Sheet 1 工作表重命名为“好美味食品公司一车间生产计划”。

（2）合并 A1:E1 单元格，输入标题“好美味食品公司一车间生产计划”。

（3）在 A3:E13 的单元格中输入三种产品的生产情况，并进行相应格式设置，输入完成后的结果如图 17-1 所示。

	A	B	C	D	E
1	好美味食品公司一车间生产计划				
2					
3	食品类别	蛋黄派	苏打饼	士力架	合计
4	生产数量(箱)	43,165	64,748	86,331	194,245
5	生产每箱所需时间(小时)	0.25	0.32	0.33	
6	生产每箱所需成本	¥17	¥23	¥27	
7	每箱售价	¥42	¥40	¥45	
8					
9	总收入	¥1,812,950	¥2,589,928	¥3,884,892	
10	总成本	¥733,813	¥1,489,209	¥2,330,935	
11	毛利	¥1,079,137	¥1,100,719	¥1,553,957	¥3,733,813
12					
13	生产所需总时数(小时)	10,791	20,719	28,489	60,000

图 17-1 “三种产品”产量情况

（4）肖宁根据车间的实际情况，整理出总收入、总成本、总毛利、总工时的计算规则，并在各个单元格中输入计算的公式，如图 17-2 所示。

	A	B	C	D	E	F
1	好美味食品公司一车间生产计划					
2						
3	食品类别	蛋黄派	苏打饼	士力架	合计	
4	生产数量(箱)	43,165	64,748	86,331	194,245	
5	生产每箱所需时间(小时)	0.25	0.32	0.33		
6	生产每箱所需成本	¥17	¥23	¥27		
7	每箱售价	¥42	¥40	¥45		
8						
9	总收入	'=B4*B7	' =C4*C7	'=D4*D7		
10	总成本	' =B4*B6	'=C4*C6	' =D4*D6		
11	毛利	'=B9-B10	' =C9-C10	'=D9-D10	' =SUM(B11:D11)	
12						
13	生产所需总时数(小时)	'=B4*B5	' =C4*C5	'=D4*D5	' =SUM(B13:D13)	

图 17-2 各单元格的公式

① E4 单元格：=SUM(B4:D4)。

E4 单元格为生产的总箱数，规则：总箱数 = 蛋黄派箱数 + 苏打饼箱数 + 士力架箱数。

② B9 单元格：=B4*B7。

B9 单元格为蛋黄派总收入，规则：总收入 = 蛋黄派生产数量 × 蛋黄派箱数。

③ B10 单元格：=B4*B6。

B10 单元格为蛋黄派总成本，规则：总成本 = 蛋黄派生产数量 × 蛋黄派每箱所需成本。

④ B11 单元格：=B9-B10。

B11 单元格为蛋黄派总毛利，规则：总毛利 = 蛋黄派总收入 - 蛋黄派总成本。

⑤ C9 单元格：=C4*C7。

C9 单元格为苏打饼总收入，规则：总收入 = 苏打饼生产数量 × 苏打饼箱数。

⑥ C10 单元格：=C4*C6。

C10 单元格为苏打饼总成本，规则：总成本 = 苏打饼生产数量 × 苏打饼每箱所需成本。

⑦ C11 单元格：=C9-C10。

C11 单元格为苏打饼总毛利，规则：总毛利 = 苏打饼总收入 - 苏打饼总成本。

⑧ D9 单元格：=D4*D7。

D9 单元格为士力架总收入，规则：总收入 = 士力架生产数量 × 士力架箱数。

⑨ D10 单元格：=D4*D6。

D10 单元格为士力架总成本，规则：总成本 = 士力架生产数量 × 士力架每箱所需成本。

⑩ D11 单元格：=D9-D10。

D11 单元格为士力架总毛利，规则：总毛利 = 士力架总收入 - 士力架总成本。

⑪ E11 单元格：=SUM(B11:D11)。

E11 单元格为生产的总毛利，规则：总毛利 = 蛋黄派总毛利 + 苏打饼总毛利 + 士力架总毛利。

⑫ B13 单元格：=B4*B5。

B13 单元格为蛋黄派总时数，规则：总成本 = 蛋黄派生产数量 × 蛋黄派每箱所需时间。

⑬ C13 单元格：=C4*C5。

C13 单元格为苏打饼总时数，规则：总成本 = 苏打饼生产数量 × 苏打饼每箱所需时间。

⑭ D13 单元格：=D4*D5。

D13 单元格为士力架总时数，规则：总成本 = 士力架生产数量 × 士力架每箱所需时间。

⑮ E13 单元格：=SUM(B13:D13)。

E13 单元格为生产的总时间，规则：总时间 = 蛋黄派总时间 + 苏打饼总时间 + 士力架总时间。

步骤三：加载规划求解项并进行规划求解。

1. 加载规划求解项

单击“文件”→“Excel 选项”命令，打开“Excel 选项”对话框，单击打开右侧的“管理”下拉菜单，选择“Excel 加载项”，单击“转到”按钮，打开“加载宏”对话框，在“可用加载宏”框中勾选“规划求解加载项”复选框，单击“确定”按钮，如图 17-3 所示。

说明

“规划求解”工具是 Excel 自带的一个重要分析与评量工具，利用它可以帮我们轻松地进行某些问题的规划，如利润最大化、生产成本最小化等，但使用前必须先加载它。

如果在“加载宏”的对话框里没有看到“规划求解加载项”，则表示当初安装软件时，并未安装此项功能。

2. 进行规划求解

（1）单击“数据”选项卡→“分析”选项组→“规划求解”按钮，在弹出的对话框中进行“目标单元格、可变单元格、约束”的设置，如图 17-4 所示，具体参数设置的含义见后面的“知识点小结”部分。

说明

Excel 的规划求解可以用来解决最多 200 个变量、100 个外在约束和 400 个简单约束（决策变量整数约束的上下界）的问题。

（2）设置目标单元格为“$E$11”即总毛利所在的单元格，等于“最大值”，即求得毛利的最大化。

（3）设置可变单元格为“$B$4:$D$4”，即三种产品的数量。

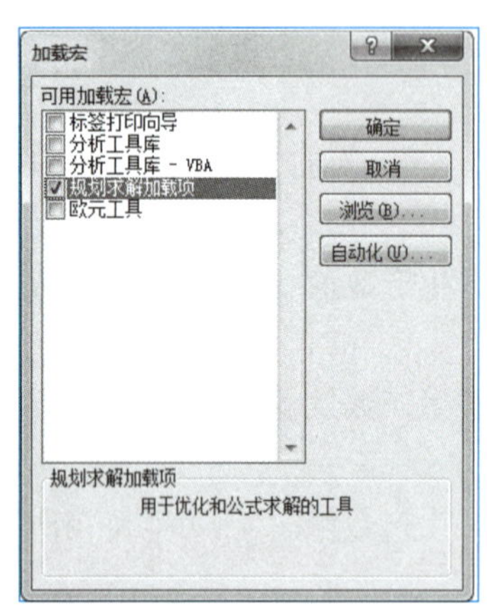

图 17-3 “加载宏”对话框

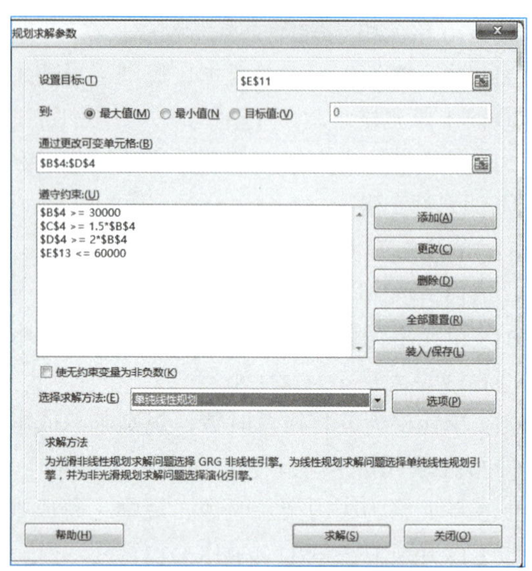

图 17-4 规划求解参数设置

（4）设置第一个约束条件为“$B$4>=30000”，即蛋黄派的最低产量必须为 30 000。

（5）设置第二个约束条件为“$C$4>=1.5*$B$4”，即苏打饼的生产量至少必须为蛋黄派的 1.5 倍。

（6）设置第三个约束条件为“$D$4>=2*$B$4”,即士力架的生产量至少必须为蛋黄派的 2 倍。

（7）设置第四个约束条件为“$D$13<=60000”，机器总运转时数不得超过 60 000 h。

（8）全部设置好后，单击“求解”按钮，则可自动求解出相应结果，结果如图 17-5 所示。

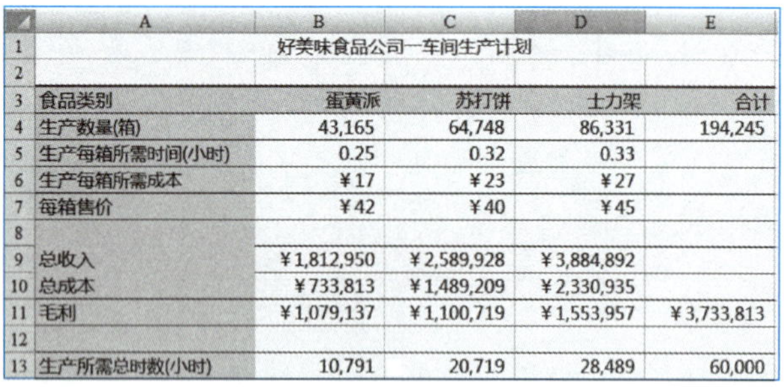

	A	B	C	D	E
1	好美味食品公司一车间生产计划				
2					
3	食品类别	蛋黄派	苏打饼	士力架	合计
4	生产数量(箱)	43,165	64,748	86,331	194,245
5	生产每箱所需时间(小时)	0.25	0.32	0.33	
6	生产每箱所需成本	¥17	¥23	¥27	
7	每箱售价	¥42	¥40	¥45	
8					
9	总收入	¥1,812,950	¥2,589,928	¥3,884,892	
10	总成本	¥733,813	¥1,489,209	¥2,330,935	
11	毛利	¥1,079,137	¥1,100,719	¥1,553,957	¥3,733,813
12					
13	生产所需总时数(小时)	10,791	20,719	28,489	60,000

图 17-5 “规划求解”结果

知识点小结

本案例中主要用到了“规划求解”这个加载项来自动地计算利润最大化问题，在计算的过程中，关键是要弄清楚目标、可变和约束是什么，通过巧设约束，自动得到最大化的生产利润。

借助“规划求解”,可求得工作表上某个单元格（被称为目标单元格）中公式的最优值。“规划求解”将对直接或间接与目标单元格中公式相关联的一组单元格中的数值进行调整，最终在目标单元格公式中求得期望的结果。

“规划求解”通过调整所指定的可更改的单元格（可变单元格）中的值，从目标单元格公式中求得所需的结果。

在创建模型过程中，可以对“规划求解”模型中的可变单元格数值应用约束条件（约束条件：“规划求解”中设置的限制条件，可以将约束条件应用于可变单元格、目标单元格或其他与目标单元格直接或间接相关的单元格），而且约束条件可以引用其他影响目标单元格公式的单元格。

“规划求解参数”对话框（见图 17-6）里的各个参数或按钮的含义如下：

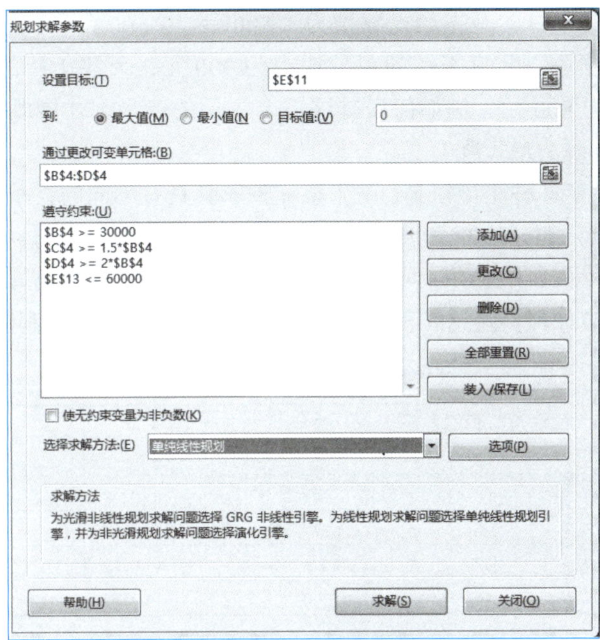

图 17-6 “规划求解参数”对话框

（1）“设置目标”：想要最大化或最小化或者要指定其运算结果刚好等于某数值的目标单元格。此单元格必须是包含公式的单元格。

（2）“到”：这里有三个单选按钮和一个文本框，用来指定“设置目标”的值为最大值、最小值，还是刚好等于某个数值，如果选择“目标值”，就要在右边的文本框里输入指定数值。

（3）“通过更改可变单元格”：指定让规划求解工具调整的单元格，最终目的是要让“设置目标”里所指定的单元格能够达到它的目标值。因此，“通过更改可变单元格”一定要和“设置目标”有直接或间接的关联。

（4）“遵守约束”：列出各项规划问题需要的约束。

（5）“添加”：打开“添加约束”对话框。

（6）“更改”：打开“更改约束”对话框。

（7）“删除”：删除选定的约束。

（8）“全部重置”：清除当前的设置，并将所有的设置值重新设置成原来的初值。

（9）“装入 / 保存”：装入或保存约束。

（10）“选项”：打开“规划求解选项”对话框，可用来加载和保存问题模式，并控制求解过程的高级选项。

（11）“求解”：立即启动已定义问题的求解运算。

（12）“关闭”：关闭对话框且不解决任何问题，任何使用“选项”、“添加”、“更改”或“删除”按钮所做的更改都会保留下来。

拓展训练

（1）振兴科技有限公司所生产的液晶显示器，必须每月生产 10 000 台，以满足世界各地的需求，而生产地点分别为北京、天津及上海，这 3 个工厂每个月的最大产量分别为 3 000 台、5 000 台、4 000 台，每个月的基本产量分别为 1 500 台、3 500 台、2 500 台，此外，每个工厂的产品单位成本也不一，北京工厂的单位成本为 900 元，天津工厂的单位成本为 700 元，上海工厂的单位成本为 800 元。应如何安排这三个工厂的产量，才能既能应付世界各地每月的需求，又能把总成本降为最低呢？

（2）雅致家具厂生产 4 种小型家具，由于该 4 种家具具有不同的大小、形状、重量和风格，因此它们所需要的主要原料（木材和玻璃）、制作时间、最大销售量与利润均不相同。该厂每天可提供的木材、玻璃和工人劳动时间分别为 600 单位、1 000 单位与 400 小时，详细的数据资料如表 17-2 所示。应如何安排这 4 种家具的日产量，使得该厂的日利润最大？

表 17-2 雅致家具厂生产 4 种小型家具详细资料

家具类型	1	2	3	4	可提供量
劳动时间 /（h/ 件）	2	1	3	2	400 h
木材 /（单位 / 件）	4	2	1	2	600 单位
玻璃 /（单位 / 件）	6	2	1	2	1 000 单位
单位利润 /（元 / 件）	60	20	40	30	
最大销售量 / 件	100	200	50	100	

知识链接

1. 利润最大化原则

经济学中利润的含义是收益减去成本的差额。在经济学上，利润是决定厂商生产的指标，只要有利可图，厂商就会继续经营，没有愿做赔本生意的。但是，利润在会计学和经济学中的意义是有差别的。经济学中的收益与成本和会计学中的收益与成本是不同的，因此使得利润有会计利润和经济利润之分。具体表现在：

（1）收益。经济学中的收益来源有 4 种：一是内在收益，即由于供给要素带来的收益；二是风险收益，一旦内在收益——对资本的纯利息、管理、劳动的内在工资以及其他被扣除以后，剩余的部分是承担不确定性的报酬，风险收益具体包括不能履约的风险收益、纯粹的风险收益或统计风险收益以及对创新和事业心的风险收益；三是垄断收益，即市场收益或垄断权力的现实基础，只包括已实现受益，将未实现收益排除在外；四是与会计有着本质区别的收益——持有损益。经济学收益将企业经济业务收益和企业因持有资产而获得的收益同等对待，而不考虑是否实现。而会计收益不包括未实现收益。

（2）成本。由于人们面临着权衡取舍，因此做出决策就要比较可供选择方案的成本与收益。当经济学家讲企业生产成本的时候，其指的是生产物品与劳务量的所有机会成本。机会成本除包括会计成本之外，还包括会计未计算在内的隐含成本。在经济学家看来，尽管厂商无须对自有生产要素的耗费进行现实的货币支付，即无须对隐含成本进行货币补偿，但隐含成本却反映了生产要素的真实耗费。赚取相当于隐含成本的那部分会计利润，是厂商从事经营活动要求获得的最低报酬，是它正常经营的基本条件。机会成本的概念出自这样的思想：如果你把自己的生产要素例如劳动用于某一用途，你就失去了把它应用于别处的机会。因此，这种放弃的收益如工资就是生产的一部分成本。可以说，一种东西的机会成本是为了得到这种东西所放弃的东西。

利润的经济定义需要我们估价所有投入物和产出物的机会成本。经济学中假定厂商的经营目标只有一个：利润最大化。

利润最大化是特指经济利润最大化，即在一定的生产技术和市场需求约束下，厂商实现利润最大或亏损最小。

2. 线性规划

线性规划是运筹学中研究较早、发展较快、应用广泛、方法较成熟的一个重要分支，它是辅助人们进行科学管理的一种数学方法。在经济管理、交通运输、工农业生产等经济活动中，提高经济效果是人们的要求，而提高经济效果一般通过两种途径：一是技术方面的改进，例如改善生产工艺、使用新设备和新型原材料；二是生产组织与计划的改进，即合理安排人力物力资源。线性规划所研究的是:在一定条件下，合理安排人力物力等资源，使经济效果达到最好。一般来说，求线性目标函数在线性约束条件下的最大值或最小值的问题，统称为线性规划问题。满足线性约束条件的解称为可行解，由所有可行解组成的集合称为可行域。决策变量、约束条件、目标函数是线性规划的三要素。

线性规划的模型建立：从实际问题中建立数学模型一般有以下 3 个步骤：

（1）根据影响所要达到目的的因素找到决策变量。

（2）由决策变量和所要达到目的之间的函数关系确定目标函数。

（3）由决策变量所受的限制条件确定决策变量所要满足的约束条件。

所建立的数学模型具有以下特点：

（1）每个模型都有若干个决策变量 (x_1，x_2，x_3，…，x_n)，其中，n 为决策变量的个数。决策变量的一组值表示一种方案，同时决策变量一般是非负的。

（2）目标函数是决策变量的线性函数,根据具体问题可以是最大化（max）或最小化（min），二者统称为最优化（opt）。

（3）约束条件也是决策变量的线性函数。

当我们得到的数学模型的目标函数为线性函数，约束条件为线性等式或不等式时，称此数学模型为线性规划模型。

案例 18 特色图表

情境再现

图表的设计美观与否、专业与否能够从侧面反映一个人的职业素养。

情景：公务员基本技能之图表 SHO17。

角色：省局综合处处长、小刘（公务员）。

故事：今年 ×× 省的生产总值又创新高，省领导要求省局综合处根据近几年的生产总值数据，在某次年终大会上做一个汇报，要求报告能够以图文并茂的形式反映 ×× 省近年的经济发展状况。

省局综合处处长找到刚入职不久的公务员小刘，叫他结合自己所学专业知识，完成报告相关资料的准备工作。小刘是刚毕业的大学生，接到处长安排的任务后是既高兴又犯愁。高兴是因为自己终于可以做点实事了，用小刘的话说“刚入职的这段时间基本上在打杂”，这次可是展示自己的一个好机会；发愁的是如果这次没把事情办好，可能就要在单位坐“冷板凳”了。小刘对领导交代的这项工作非常重视，回到办公室先问了同在一个办公室的小张，小张来综合处两年多了，各方面业务能力都很强，他听了小刘叙述的任务后，对小刘说：“这个嘛，挺容易的呀，就用 D3 嘛，或者是 Free Graph Make 这一类的软件去实现数据图表的制作，然后把做好的数据图表放到 PPT 当中，配合一定的背景设置和文字描述就行了。”

小刘听了整个一头雾水，心想“D3 是什么东西，什么又是 Free Graph Make？都没有接触过，临时来学已是来不及了”。但是仔细想了一下小张的话，知道了要用到 PPT 软件来进行汇报工作，而主要的任务就是要结合给出的全省生产总值的数据，做出一个好看精致的图表，直观地反映 ×× 省的经济发展状况。但是用什么来完成数据图表的设计呢？小刘忽然想起了一个办公软件——Excel。Excel 在制作图表方面相对简单，通过耐心细致的设计，可以达到较好的设计效果。

好在小刘在读大学时，商务办公应用学得不错，他开始回想起商务办公应用老师讲授的相关知识，想着想着嘴角露出了一丝的微笑。

说明

生产总值是指在一定地区下所有常住单位在一定时期内生产活动的最终成果。生产总值等于各产业增加值之和。

任务分解

能考上公务员的都要通过申论考试，基本上都有过公文写作方面的锻炼，组织文字自然不是问题。小刘能够进入省里的公务员班子，自然这方面的能力更是不在话下。

在接到这个任务后，小刘需要解决的关键问题就停留在如何制作出一个精美的、专业化的图表上，总不可能汇报的时候就拿出一些生硬的数据吧。小刘决定结合自己所学的知识，用 Excel 电子表格来完成对数据图表的制作和美化。

说明

公务员考试是公务员主管部门组织的担任主任科员以下及其他相当职务层次的非领导职务公务员的录用考试。考试科目通常为“行政职业能力测试”和“申论”。笔试复试合格后便可成为行使国家行政权力、执行国家公务的人员。

小刘归纳出具体设计思路如下：

（1）根据已有的近 3 年的 ×× 省生产总值的数据，选择合适的图表类型，制作一个粗略的图表。

（2）在生成图表的基础上，对图表标题、图表区、坐标轴、图例区等区域进行美化和细节上的设置。

（3）在背景图片以及颜色的选择和搭配上一定要注意色彩的协调性，让图表具备一定的艺术气息，仿佛图表会说话。

任务实现

步骤一： 数据图表的插入。

首先新建一个空白的 Excel 工作簿，选择 Sheet1 工作表，在工作表中，输入标题及省内各地区的相应生产总值的数据，然后选中所有数据，单击“插入”选项卡中的“图表”选项组中的相应图表类型（这里以“柱形图”为例）按钮，选择二维柱形图中的第一个图例“簇状柱形图”，如图 18-1 所示。

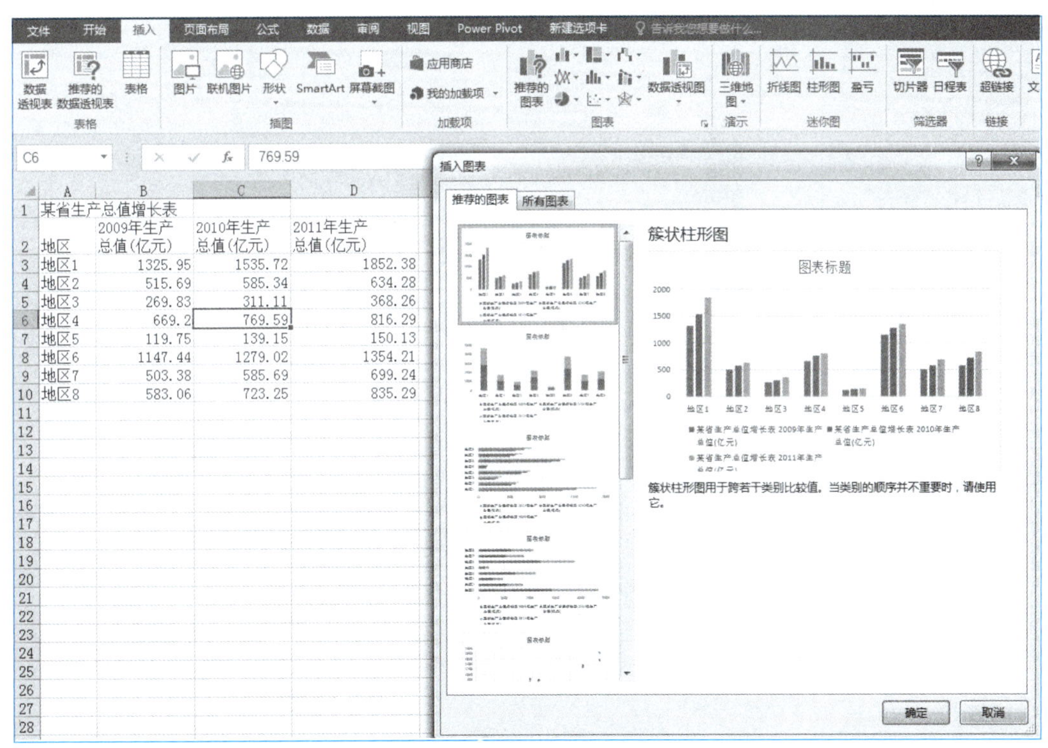

图 18-1　图表类型的选择

选择好后，生成图 18-2 所示的图表。

步骤二： 图表标题的设置。

（1）选中图表标题，界面切换到“开始”选项卡的“字体”选项组中，单击图中的下拉三角形，选择需要的字体样式、字体大小和字体颜色，这里以“华文云彩”的 20 号红色字体举例。设置好后的效果如图 18-3 所示。

（2）选中标题文本框，切换到“格式”选项卡，单击“当前所选内容”选项组中的“设置所选内容格式”按钮，如图 18-4 所示。

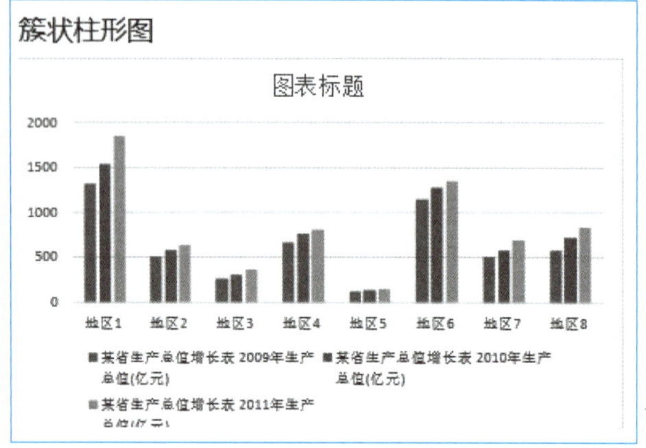

图 18-2　初始图表效果

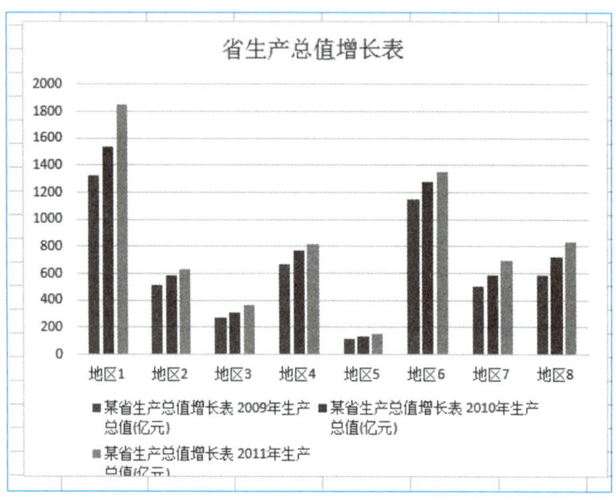

图 18-3　图表的标题设置 1

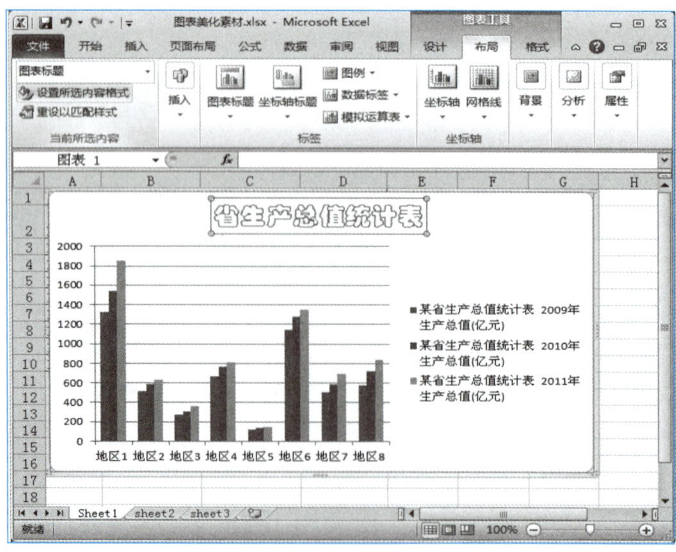

图 18-4　图表标题的设置 2

（3）在右边弹出的“设置图表区格式”窗格中，打开“填充”选项卡，选择一种需要的填充方式，这里以“纯色填充”举例，然后单击“颜色”右侧的下拉按钮，在弹出的“主题颜色”对话框中选择一种所需要的填充颜色，这里以“淡橙色”举例，如图 18-5 所示。

（4）设置完成后直接单击“关闭”按钮即可完成对图表标题的设置，如图 18-6 所示。

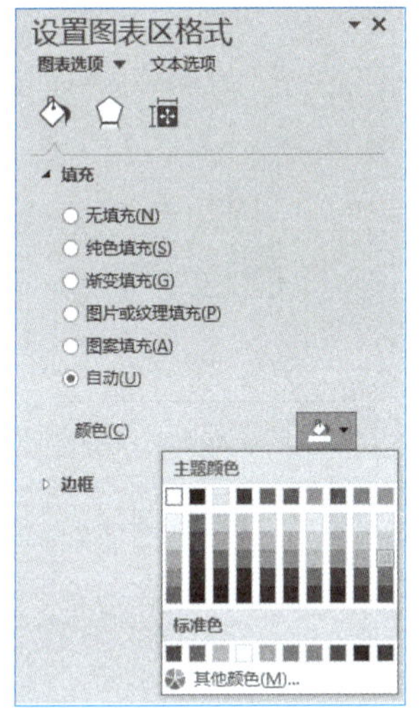

图 18-5 标题背景颜色的填充

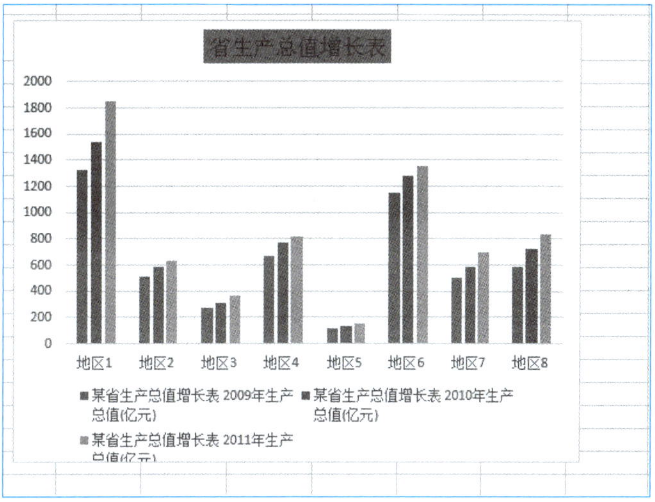

图 18-6 标题背景的填充效果

▶步骤三：图表区的设置。

（1）选中图表区，界面切换到“格式”选项卡，单击“当前所选内容”选项组中的“设置所选内容格式”按钮。

（2）在右边弹出的“设置图表区格式”窗格中，打开“填充”选项卡，选择一种填充方式，这里以选择“图片或纹理填充”中的图片填充来举例，然后单击“纹理”按钮。

（3）在弹出的“纹理”对话框中，选择一种需要插入的纹理图片，如图 18-7 所示。

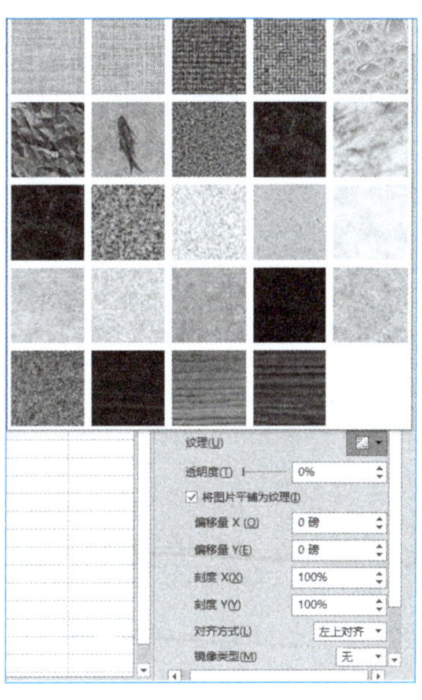

图 18-7 图表区背景填充

（4）关闭“设置图表区格式”对话框，即可看到完成后的效果，如图 18-8 所示。

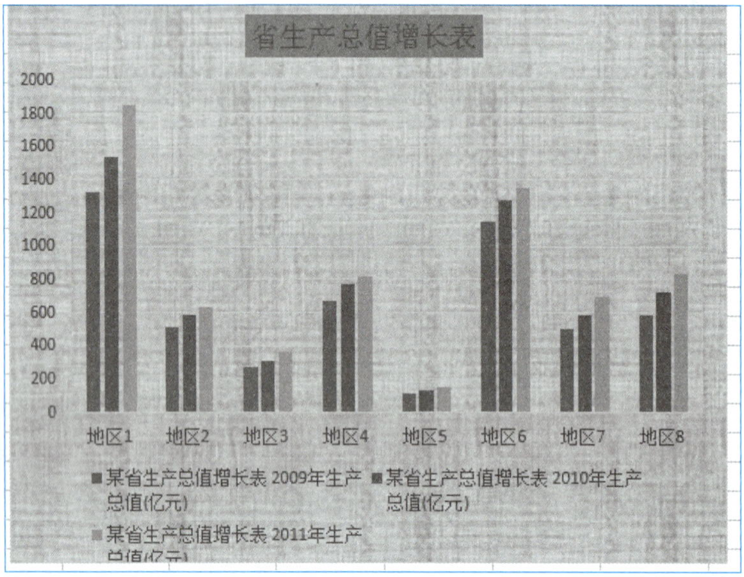

图 18-8　图表区背景填充效果

步骤四： 绘图区的设置。

（1）选中绘图区，界面切换到“格式”选项卡，单击“当前所选内容”选项组中的“设置所选内容格式”按钮。

（2）在右边弹出“设置绘图区格式”窗格，打开“填充”选项卡，选择一种需要的填充方式，这里选择“渐变填充”，然后在“预设颜色”下拉列表中选择“羊皮纸”选项。

（3）关闭“设置绘图区格式”窗格，即可看到完成后的效果。

说 明

大家还可以选中绘图区，然后右击，从弹出的快捷菜单中选择“设置绘图区格式”命令，也可以打开“设置绘图区格式”对话框。

步骤五： 图例格式的设置。

（1）选中图例并右击，在弹出的快捷菜单中选择“设置图例格式”命令。

（2）在右边弹出的“设置图例格式”窗格中，打开“图例选项”选项卡，如图 18-9 所示，这里可以设置图例的位置，我们的图例在右边，现在把它设置为“靠左”，然后切换到“填充”选项卡。

（3）选中“图片或纹理填充”，然后在“纹理”的下拉列表中选择“水滴”。

（4）单击“关闭”按钮即可完成设置，效果如图 18-10 所示。

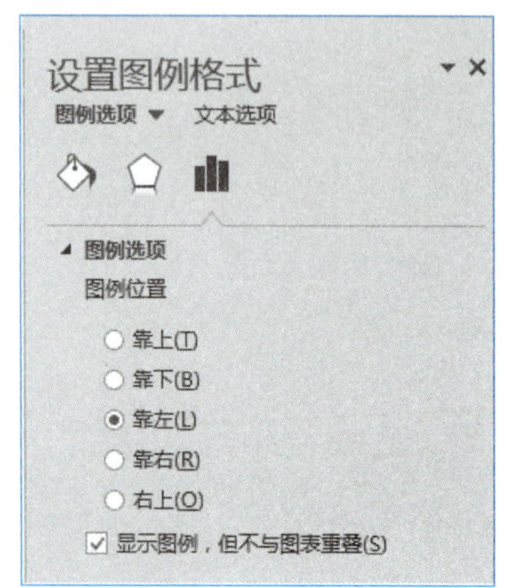

图 18-9　设置图例格式

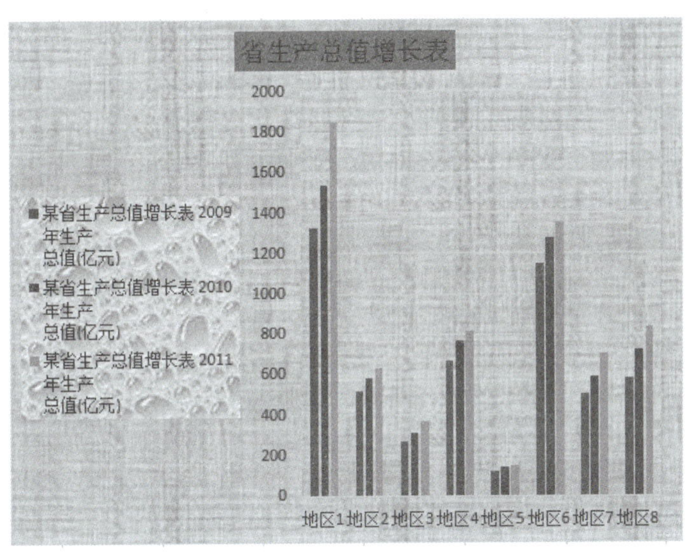

图 18-10 图例区设置效果

步骤六：数据系列的设置。

（1）选中数据系列中的任何一种颜色条形并右击，在弹出的快捷菜单中选择“设置数据系列格式”命令。

（2）在右边弹出的“设置数据系列格式”窗格中，切换到“填充”选项卡，选中“渐变填充”单选按钮，然后从“预设颜色”下拉列表中选择一种需要的预设颜色，如“宝石蓝”。

（3）设置完成后，直接单击“关闭”按钮，即操作完成，依次完成各数据条的设置，最终效果如图 18-11 所示。

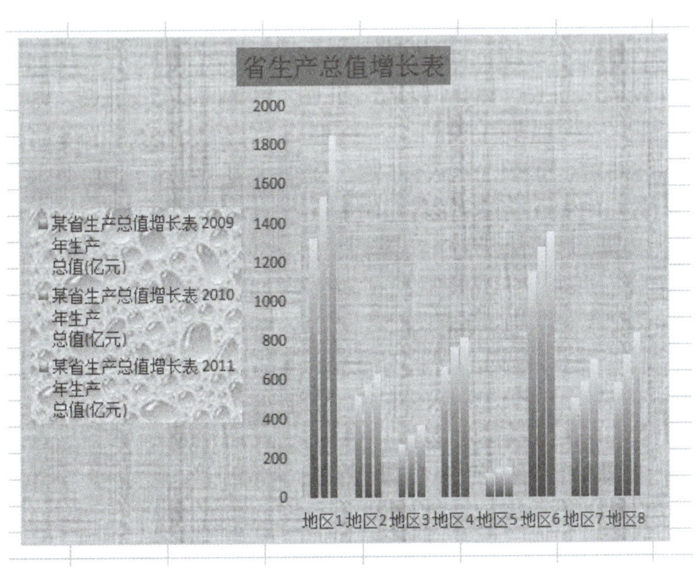

图 18-11 数据系列设置效果

步骤七：坐标轴的相关设置。

（1）在插入的图表上，先单击纵坐标轴选中它，可以看到这个坐标轴四周出现了四个小圆点，也称为控制点。右击，并在快捷菜单中选择“设置坐标轴格式”命令，弹出图 18-12 所示的“设置坐标轴格式”窗格，可以看到“坐标轴选项”中的最小值、最大值以及刻度单位等都是自动的，为了设定，必须先选中固定的，然后设定数值，这样才可以改变坐标轴刻度。

（2）在弹出“设置坐标轴格式”窗格中选择“数字”,“类别”为“自定义”,类型设为“[红色][>1200]0;[蓝色][<600]0;0”，然后单击“添加”按钮，如图 18-13 所示。

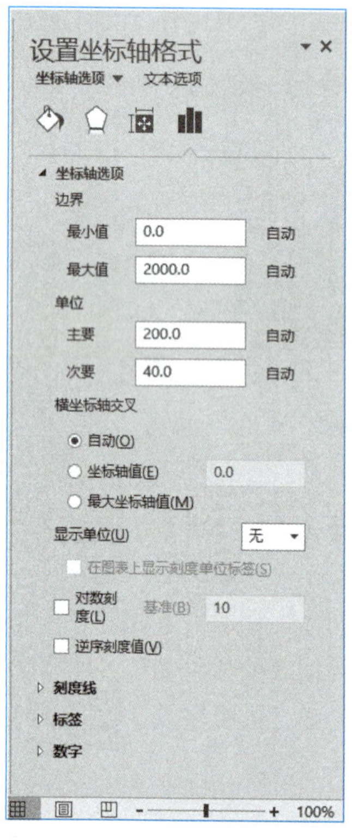

图 18-12 “设置坐标轴格式”窗格

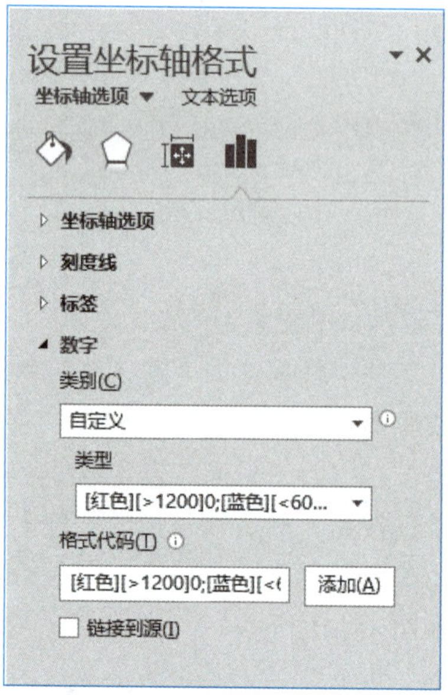

图 18-13 坐标轴分色设置

（3）最终的效果如图 18-14 所示。

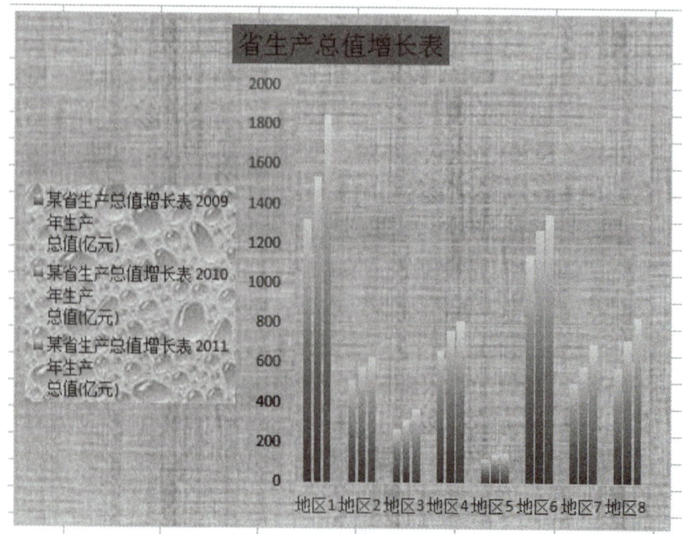

图 18-14 图表美化最终效果

知识点小结

（1）学会根据数据插入各种类型的图表。

（2）进一步掌握如何在 Excel 中对图表的各个区域进行美化、量化。

（3）学会对坐标轴显示值的设置及坐标轴的分色显示等高级技巧。

拓展训练

（1）结合本案例的内容，完成对数据处理篇中其他案例的图表的生成和美化。

（2）充分发挥想象力，借助互联网，进一步探索改善图表效果的方法及技巧。

知识链接

专业的图表分析

专业图表的标杆性一般来源于大型的咨询公司或是一些权威的商业杂志，如《商业周刊》《纽约时报》《华尔街日报》《经济学人》杂志等。

一些商业杂志的经典图表值得我们借鉴。下面列举一些顶级商业杂志上的图表，以供参考。

1.《经济学人》杂志的图表

图 18-15 是来自《经济学人》杂志的图表案例。这个杂志的图表基本只用藏青色这一个颜色系，或加上一些深浅明暗变化，还有就是起画龙点睛作用的左上角的小红块。各大专业咨询公司和专业服务网站也都喜欢采用这种颜色。事实上，专业服务公司大多使用这一色系，而从色彩的艺术理论层面来说，藏青色表示专职和专业。

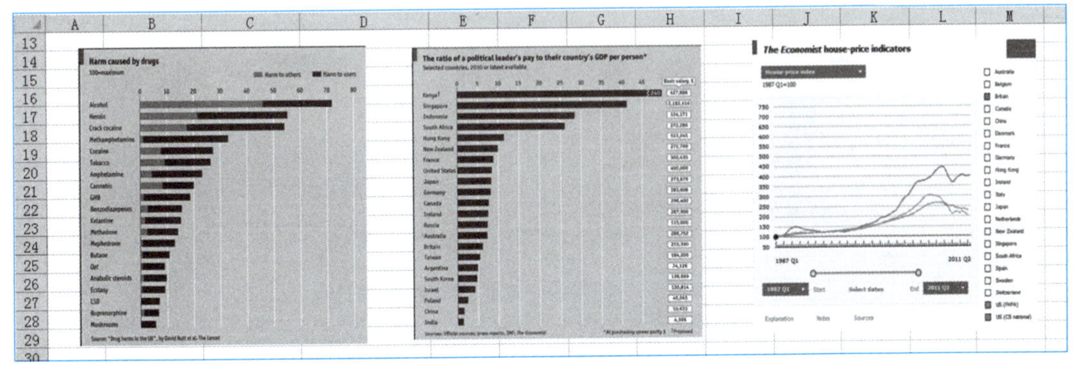

图 18-15 《经济学人》杂志的图表配色

2.《商业周刊》杂志的图表

如图 18-16 所示，黑色图底容易吸引眼球，这类图表的特点也非常鲜明，设计图表的时候也是一种不错的选择。

其实上述专业图表之所以成功，除了在颜色搭配方面以外，还有其诸多的不同之处，主要包含以下几个方面。

（1）专业的外观：专业性的图表除了在颜色的搭配上很专业外，其重要的一个共性就是从不使用 Office 默认的颜色、字体和布局。

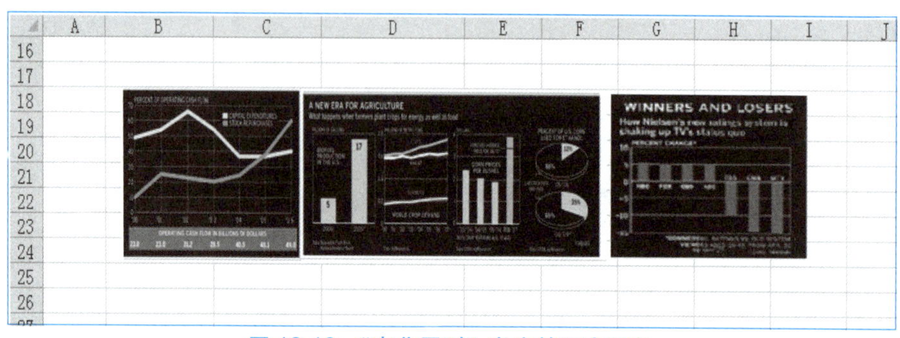

图 18-16 《商业周刊》杂志的图表配色

（2）简洁：专业的图表从不使用花哨的图表类型，往往都是极为基本的几种图表类型，诸如条形、折线型和饼图。因为这类的图表方便用户理解，真正让图表发挥便于沟通的本质作用。

（3）观点突出：图表的标题能明确地阐述自己的观点，不需要多余的文字性的描述和解释，信息的传递高效无误。

（4）细节完美：专业图片的一个典型特点就是对细节的处理可谓极致，对每一个图表元素的处理都是抱着一丝不苟的态度，做出百分之百的努力，感觉是在设计一件艺术品。细节铸就成功，正是这种在细节上的严谨的态度，体现出了图表的专业性和与众不同。

各类商业杂志的经典图表示例如图 18-17 和图 18-18 所示。

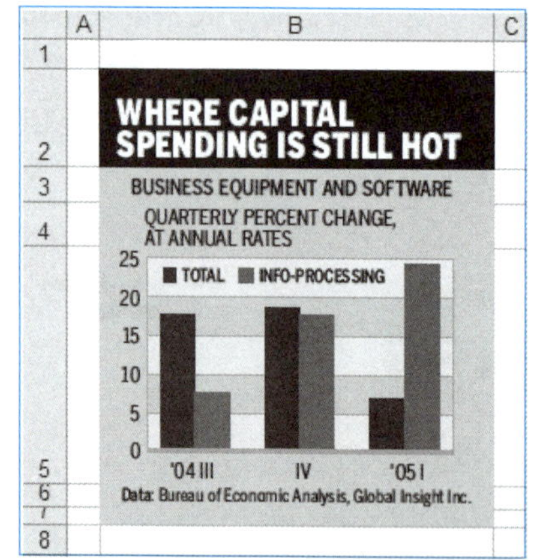

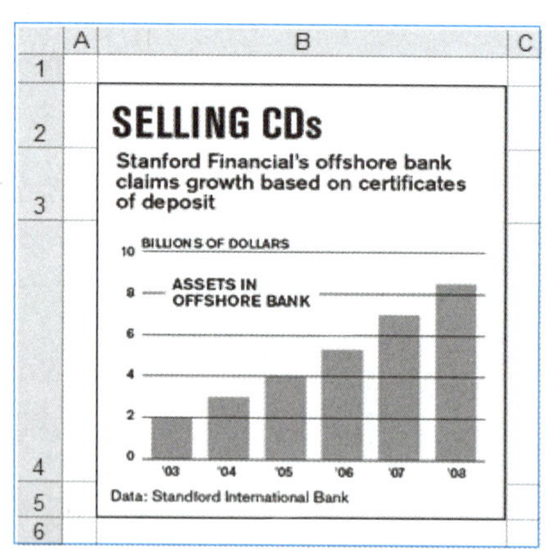

图 18-17 各类商业杂志的经典图表（1）

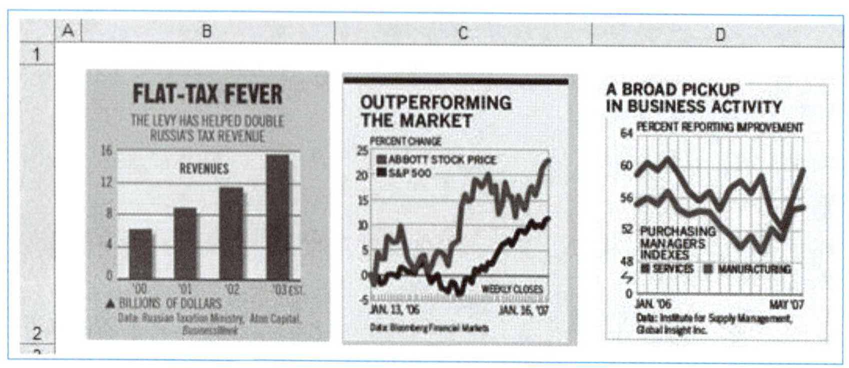

图 18-18 各类商业杂志的经典图表（2）

案例 19　奖学金的评定

情境再现

情景：上班时间。

角色：王部长、张成、刘红。

故事："刘红，你最近一个星期天天加班加点，忙什么呢？是在搞课题还是写论文？做课题的话记得叫上我。"张成说。

"哎！我哪有你这么清闲呢！有多余的时间做课题写论文就好了。我现在天天都在忙着评学生的奖学金呢，这几天烦都烦死了，天天对着几千个数据表，眼睛都花了，全院有这么多学生，班级多，每个班级学的课程也多，参加评定的项目巨多，评分细则也复杂，算得累死了，且一不小心就会算错。到现在为止已经弄了将近一个星期了，但只搞定了一个系的奖学金评定，还有五个系的没弄好。"刘红说。

"我看看到底是怎么评奖学金的，具体有哪些细则和要算的数据表。"张成说。

"你看吧，看下我做这事有多么烦人，按照这样的进度，肯定不能按时完成任务。"刘红说。

这时王部长从隔壁办公室过来，

"刘红，你的奖学金评定工作差不多弄好了吧？做这事要细心，不能有差错！"王部长说。

"部长，我还有五个系没评出来呢？"刘红说。

"那怎么行呀，赶紧想办法找人帮忙，看一下有没快速、简便且又不容易出错的方法，这个工作是不能往后拖延的，不然会影响财务部门的工作。"王部长说。

"好吧。"刘红说。

"刘红，你可以让张成给你想想办法，他是学计算机的，应该知道一些有关 Excel 表的操作技巧。"王部长说。

"哦，是哦，谢谢部长提醒，我怎么就没想到呀，救星就在我身边。"刘红说。

"张救星，帮帮我吧，你是这方面的高手，这事就靠你啦！"刘红说。

"好吧，我得先了解具体有哪些评分细则，具体要用到哪些原始数据，最后期末总分是怎么算来的，回去好好研究研究，到底用什么快速的方法能帮你及时完成任务。"张成说。

"好的，真是太感谢你了，我把评分细则及原始数据全发给你吧。"刘红说。

"不谢，你太客气了，同事互相帮忙是应该的，我弄好就把评定结果发给你。"张成说。

说明

国家奖学金是由中华人民共和国教育部颁发给普通本科高校、高等职业学校与普通高等学校全日制本科生、研究生的一项奖学金。2007 年，为激励普通本科高校、高等职业学校学生勤奋学习、努力进取，在德、智、体、美等方面得到全面发展，根据《国务院关于建立健全普通本科高校、高等职业学校和中等职业学校家庭经济困难学生资助政策体系的意见》〔国发 2007 年 13 号〕文件有关精神，财政部、教育部制定了《普通本科高校、高等职业学校国家奖学金管理暂行办法》。

任务分解

张成对刘红发给他的数据进行了研究，发现数据量确实很大，用计算器一个个算肯定是行不通的，所以张成决定用拿手的 Excel 中的公式与函数的功能来试试看。

张成根据刘红发给他的数据，结合自己在学校学习的 Excel 知识，发现数据表虽然多，但只要任课老师录入了学生的期末成绩，评定结果就马上可以自动出来。具体实现方法如下：

每个班创建 3 个表，分别是期末考试成绩表、奖励及操行成绩表、奖学金评定表。其中，奖学金评定表中的每列信息都可以自动生成。

说明

利用 Excel 2016 提供的函数与公式，可以简化工作流程，减少重复性工作。我们还可以把 Excel 做成模板，方便以后使用。从而减少工作量，提高工作人员的工作效率。

任务实现

在本例中，将以 Excel 为平台讲解如何运用 Excel 的公式对每班学生的成绩排名进行奖学金的评定。

步骤一：数据填充。

先对每个班级创建一个“奖学金评定 .xlsx”文件，从成绩管理系统中获取每个班级的期末考试成绩、奖励及操行成绩的原始数据表，并添加到“奖学金评定表 .xlsx”中，然后在“奖学金评定 .xlsx”文件中创建一个名为奖学金评定表的工作表。以上所涉及的三个工作表如图 19-1~ 图 19-3 所示。

	A	B	C	D	E	F	G	H	I
1	第一学期各考试成绩								
2		各科的学分	2	4	3	2	1	3	2
3	学号	姓名	大学国文	高等数学	大学信息技术基础	大学英语I	大学英语自主学习I	马克思主义基本原理	大学体育I
4	1	吴华	86	72	89	73	77	81	78
5	2	李斐	77	76	84	73	78	85	78
6	3	邹春燕	77	83	95	71	82	77	76
7	4	陈媛媛	82	72	89	70	75	80	74
8	5	汤姗	78	80	91	69	78	74	74
9	6	钟红梅	81	81	92	74	79	84	79
10	7	程琴	83	87	91	82	93	84	75
11	8	刘荣	84	88	93	83	79	75	87
12	9	季俊香	75	66	79	71	84	75	77
13	10	徐晓晖	79	67	91	67	88	79	72
14	11	彭钟山	80	88	92	76	86	80	68
15	12	李玉蛟	65	65	79	60	77	90	60
16	13	谢昌富	62	71	75	73	81	78	67
17	14	王宇	78	79	96	65	78	83	74
18	15	郭龙辉	84	95	88	82	88	79	84
19	16	钟祉元	82	88	85	70	75	81	69
20	17	罗志强	82	70	87	71	76	79	69

期末考试成绩表　奖励操行成绩表　奖学金评定表

图 19-1　期末考试成绩表

第一学期奖励操行成绩表

学号	姓名	学习成绩	奖励分	操行成绩
1	吴华		33	79
2	李斐		33	79
3	邹春燕		44.5	85
4	陈媛媛		34.5	85
5	汤姗		26.5	85
6	钟红梅		44.5	79
7	程琴		33	79
8	刘荣		43	85
9	季俊香		52.5	85
10	徐晓晖		0	79
11	彭钟山		8	85
12	李玉蛟		16.5	85
13	谢昌富		13	85
14	王宇		16.5	85
15	郭龙辉		10	79
16	钟祉元		23	85
17	罗志强		0	79

期末考试成绩表 奖励操行成绩表 奖学金评定表

图 19-2 奖励及操行成绩表

第一学期奖学金评定表

学号	姓名	学习成绩折算	奖励折算	操行折算	综合测评分	名次	奖学金等次	奖学金金额
1	吴华							
2	李斐							
3	邹春燕							
4	陈媛媛							
5	汤姗							
6	钟红梅							
7	程琴							
8	刘荣							
9	季俊香							
10	徐晓晖							
11	彭钟山							
12	李玉蛟							
13	谢昌富							
14	王宇							
15	郭龙辉							
16	钟祉元							
17	罗志强							

期末考试成绩表 奖励操行成绩表 奖学金评定表

图 19-3 奖学金评定表

步骤二： 数据计算。

（1）在奖励操行成绩表中求出每个人的学习成绩，各课程的分数及各课程的学分来自另一张工作表，单元格的引用要采用三维引用，即“工作表名！单元格名称”，求学习成绩（保留一位小数），公式为“=SUMPRODUCT(期末考试成绩表!C4:I4,期末考试成绩表!$C$2:$I$2)/SUM(期末考试成绩表!$C$2:$I$2)”。

说明

SUMPRODUCT()函数：返回相应的数组或区域乘积的和。数组参数必须具有相同的维数，否则，函数SUMPRODUCT()将返回错误值#VALUE!。函数SUMPRODUCT()将非数值型的数组元素作为0处理。

（2）在奖学金评定表中求出每个人的学习成绩、奖励分、操行成绩的折算，由于综合测评分是这三项的总和，且学习成绩占70%、奖励分占10%、操行分占20%。学习成绩折算，公式为“=ROUND(奖励操行成绩表 !C3*0.7,1)”；奖励分折算，公式为“=ROUND(奖励操行成绩表 !D3*0.1,1)”；操行成绩折算，公式为“=ROUND(奖励操行成绩表 !E3*0.2,1)”。折算结果如图 19-4 所示。

C3 =ROUND(奖励操行成绩表!C3*0.7,1)

第一学期奖学金评定表

学号	姓名	学习成绩折算	奖励分折算	操行分折算	综合测评分	名次	奖学金等次	奖学金金额
1	吴华	70	3.3	15.8				
2	李斐	68.5	3.3	15.8				
3	邹春燕	71.9	4.5	17				
4	陈媛媛	66.6	3.5	17				
5	汤姗	69.3	2.7	17				
6	钟红梅	69.9	4.5	15.8				
7	程琴	75.2	3.3	15.8				
8	刘荣	76	4.3	17				
9	季俊香	65	5.3	17				
10	徐晓晖	65.7	0	15.8				
11	彭钟山	71.3	0.8	17				
12	李玉蛟	59.4	1.7	17				
13	谢昌富	60.8	1.3	17				
14	王宇	70.1	1.7	17				
15	郭龙辉	75.3	1	15.8				
16	钟祉元	70	2.3	17				
17	罗志强	64.8	0	15.8				

期末考试成绩表 | 奖励操行成绩表 | 奖学金评定表

图 19-4 学习成绩折算、奖励分折算、操行分折算

（3）求出每个人的综合测评分，即平均分折算、奖励分折算、操行分折算的总和，求和用公式“SUM(各数值)”，如“=SUM(C3:E3)”，快捷键为【ALT + 等号】，综合测评分的计算结果如图 19-5 所示。

F3 =SUM(C3:E3)

第一学期奖学金评定表

学号	姓名	学习成绩折算	奖励分折算	操行分折算	综合测评分	名次	奖学金等次	奖学金金额
1	吴华	70	3.3	15.8	89.1			
2	李斐	68.5	3.3	15.8	87.6			
3	邹春燕	71.9	4.5	17	93.4			
4	陈媛媛	66.6	3.5	17	87.1			
5	汤姗	69.3	2.7	17	89			
6	钟红梅	69.9	4.5	15.8	90.2			
7	程琴	75.2	3.3	15.8	94.3			
8	刘荣	76	4.3	17	97.3			
9	季俊香	65	5.3	17	87.3			
10	徐晓晖	65.7	0	15.8	81.5			
11	彭钟山	71.3	0.8	17	89.1			
12	李玉蛟	59.4	1.7	17	78.1			
13	谢昌富	60.8	1.3	17	79.1			
14	王宇	70.1	1.7	17	88.8			
15	郭龙辉	75.3	1	15.8	92.1			
16	钟祉元	70	2.3	17	89.3			
17	罗志强	64.8	0	15.8	80.6			

期末考试成绩表 | 奖励操行成绩表 | 奖学金评定表

图 19-5 综合测评分计算

步骤三： 数据次序。

（1）利用综合测评分计算出每个人的名次，用公式 RANK() 函数实现，计算结果如图 19-6 所示。

G3 =RANK(F3,$F$3:$F$49)

学号	姓名	学习成绩折算	奖励分折算	操行分折算	综合测评分	名次	奖学金等次	奖学金金额
1	吴华	70	3.3	15.8	89.1	11		
2	李斐	68.5	3.3	15.8	87.6	17		
3	邹春燕	71.9	4.5	17	93.4	3		
4	陈媛媛	66.6	3.5	17	87.1	19		
5	汤姗	69.3	2.7	17	89	13		
6	钟红梅	69.9	4.5	15.8	90.2	7		
7	程琴	75.2	3.3	15.8	94.3	2		
8	刘荣	76	4.3	17	97.3	1		
9	季俊香	65	5.3	17	87.3	18		
10	徐晓晖	65.7	0	15.8	81.5	32		
11	彭钟山	71.3	0.8	17	89.1	11		
12	李玉蛟	59.4	1.7	17	78.1	41		
13	谢昌富	60.8	1.3	17	79.1	40		
14	王宇	70.1	1.7	17	88.8	16		
15	郭龙辉	75.3	1	15.8	92.1	4		
16	钟祉元	70	2.3	17	89.3	10		
17	罗志强	64.8	0	15.8	80.6	38		

期末考试成绩表 | 奖励操行成绩表 | 奖学金评定表

图 19-6 名次计算

（2）求出奖学金的等次。根据名次和班级总人数，一等奖占 3%，即名次不能超过班级总人数的 3%，二等奖 7%，即名次不能超过班级总人数的 7%，三等奖 12%，即名次不能超过班级总人数的 12%。公式条件：如果名次小于班级总人数的 3%，单元格填一等奖，否则，如果名次小于班级总人数的 7%，单元格填二等奖，否则，如果名次小于班级总人数的 12%，单元格填三等奖，否则，单元格空白即为空，公式为：=IF(G3<=47*0.03," 一等奖 ",IF(G3<=47*0.1," 二等奖 ",IF(G3<=47*0.22," 三等奖 ","")))。

（3）求出奖学金的金额。一等奖学金金额为 1 000 元，二等奖学金金额为 600 元，三等奖学金金额为 400 元，即如果奖学金的等次为一等奖，则奖学金金额为 1 000 元，否则，如果奖学金的等次为二等奖，则奖学金金额为 600 元，否则，如果奖学金的等次为三等奖，则奖学金金额为 400 元，否则，单元格空白即为空，公式为：=IF(H3=" 一等奖 ",1000&" 元 ",IF(H3=" 二等奖 ",600&" 元 ",IF(H3=" 三等奖 ",400&" 元 ","")))。奖学金评定最终结果如图 19-7 所示。

第一学期奖学金评定表

学号	姓名	学习成绩折算	奖励分折算	操行分折算	综合测评分	名次	奖学金等次	奖学金金额
1	吴华	70	3.3	15.8	89.1	11		
2	李斐	68.5	3.3	15.8	87.6	17		
3	邹春燕	71.9	4.5	17	93.4	3	二等奖	600元
4	陈媛媛	66.6	3.5	17	87.1	19		
5	汤姗	69.3	2.7	17	89	13		
6	钟红梅	69.9	4.5	15.8	90.2	7	三等奖	400元
7	程琴	75.2	3.3	15.8	94.3	2	二等奖	600元
8	刘荣	76	4.3	17	97.3	1	一等奖	1000元
9	季俊香	65	5.3	17	87.3	18		
10	徐晓晖	65.7	0	15.8	81.5	32		
11	彭钟山	71.3	0.8	17	89.1	11		
12	李玉蛟	59.4	1.7	17	78.1	41		
13	谢昌富	60.8	1.3	17	79.1	40		
14	王宇	70.1	1.7	17	88.8	16		
15	郭龙辉	75.3	1	15.8	92.1	4	二等奖	600元
16	钟祉元	70	2.3	17	89.3	10	三等奖	400元
17	罗志强	64.8	0	15.8	80.6	38		

期末考试成绩表 | 奖励操行成绩表 | 奖学金评定表

图 19-7 奖学金评定最终结果

知识点小结

本案例中的奖学金的评定主要用到 Excel 2016 中的自动填充、函数、表与表间的关联等功能来完成，事先对每个班建立好 3 个工作表（期末考试成绩表、奖励及操行成绩表、奖学金评定表），其中，期末考试成绩表、奖励及操行成绩表中信息先全置为 0，奖学金评定表中的信息用表达式填充好，生成一个模板。只要期末考试成绩表、奖励及操行成绩表的原始数据录入进去了，那么奖学金的评定结果也自动生成了。看起来比较大的工作量，其实几秒就能完成，这样减少了重复性的工作，也减少了工作量，进而提高了我们的工作效率。

拓展训练

请结合案例上所学的知识，对其他奖学金进行评定。

知识链接

1. 设立奖学金的意义

按照《×××× 大学奖学金管理办法》，特制定我校奖学金评比实施细则，各院系所在奖学金的评定中应遵照《×××× 大学奖学金管理办法》和本实施细则的规定进行操作，严格遵守公开、公平、公正的评奖原则，坚持品学兼优、全面发展的标准，使奖学金的评比真正达到鼓励先进、奖优促学的目的。

2. 奖学金的分类

中国政府奖学金按学生类别分为本科生奖学金、硕士研究生奖学金、博士研究生奖学金、汉语进修生奖学金、普通进修生奖学金和高级进修生奖学金。另外，按项目分为长城奖学金、优秀生奖学金、HSK 优胜者奖学金、外国汉语教师短期研修项目和中华文化研究项目等。

3. 某高等院校奖学金评定办法和要求

（1）奖学金每学期评定一次，评定后一次性发放，新生第一学期不享受奖学金。

（2）奖学金原则上以班为单位进行评定，在符合条件的申请者中按综合测评分由高到低择优评定，严格坚持标准，高等级名额不满时可在低等级中相应增加名额，同时，各系也可以根据实际情况，结合先进班集体的评比，适当调整各班的比例，但不得突破本系总名额。

（3）奖学金评定工作必须坚持“公平、公正、公开”的原则，坚决杜绝不够条件弄虚作假而获奖的现象。

（4）学生的综合测评分由操行成绩（20%）、学习成绩（70%）、奖励分（10%）组成。

操行成绩按学院的操行成绩实施办法执行。

学习成绩为本学期必修课和必选课的平均分。五级计分制课程按优（90 分）、良（80 分）、中（70 分）、及格（60 分）、不及格（50 分）换算，因学生自身原因导致的缓考课程按 60 分计算，且缓考课程达两门的不得评定奖学金，因公事经批准缓考的按实考科目计算学习成绩。

奖励分满分为 100 分，超过 100 分的按 100 分计算。具体按以下标准计算：

① 非英语专业达到国家英语四级合格标准、英语专业通过专业四级、艺术类专业通过国家英语应用能力考试后，每学期加 10 分；非英语专业达到国家英语六级合格标准、英语专业通过专业八级、艺术类专业达到国家英语四级合格标准后每学期加 20 分；英语专业达到国家

英语六级合格标准后每学期加 15 分；艺术类专业达到国家英语六级合格标准后每学期加 30 分。

② 学习竞赛、课外科技竞赛及公开发表学术论文加分标准，如表 19-1 所示。

表 19-1　学习竞赛、课外科技竞赛及公开发表学术论文加分标准

级别	竞　赛					学术论文（分 / 篇）	
	一等奖	二等奖	三等奖	其他奖	未获奖	发表	入选交流
国家级	50	40	30	15	5	30	10
省级	40	30	20	10	2	20	5
地厅级	25	15	10	5	1	10	3
院级	15	10	5	2	0	5	1
系级	8	5	2	0	0	0	0

注：学术论文加分须为第一作者或通信作者，同一项目获多项奖者不累加。

③ 体育竞赛加分标准如表 19-2 所示。

表 19-2　体育竞赛加分标准

级别	破纪录（另加）	第一名	第二名	第三名	第四名	第五名	第六名	第七名	第八名	未获奖
省（大区）级	5	25	20	15	12	10	8	7	6	4
地厅级	4	12	10	8	7	6	5	4	3	2
院级	3	8	6	4	3	2	1	0		
系级	2	5	3	2	1	0				

④ 文艺、作品及竞赛活动加分标准如表 19-3 所示。

表 19-3　文艺、作品及竞赛活动加分标准

<table>
<tr><th rowspan="2">奖项</th><th colspan="4">省级</th><th colspan="4">地厅级</th><th colspan="4">院级</th><th colspan="4">系级</th></tr>
<tr><th>一</th><th>二</th><th>三</th><th>其他</th><th>一</th><th>二</th><th>三</th><th>其他</th><th>一</th><th>二</th><th>三</th><th>其他</th><th>一</th><th>二</th><th>三</th><th>其他</th></tr>
<tr><td>文艺作品（节目）</td><td>20</td><td>15</td><td>10</td><td>5</td><td>15</td><td>12</td><td>10</td><td>6</td><td>10</td><td>8</td><td>6</td><td>3</td><td>6</td><td>4</td><td>2</td><td>1</td></tr>
<tr><td>文艺演出作品入选入展</td><td colspan="4">15</td><td colspan="4">10</td><td colspan="4">5</td><td colspan="4">2</td></tr>
<tr><td rowspan="2">发表宣传稿件（篇）</td><td colspan="4" rowspan="2">20</td><td colspan="2">报刊</td><td colspan="2">广播站</td><td colspan="2">报刊</td><td colspan="2">广播站</td><td colspan="4">报刊</td></tr>
<tr><td colspan="2">10</td><td colspan="2">5</td><td colspan="2">5</td><td colspan="2">2</td><td colspan="4">1</td></tr>
</table>

注：同一作品、项目（节目）获多项奖励，计分不累加。

（5）综合测评分相同的，学生干部优先；同为学生干部或学生的，学习成绩列前者优先。

4. 某高等院校奖学金评定程序

（1）每学期开学第一周，由学生本人向班主任递交奖学金申请表（获奖后进入个人档案），凡不在规定时间内递交申请表的一律视为弃权。

（2）各班在第二周内完成对奖学金申请表的核实，并将班级综合测评表及奖学金初评结果报各系。

（3）各系在第三周内对各班的上报材料进行复核，按规定评定出各等级奖学金，并将结果公示，三天后报学工部审批。

案例 20　Excel 数据分列

情境再现

情景：Excel 数据如何分列。

角色：小张，小刚。

故事：商场的经理发给小张一份商场的各销售人员在各地区销售家电的销售额，需要小张分别按日期、销售人员、地区、商品、销量、销售额分成若干数据列，以方便查看数据，小张坐在计算机前，看着两百多行的数据发愁，如果一个个数据去复制粘贴，今天通宵也做不完。小刚见此情形，笑着对小张说，其实这很简单，一会功夫就能弄好。

说 明

当 Excel 一个单元格数据过多、过长时，如何把这样的数据分成若干列？这就要用到 Excel“数据”选项卡中的“数据工具”选项组中的“数据分列”命令。

任务分解

小刚看到 Excel 数据（见图 20-1）后，单击 Excel“数据”选项卡中的“数据工具”选项组的“数据分列”按钮后，根据操作向导进行操作即可完成任务。

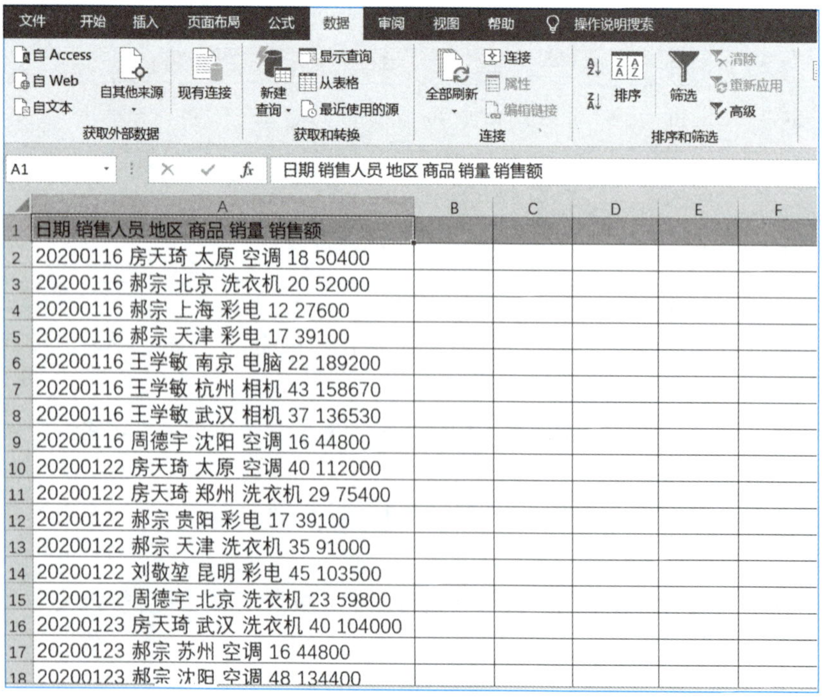

	A
1	日期 销售人员 地区 商品 销量 销售额
2	20200116 房天琦 太原 空调 18 50400
3	20200116 郝宗 北京 洗衣机 20 52000
4	20200116 郝宗 上海 彩电 12 27600
5	20200116 郝宗 天津 彩电 17 39100
6	20200116 王学敏 南京 电脑 22 189200
7	20200116 王学敏 杭州 相机 43 158670
8	20200116 王学敏 武汉 相机 37 136530
9	20200116 周德宇 沈阳 空调 16 44800
10	20200122 房天琦 太原 空调 40 112000
11	20200122 房天琦 郑州 洗衣机 29 75400
12	20200122 郝宗 贵阳 彩电 17 39100
13	20200122 郝宗 天津 洗衣机 35 91000
14	20200122 刘敬堃 昆明 彩电 45 103500
15	20200122 周德宇 北京 洗衣机 23 59800
16	20200123 房天琦 武汉 洗衣机 40 104000
17	20200123 郝宗 苏州 空调 16 44800
18	20200123 郝宗 沈阳 空调 48 134400

图 20-1　需要分列的数据

任务实现

（1）单击单元格 A1，按【Ctrl +Shift + ↓】组合键，选中全部需要数据分列的单元格。

（2）单击“数据”选项卡的“数据工具”选项组中的“分列”按钮（见图 20-2），选择“分隔符”选项，弹出图 20-3 所示的“文本分列向导”对话框。

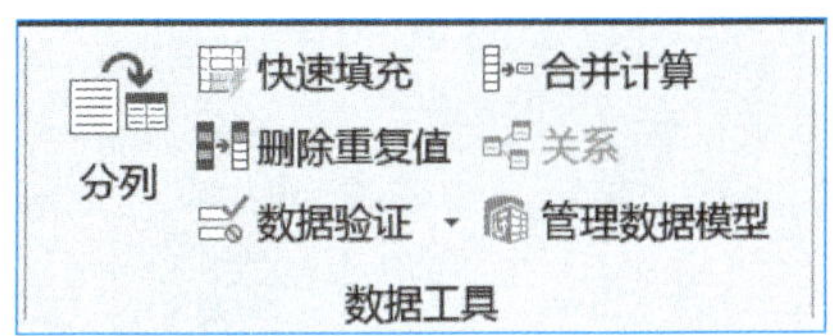

图 20-2 “数据”选项卡

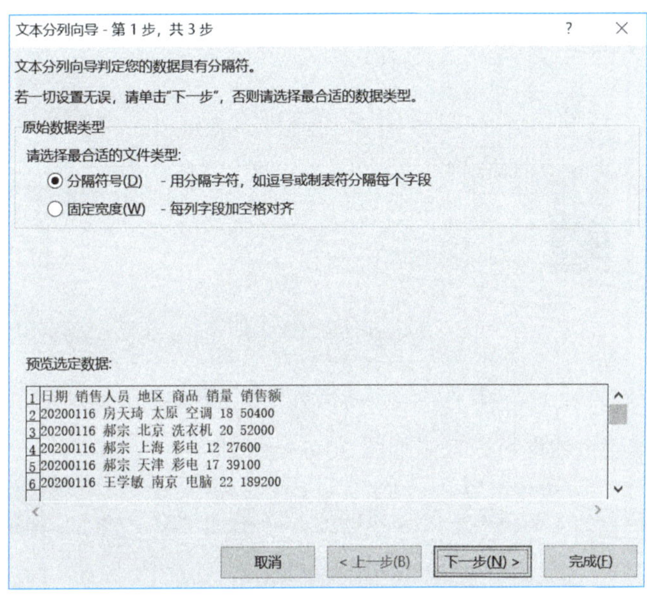

图 20-3 “文本分列向导”第一步

（3）保持默认设置，单击“下一步”按钮，选择“空格”复选框，如图 20-4 所示。

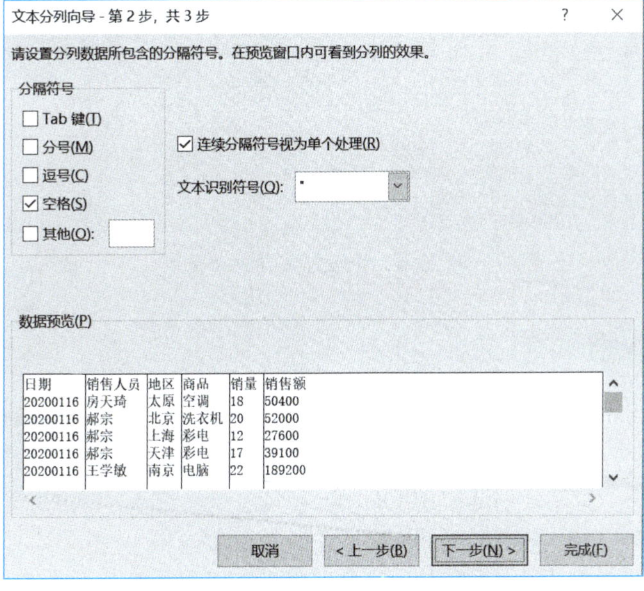

图 20-4 “文本分列向导”第二步

（4）单击“下一步”按钮，选择“数据预览”中的第一列，在“列数据格式”选项组中选择“日期”格式，在“目标区域”中选择 B1 单元格，B1 单元格采用绝对引用方式，如图 20-5 所示。

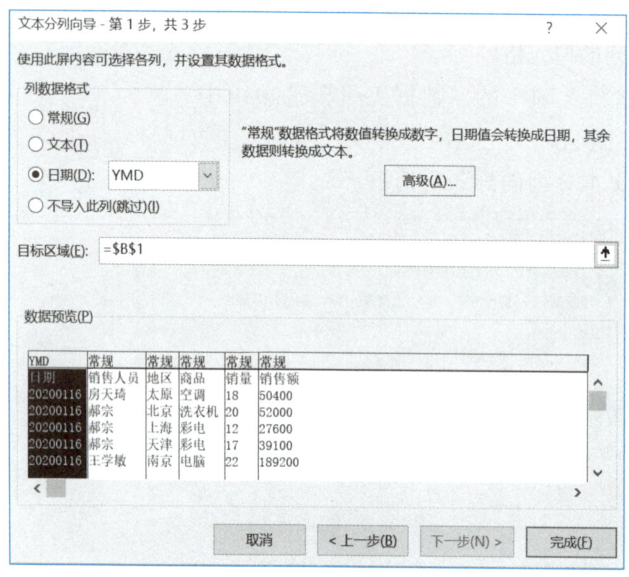

图 20-5 “文本分列向导”第三步

（5）单击“完成”按钮即可，效果如图 20-6 所示。

	A	B	C	D	E	F	G
1	日期 销售人员 地区 商品 销量 销售额	日期	销售人员	地区	商品	销量	销售额
2	20200116 房天琦 太原 空调 18 50400	2020/1/16	房天琦	太原	空调	18	50400
3	20200116 郝宗 北京 洗衣机 20 52000	2020/1/16	郝宗	北京	洗衣机	20	52000
4	20200116 郝宗 上海 彩电 12 27600	2020/1/16	郝宗	上海	彩电	12	27600
5	20200116 郝宗 天津 彩电 17 39100	2020/1/16	郝宗	天津	彩电	17	39100
6	20200116 王学敏 南京 电脑 22 189200	2020/1/16	王学敏	南京	电脑	22	189200
7	20200116 王学敏 杭州 相机 43 158670	2020/1/16	王学敏	杭州	相机	43	158670
8	20200116 王学敏 武汉 相机 37 136530	2020/1/16	王学敏	武汉	相机	37	136530
9	20200116 周德宇 沈阳 空调 16 44800	2020/1/16	周德宇	沈阳	空调	16	44800
10	20200122 房天琦 太原 空调 40 112000	2020/1/22	房天琦	太原	空调	40	112000
11	20200122 房天琦 郑州 洗衣机 29 75400	2020/1/22	房天琦	郑州	洗衣机	29	75400
12	20200122 郝宗 贵阳 彩电 17 39100	2020/1/22	郝宗	贵阳	彩电	17	39100
13	20200122 郝宗 天津 洗衣机 35 91000	2020/1/22	郝宗	天津	洗衣机	35	91000
14	20200122 刘敬堃 昆明 彩电 45 103500	2020/1/22	刘敬堃	昆明	彩电	45	103500
15	20200122 周德宇 北京 洗衣机 23 59800	2020/1/22	周德宇	北京	洗衣机	23	59800
16	20200123 房天琦 武汉 洗衣机 40 104000	2020/1/23	房天琦	武汉	洗衣机	40	104000
17	20200123 郝宗 苏州 空调 16 44800	2020/1/23	郝宗	苏州	空调	16	44800
18	20200123 郝宗 沈阳 空调 48 134400	2020/1/23	郝宗	沈阳	空调	48	134400

图 20-6 文本分列完成效果图

知识点小结

本案例中的 Excel 主要用到分列功能来制作。

1. 数据分列选项

Excel 2016 提供了数据分列选项。

2. 数据分列的分隔符号和数据分列的列格式

数据分列的分隔符号有【Tab】键、分号、逗号、空格、其他文本识别符号。数据分列的格式有常规、文本、日期。

拓展训练

请结合案例中所学的知识，把图 20-7 中的数据通过数据分列把日期和编号分列出来。

	A	B	C
1	产品型号	日期	编号
2	SZDM-20180501-0001		
3	SZDM-20180508-0002		
4	SFHDM-20180512-0001		
5	SZDM-20180603-0007		
6	SZDM-20180506-0012		
7	SZDM-20180618-0006		
8	SZDM-20180501-0001		
9	SZDM-20180508-0002		
10	SZDM-20180512-0001		
11	SZHDM-20180603-0007		
12	SZDM-20180506-0012		
13	DM-20180618-0006		
14	SZDM-20180501-0001		
15	SZDM-20180508-0002		
16	SZM-20180512-0001		
17	SZDM-20180603-0007		
18	SZDM-20180506-0012		

图 20-7　拓展训练

知识链接

数据分列，顾名思义，就是把 Excel 工作表中的数据按照一定的规则分成两列或两列以上。有两种方式：

（1）按照固定的宽度：在图 20-3 所示的“文本分列向导”的第一步选择“固定宽度”单选按钮，单击“下一步”按钮，在“文本分列向导”第二步的“数据预览”区域中单击指定列宽，单击“下一步”按钮，在“文本分列向导”第三步中保持默认设置，单击“完成”按钮。

（2）按分隔符分列：上面的案例即为按分隔符分列的样例。

分列有一个很有用的特殊用途，就是用来转换数据类型。当有一列文本方式存储的数据要转成数字格式，只要按以上任一方式，默认设置，分列就可以完成转换；而同样数字转文本时，只要在分列过程中修改数据类型“常规”为文本就可以了；日期型和文本转换在格式符合的情况下也可以完成；注意用分列做转换前先在后面添加一个辅助列，以免覆盖掉后面的数据。

第三部分　图像处理

计算机处理的图像是由扫描仪、摄像机等输入设备捕捉实际的画面产生的数字图像，是由像素点阵构成的位图。图像是一个矩阵，其元素代表空间中的一个点，称为像素（Pixel），每个像素的颜色和亮度用二进制数来表示，这种图像也称为位图。对于黑白图，用 1 位表示一个点的亮度，对于灰度图，常用 4 位（16 种灰度等级）或 8 位（256 种灰度等级）来表示某一个点的亮度，而彩色图像则有多种描述方法。分辨率和灰度是影响显示的主要参数。图像适用于表现含有大量细节（如明暗变化、场景复杂、轮廓色彩丰富）的对象，如照片、绘图等，通过图像软件可进行复杂图像的处理，以得到更清晰的图像或产生特殊效果。

图像处理是指按照不同图像的类型和应用需求，运用图像软件如 Photoshop 或 CorelDraw 等进行处理，以满足生活及商务办公需要的过程。

案例 21　照片处理

情境再现

随着生活水平的不断提高和交通的更加便利，人们外出游玩的机会也越来越多了，拍些好照片以供分享纪念也是出游必不可少的一个组成环节。但在很多情况下，由于摄影技术的欠缺和环境的影响，拍出来的照片往往不尽如人意，这时对照片的后期处理就显得非常重要了。

情景：宿舍夜话。

角色：郑洁、胡芸。

故事：郑洁和胡芸是某大学同一宿舍的好朋友，两个人经常一起出去玩。这不，明天是周末，晚上她俩正躺床上聊天琢磨着上哪去逛逛呢。

郑："芸，明天上哪去呢？"

胡："听说红谷滩那边有菊花展，去看看吧。"

郑："行啊，带上相机去，我这数码相机拍微距的效果还不错，正好明天可以去多照几张花。"

胡："又照相啊……"

郑："怎么了啊，你个大美女不是挺喜欢照相的吗？"

胡："照是可以照啊，只是……我又长痘痘了，照出来红红的，一脸都是怎么办啊？"

郑洁沉默了一会，忽然兴奋的好像想起来什么似的说："没关系！我认得计算机系几个帅哥，他们用过一个叫 Photoshop 的软件，可以对照片进行加工，我上次就看他们用过，你那几个小痘痘，就算照片里能看出来也可以处理的，肯定没问题！"

说　明

Photoshop是美国Adobe公司旗下最为出名的图像处理软件之一，是集图像扫描、编辑修改、图像制作、广告创意、图像输入与输出于一体的图形图像处理软件。

任务分解

郑洁和胡芸周末开开心心地逛了一圈回来，把照片复制到计算机里看了看，发现那几个小痘痘还真是有点惹人注意。郑洁马上给计算机系那几个帅哥打电话，想请他们帮忙，可是不巧他们也都出门去了。看着那些照片，胡芸不禁有点火大，干脆自己来处理一下好了。

挂了电话，胡芸先去下载了一个Photoshop软件，然后开始浏览网上的教程。她发现网上的这些教程大致都包括以下几个方面：

（1）图层的操作。

（2）滤镜的操作。

（3）图像的各类调整。

看了半天，胡芸找了一篇相对简单容易的教程，对着一步步操作起来。

任务实现

步骤一：制作背景图层。

打开Photoshop软件，打开素材图，可以看到模特脸上有较多斑点，如图21-1所示。

在图片上右击，在弹出的快捷菜单中选择“复制图层”命令，在图层窗口中将会出现两个图层，如图21-2所示。

图21-1　打开素材

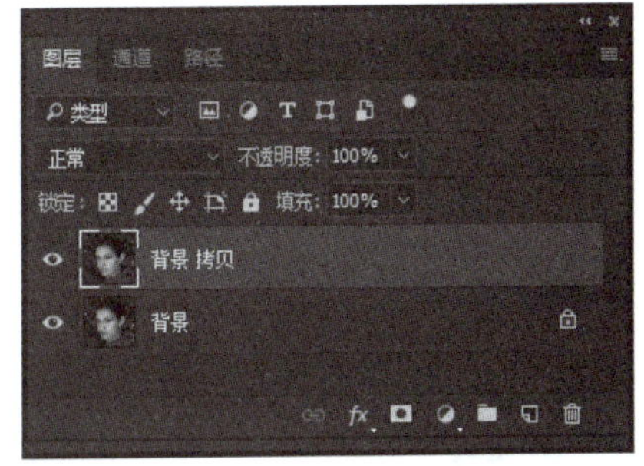

图21-2　复制图层

步骤二：调整色阶。

依次单击“图像”→“调整”→“色阶”按钮，在弹出的“色阶”对话框中将“输入色阶”的亮度改为“190”，如图21-3所示。

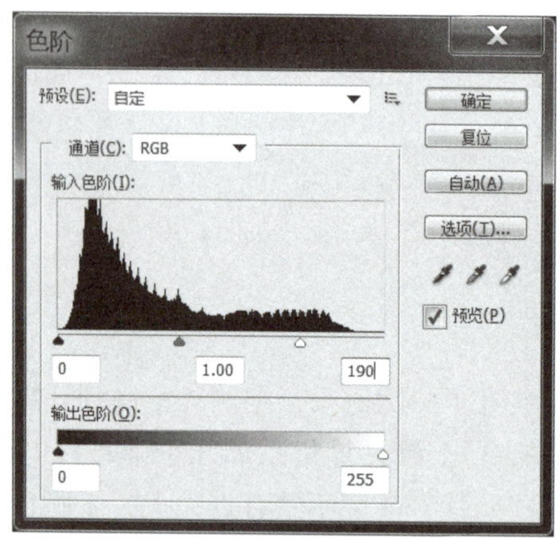

图 21-3 调整色阶

单击“确定”按钮之后，图像的亮度提高了，同时“窗口”的“直方图”的状态发生了变化，图中灰色部分为调整前的状态，亮色的部分较少。

说 明

直方图的横轴从左到右表示图片从黑（暗）到白（亮）的像素数量，纵轴就表示相应部分所占画面的面积。

步骤三：创建快照。

在历史记录面板中，创建快照，如图 21-4 所示。

步骤四：使用滤镜。

依次单击“滤镜”→“模糊”→“高斯模糊”按钮，拖动滑块，直到看不清脸上的斑点，如图 21-5 所示。

步骤五：使用历史记录画笔工具。

在“历史记录”面板中“高斯模糊”前单击，这个记录前就会有一个历史记录画笔的标记。再在“快照 1”上单击，图片返回到使用高斯模糊处理前的状态，如图 21-6 所示。

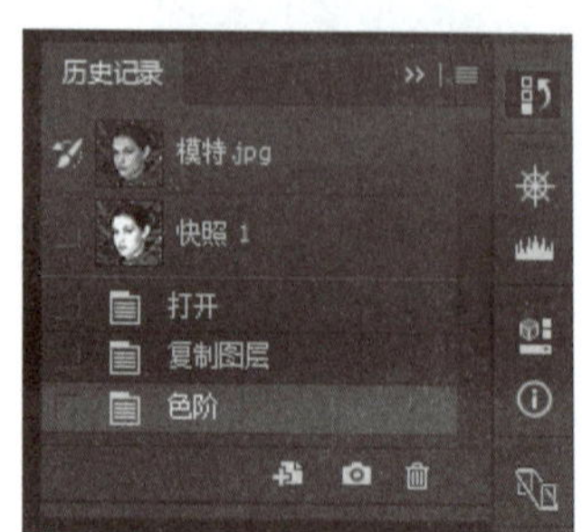

图 21-4 创建快照

图 21-5 使用滤镜

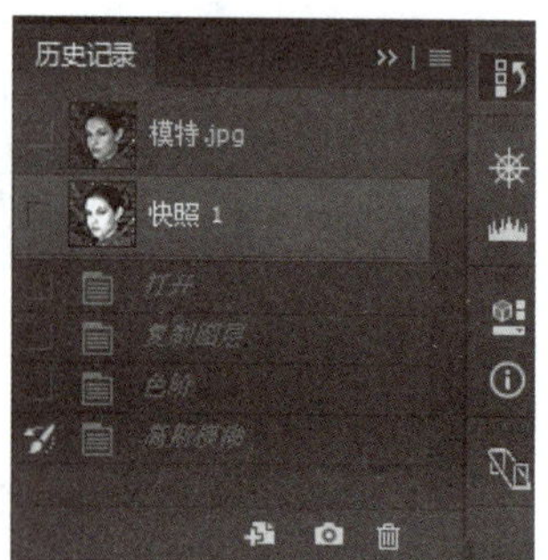

图 21-6 选择历史记录

用历史记录画笔工具在图像上需要进行模糊处理的地方涂抹，消除斑点，得到图 21-7 所示的效果。

步骤六：拼合图像。

最后，对图像调整颜色、亮度和对比度等，依次单击“图层”→“拼合图像”按钮，再单击“滤镜”→“锐化”→“锐化”按钮，这张照片就基本处理完毕了。图 21-8 给出了处理前后的对比。

图 21-7　历史记录画笔工具

图 21-8　前后对比

知识点小结

Photoshop 是一个功能强大的图形处理软件，不仅适用于专业的设计领域，也被普通计算机用户所广泛使用。用 Photoshop 来处理人像中的斑点只是一个微不足道的应用，在该例中用到了图层、色阶、快照和滤镜。

1. 图层

图层就像是印有不同文字或图形的透明胶片，一张张叠放起来构成页面。图层可以复制、隐藏和删除，不同图层也可以合并。

2. 色阶

色阶表示图像亮度的强弱，取值范围为 0（最暗，黑色）~255（最亮，白色），中间部分是不同深浅的灰色。“色阶”直方图用作调整图像基本色调的直观参考。

3. 快照

快照记录图像历史记录调板中的某一个特定状态，可以创建图像在某状态所有图层的快照，快照中可以包含图像中的图层、路径、通道等多种信息。

4. 滤镜

类似于人们在摄影时，会在照相机前加挂各种各样的“镜头”以取得特殊的效果。在 Photoshop 中，滤镜主要是用来实现图像的各种特殊效果，分为内阙滤镜、内置滤镜和外挂滤镜，有些滤镜效果可能占用大量内存。

拓展训练

请结合案例上所学的知识，修饰、美化自己的照片。

知识链接

1. 关于像素图

像素图（也称为点阵图、位图）由像素点构成，最小单位是一个像素，若干个点排列成图案。如显示器的分辨率，1 024 × 768 就表示水平像素为 1 024 个，垂直像素为 768 个，像素越多，图像显示就越清晰。像素图也是同样的道理，但若把像素图放大到一定的比例时便可以看到构成图像的颗粒，放大倍数越高，图像会变得更模糊。

制作像素图的工具包括 Adobe 公司的 Photoshop、Microsoft 公司的 Windows 操作系统中的画图，Macromedia 公司（已被 Adobe 收购）的 Fireworks 等。

2. 关于照片处理

1）素材准备

现在常见的照片素材主要来自两方面:已冲印好的照片和数码照片。对于已冲印好的照片，需要通过扫描仪扫描输入计算机，在扫描时需注意选择分辨率和色彩模式等。对于数码照片，现在使用的数码相机的照片格式主要为 TIFF 和 JPG 两种，TIFF 格式体积较大，用 500 万像素相机拍出的 TIFF 格式照片有将近 10 MB，但保留了更多的细节，图像还原效果好，印刷质量比较高；JPG 格式是通用性最强的一种压缩格式，在视觉效果没有太大损失的情况下照片的体积可以缩减至前者的 1/20。使用 JPG 格式可以大量节省空间，但在后期处理时转为 TIFF 格式是无法提升照片品质的。

2）摄影准备

要想得到好的照片效果，首先在拍摄时就要尽力做到完美，在构图、曝光、角度、光圈、焦距等方面做好工作，不要马虎省事。在拍摄时推荐以下两个原则：

（1）宁欠误过。宁可曝光不足，保留高光细节，再通过后期增加曝光补偿。

（2）较小的对比度和锐度。这两个参数后期要增加比较容易，但要减少就非常困难了。

3）心理准备

后期制作只能对照片不足处进行弥补，不能从根本上改变照片的品质，一张照片的效果在按下快门的时候就已经决定了，不要对后期处理予以过高的期望。

4）过程准备

照片处理其实是一件非常费时费力的工作。Photoshop 在照片处理上是一个非常强大的软件，常见的工具包括亮度、色温、对比度、伽马值、锐度、色彩饱和度等，还可以使用各种滤镜的插件，针对不同的照片素材选择合适的工具和操作流程来达到满意的效果，如老旧照片翻新、去除相机的时间、去红眼、换背景等。

5）印刷准备

目前市场上打印照片主要是通过普通的喷墨打印机使用专用的照片纸进行打印，打印效果一般，画面生硬。

另外一种打印方式就是到专业相片冲晒店外冲。在冲印过程中，工作人员会帮助修正照片亮度、对比度以及曝光等不足，对比例不正确的图片也会进行裁切。

案例 22　QQ 表情的制作

情境再现

周末清晨，丁浩从睡梦中醒来，打开窗帘，一缕温暖的阳光洒在自己的身上，抬头看见外面蔚蓝的天空，清澈透明，整个人顿时神清气爽，所有的烦恼都抛之脑后。

好久没有和高中同学联系，心情大好的丁浩打开 QQ，进入自己的高中 QQ 群，“咦！今天的人还蛮多的嘛！”丁浩迫不及待地和高中好友侃大山，经过不懈的努力，丁浩吸引了大多数同学的关注，满足感油然而生。这时，唐劫在 QQ 群上发了一个表情，其他同学都表示没见过这个表情，问唐劫这个表情在哪里下载的，唐劫微微一笑，表示这个表情是自己做！大家一阵惊呼：“唐劫，你太帅了！快教教我怎么做 QQ 表情！”就这样，丁浩的关注度一下降为了 0，挫败感占据了丁浩的内心。

“我也要做出一个 QQ 表情来！”丁浩不由自主地呐喊。

任务分解

下线之后，丁浩在百度上查找如何制作 QQ 表情，发现有很多软件可以制作 QQ 表情。丁浩突然发现 Photoshop 可以制作 QQ 表情，这个软件是丁浩比较熟悉的软件。“我以前怎么没有发现 Photoshop 有这个功能啊！”丁浩心里非常懊恼。

丁浩看了一下网上所给出的示范案例，发现制作 QQ 表情在自己能力范围之内，所以丁浩决定利用图像处理软件 Photoshop 来制作一个属于自己的 QQ 表情，制作这次案例的大致步骤如下：

（1）利用 Photoshop 的抠图功能，从一个素材中抠出自己想要的图形。

（2）利用抠图素材和 Photoshop 绘图功能，制作出 QQ 表情的原始图形。

（3）利用 Photoshop 的动画功能来实现 QQ 表情的动画效果。

说明

“抠图”是图像处理中最常用的操作之一，将图像中需要的部分从画面中精确地提取出来，我们就称为抠图，抠图是后续图像处理的重要基础。

任务实现

步骤一：抠图。

（1）打开 Photoshop 软件，按【Ctrl+N】组合键新建文档，取文档名为“QQ 表情”，宽、高均为“3 厘米”，分辨率为“72”，颜色模式为“RGB 颜色”，如图 22-1 所示。

（2）单击“文件”→“打开”，找到“素材 2”文件，双击导入素材，如图 22-2 所示。

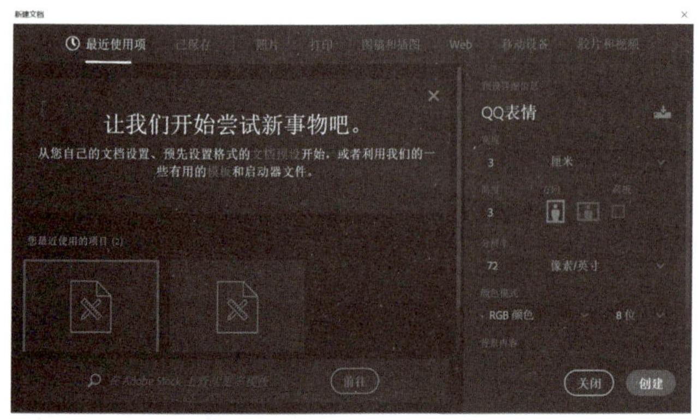

图 22-1　新建一个 QQ 文档

图 22-2　导入素材

（3）选取工具栏中的“钢笔”工具，屏幕左上方“编辑”菜单下面有三个选项，选择中间的“路径”选项，勾绘出人物轮廓，如图 22-3 所示。

（4）勾绘出人物轮廓后，使用【Ctrl+Shift+Enter】组合键可把路径转为轮廓的套索，如图 22-4 所示。

图 22-3　勾绘出人物轮廓

图 22-4　将路径变成选区

（5）选取工具栏中的“移动”工具 ，把“素材 2”中的人物拖动到“QQ 表情”文档中，如图 22-5 所示。

（6）单击“编辑”→“自由变换”（组合键为【Ctrl+T】），将鼠标指针放到右上角的方块上，当鼠标指针变成箭头后按住鼠标左键，再按住【Shift】键进行等比例缩小，如图 22-6 所示。

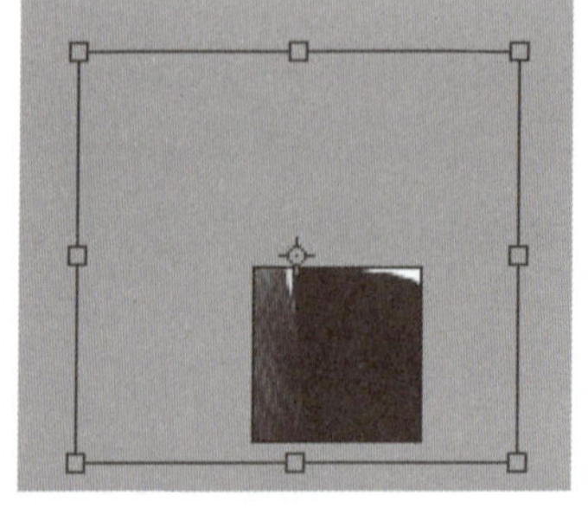

图 22-5　将人物素材导入文档中

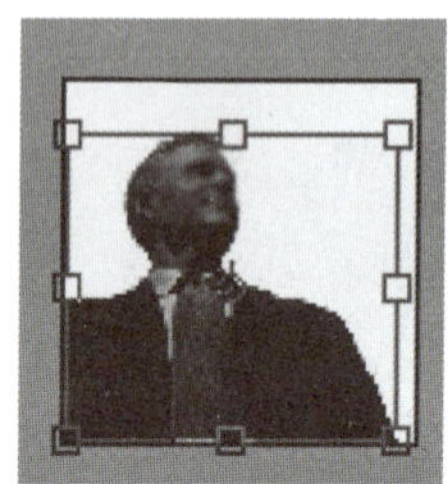

图 22-6　将人物素材进行自由变换

提示：在自由变换区域内，鼠标指针变成黑色时即可拖动位置。

（7）完成后在自由变换区域内双击，完成变换，如图 22-7 所示。

图 22-7 变换完成效果

步骤二： 制作 QQ 表情原始图形。

（1）在图层窗口的最下面的[图标栏]图标中，单击“新建图层”图标[图标]，新建图层，给该图层命名为“背景 1”，如图 22-8 所示。

（2）使用“路径笔”工具以人物的头部为中心，描绘发散式图形，如图 22-9 所示。

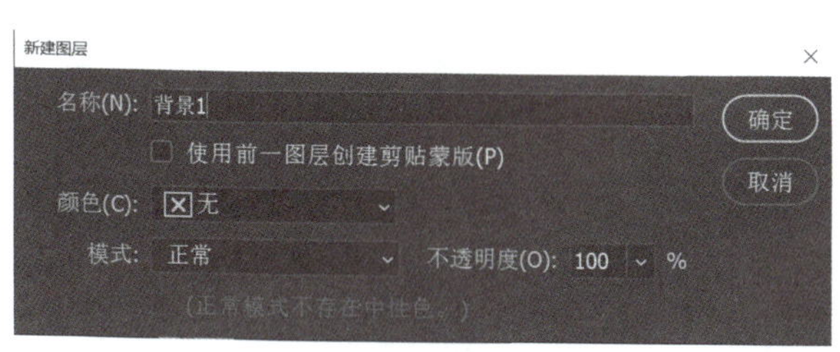

图 22-8 新建背景 1 图层

图 22-9 绘制发散式图形

（3）使用【Ctrl+Shift+Enter】组合键把路径转为轮廓的套索。然后，单击黑色色块即前景色[图标]，将前景色变为红色[图标]，单击“编辑”→“填充”→“前景色”按钮，效果如图 22-10 所示。

图 22-10 给图形填充

说 明

在填充颜色后，图形的模式是选区模……【Ctrl+D】组合键取消选区模式。

（4）拖动“背景 1”图层到“图层……在鼠标左键直接拖动即可），如图 22-11 所示。拖动后文档中的视图效果如图 22-……

（5）将背景色变为黄色，新建“图层 1”，将鼠标指针放到“背景 1”图层上，按住【Ctrl】键，单击“背景 1”图层，文档中会出现套索轮廓，选择“图层 2”，单击“选择”→“反选”按钮，再单击“编辑”→“填充”→“背景色”按钮，按【Ctrl+D】组合键，取消圈选，效果如图 22-13 所示。

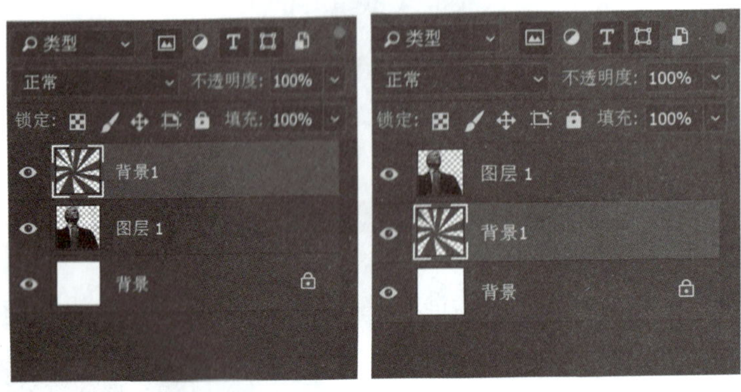

图 22-11　拖动前后的图层位置

图 22-12　文档的视图效果

图 22-13　文档的视图效果

（6）现…图层窗口的效果如图 22-14 所示。

（7）下面…“背景 2”和“图层 2”进行复制，得到的效果如图 22-15 所示。

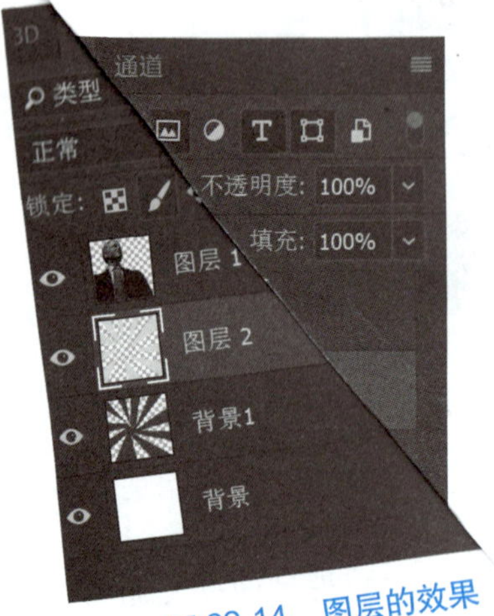

图 22-14　图层的效果

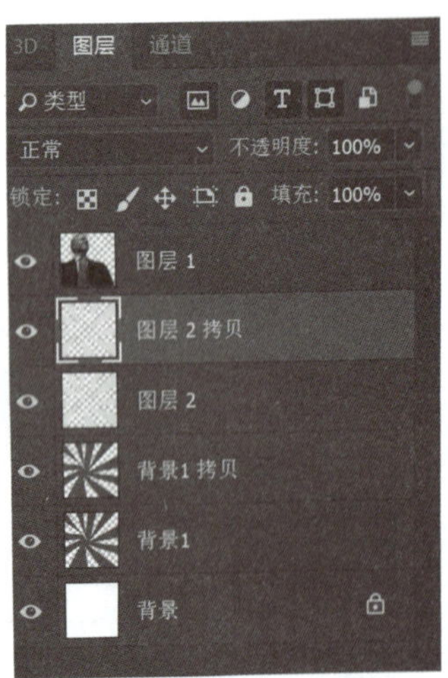

图 22-15　复制后的图层效果

说　明

在复制图层时，选择复制的图层拖动到“新建图层”图标上进行复制。

（8）选择“图层 2 副本”，单击图层窗口上“锁定”功能的“锁定透明像素”图标，单击“编辑”→“填充”→“前景色”按钮。

再选择“背景 1 副本”（单击图层即可），同上方法，把颜色变成黄色。变换颜色完成后图层如图 22-16 所示。

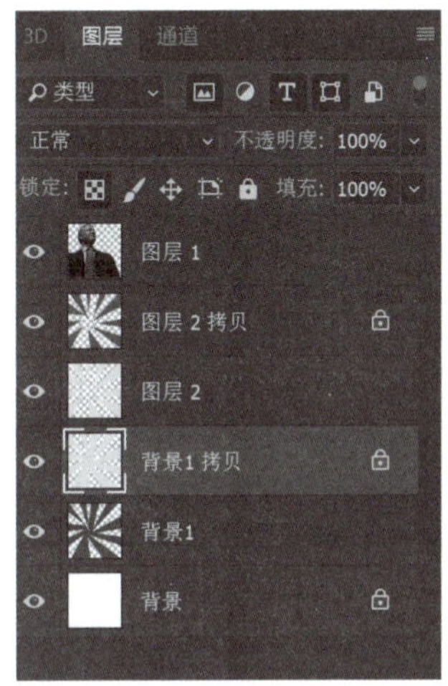

图 22-16　变换颜色之后的图层效果

步骤三：动画制作。

（1）单击“窗口”→“时间轴”按钮，此时出现动画工具栏。

（2）单击时间轴工具栏中的“新建”图标按钮，新建一个动画帧。

（3）单击图层窗口中“图层 2 副本”和“背景 1 副本”前的眼睛，隐藏这两个图层。

（4）单击动画工具栏中的“0 秒”调整帧过渡时间，均调整为“0.5 秒”。

（5）把该图片转为 GIF 格式，步骤为：单击“文件”→“将优化结果存储为”按钮，在弹出的“将优化结果存储为”对话框中进行设置。

知识点小结

本案例中的 QQ 表情制作主要用到 Photoshop 中的图层设置、钢笔工具、动画设计等。

（1）钢笔工具属于矢量绘图工具，其优点是可以勾画平滑的曲线，在缩放或者变形之后仍能保持平滑效果，钢笔工具画出来的矢量图形称为路径，路径是矢量的路径，允许是不封闭的开放状，如果把起点与终点重合绘制就可以得到封闭的路径。

（2）动画面板是 Photoshop 中的一个单独的面板，主要是用来制作 GIF 格式的图像，GIF 的一个突出的特点就是可以制作动画，我们网上常见的小动画大多是 GIF 格式的，也称为逐帧动画，就是由几张图合在一起的图片（也有是单帧的），在旧版本中是没有这个功能的，那时候是由 IR 来提供支持的，后来 Adobe 公司把这个功能整合到 Photoshop 里面，作为一个单独的动画面板存在。

拓展训练

请结合案例上所学的知识，设计并制作一个专属 QQ 表情。

知识链接

1. 动画的定义

动画的概念不同于一般意义上的动画片，动画是一种综合艺术，它是集合了绘画、漫画、电影、数字媒体、摄影、音乐、文学等众多艺术门类于一身的艺术表现形式。最早发源于 19 世纪上半叶的英国，兴盛于美国，中国动画起源于 20 世纪 20 年代。动画是一门年轻的艺术，它是唯一有确定诞生日期的一门艺术，1892 年 10 月 28 日，埃米尔 · 雷诺首次在巴黎著名的葛莱凡蜡像馆向观众放映光学影戏，标志着动画的正式诞生，同时，埃米尔·雷诺也被誉为“动画之父”。动画艺术经过了 100 多年的发展，已经有了较为完善的理论体系和产业体系，并以其独特的艺术魅力深受人们的喜爱。

动画技术较规范的定义是：逐帧拍摄对象并连续播放而形成运动的影像技术。不论拍摄对象是什么，只要它的拍摄方式是逐帧方式，观看时连续播放形成了活动影像，它就是动画。

2. 动画的原理

动画是通过把人物的表情、动作、变化等分解后画成许多动作瞬间的画幅，再用摄影机连续拍摄成一系列画面，形成视觉上连续变化的图画。它的基本原理与电影、电视一样，都是视觉暂留原理。医学证明人类具有“视觉暂留”的特性，人的眼睛看到一幅画或一个物体后，在 0.34 秒内不会消失。利用这一原理，在一幅画还没有消失前播放下一幅画，就会给人造成一种流畅的视觉变化效果。

3. 动画分类

按工艺技术分为平面手绘动画、立体拍摄动画、虚拟生成动画、真人结合动画。

按传播媒介分为影院动画、电视动画、广告动画、科教动画。

按动画性质分为商业动画、实验动画。

4. 制作步骤

动画制作是一项非常烦琐的工作，分工极为细致。通常分为前期制作、中期制作、后期制作。前期制作又包括了企划、作品设定、资金募集等；中期制作包括了分镜、原画、中间画、动画、上色、背景作画、摄影、配音、录音等；后期制作包括剪接、特效、字幕、合成、试映等。

1）前期制作

剧本：动画片的剧本与电视、电影的有很大不同。动画片剧本中应尽量避免复杂的对话，侧重用画面动作讲故事，最好的动画是通过滑稽的动作取胜。

故事板：导演根据文字剧本绘制出类似连环画的草图，将剧本描述的动作表现出来。故事板在绘制草图的同时，动作、台词、时间、摄影指示、画面连接等都要有相应的说明。一般 30 分钟的动画剧本，要绘制约 800 幅的图画故事板。

摄制表：导演编制的整个影片制作的进度规划表，以指导动画创作集体各方人员统一协调地工作。

2）中期制作

设计：包括角色设计、场景设计、道具设计和镜头画面设计等，设计应按照严格的标准进行，以便下一制作环节的工作人员参考。

音响：动画片的动作必须与音乐相互匹配，所以音响录音制作与动画制作同时进行。录音完成后，把声音精确地对应到每一幅画面位置上，供动画人员参考。

3）后期制作

剪辑：动画片和电影一样需要剪辑，但剪辑相对较简单，将逐个镜头按顺序结合在一起，适当删减没用的部分，在各镜头结合处编辑结合方法后即可。

合成：将画面和声音对位后输出影片。

5. 制作软件

Autodesk Maya 是美国 Autodesk 公司出品的世界顶级的三维动画软件，应用对象是专业的影视广告、角色动画、电影特技等。Maya 功能完善，工作灵活，易学易用，制作效率极高，渲染真实感极强，是电影级别的高端制作软件。

3D Studio Max 简称 3DS Max 或 MAX，是 Discreet 公司开发的（后与 Autodesk 公司合并），与 Maya 软件性质相同。在应用范围方面，广泛应用于广告、影视、工业设计、建筑设计、三维动画、多媒体制作、游戏、辅助教学以及工程可视化等领域。

Flash 是 1999 年 6 月推出的网页动画设计软件。它是一种交互式动画设计工具，可以将音乐、声效、动画以及富有新意的界面融合在一起，以制作出高品质的网页动态效果。各种脚本语言可满足网页设计的多样化。

Adobe Photoshop 简称 PS，是一个由 Adobe Systems 开发和发行的图像处理软件。Photoshop 主要处理以像素构成的数字图像。使用其众多的编修与绘图工具，可以更有效地进行图片编辑工作。PS 有强大的功能，涉及各个图像制作领域。

6. 动画的职业分类

1）主导职业

在主导职业中，动画人才具有非常广阔的用武之地。主导职业就职机构包括大学专业教师、国有动画制片公司、专业动画责任公司以及科学教育机构的动画部门等。这些专业机构责任分工明确，技术分工科学有序。

管理机制：制片人、策划人、总导演、导演助理等。

创作团队：艺术总监、编剧、导演、造型设计、动画设计等。

制作团队：背景绘制、中间画绘制、模型制作、动画师、描线上色人员、拍摄师、雕刻师、制景人员、扫描人员、合成师等。

2）相关职业

动画的相关职业包括影视特效、广告制作、教学课件制作、产品宣传、知识传播等，这些职业的特点是知识背景无限制，个人素质更综合，并具有辅助性质，动画用来实现其他目标。

3）自由职业

自由职业包括个体户、小团队工作室或多功能实验室，这种职业的主体通常是个性鲜明的动画艺术创作狂人。他们有很好的知识背景，想法多、能力强、个人资源丰厚。自由职业者崇尚技术对资源的处理，他们的梦想是获得职业上的成功。当下，我国动画自由职业者通常是动画专业的优秀毕业生。

案例 23　奥林匹克标志的制作

情境再现

第 32 届夏季奥林匹克运动会已于 2016 年 8 月 5 日至 20 日在巴西里约热内卢举行。里约热内卢成为奥运史上首个主办奥运会的南美洲城市，同时也是首个主办奥运会的葡萄牙语城市；此外，这次夏季奥运会也是巴西继 2014 年世界杯后又一重大体育盛事。

李明所在公司为了更好地宣传本次奥运盛会，准备制作一系列宣传画册，而经理给李明的任务是制作一个在蓝天上飘动的奥林匹克标志。

任务分解

离开经理办公室，李明在百度上查阅与奥林匹克标志有关的一些资料，奥林匹克标志是由五个奥林匹克环套接组成的，有蓝、黄、黑、绿、红五种颜色。环从左到右互相套接，上面是蓝、黑、红环，下面是黄、绿环。整个造形为一个底部小的规则梯形。

李明结合自己在公司工作半年的经验和以前学习过的知识，决定利用图形处理软件 Photoshop 来制作在蓝天上飘动的奥林匹克标志，制作的大致步骤如下：

（1）利用素材制作一个蓝天的背景。

（2）在蓝天背景上，利用 Photoshop 的图层功能制作奥林匹克标志。

（3）合并背景和奥林匹克标志，利用 Photoshop 的滤镜功能渲染出飘动的效果。

说明

奥林匹克运动会简称“奥运会”，是国际奥林匹克委员会主办的世界规模最大的综合性运动会，每四年一届，会期不超过 16 日，分为夏季奥运会、冬季奥运会、夏季残疾人奥运会、冬季残疾人奥运会、夏季青年奥运会和冬季青年奥运会。

说明

奥林匹克标志是由皮埃尔·德·顾拜旦先生于 1913 年构思设计的，是由《奥林匹克宪章》确定的，也被称为奥运五环标志，它是世界范围内最为人们广泛认知的奥林匹克运动会标志。

任务实现

步骤一：制作一个蓝天的背景。

（1）打开 Photoshop 软件，并导入蓝天图像的素材，如图 23-1 所示。

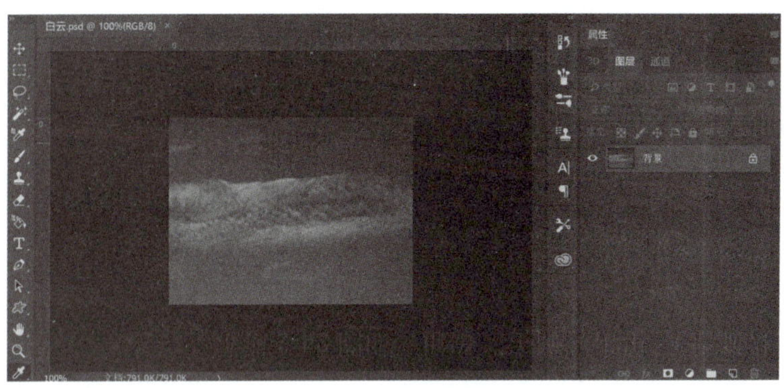

图 23-1　打开蓝天素材

（2）新建一个图层，为新图层命名为“旗帜”，如图 23-2 所示。

（3）使用矩形工具在该图层中绘制一个矩形，如图 23-3 所示。

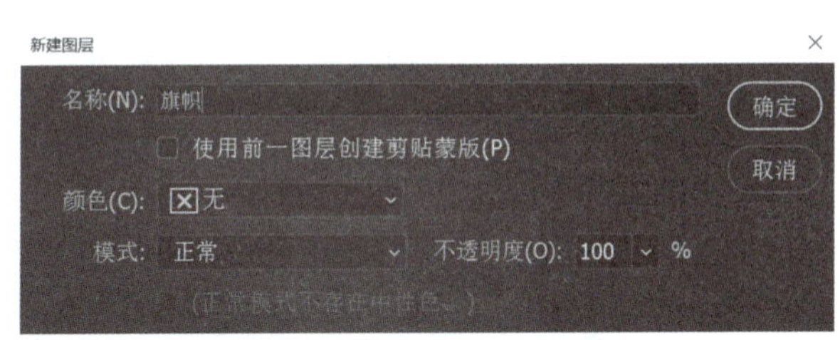

图 23-2　新建“旗帜”图层

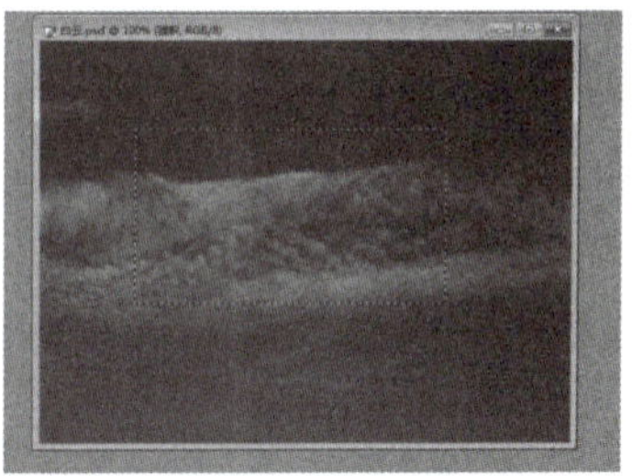

图 23-3　绘制矩形

（4）将图层前景色设置为白色，如图 23-4 所示。

（5）将矩形区域变成前景颜色（按【Ctrl+Delete】组合键），如图 23-5 所示。

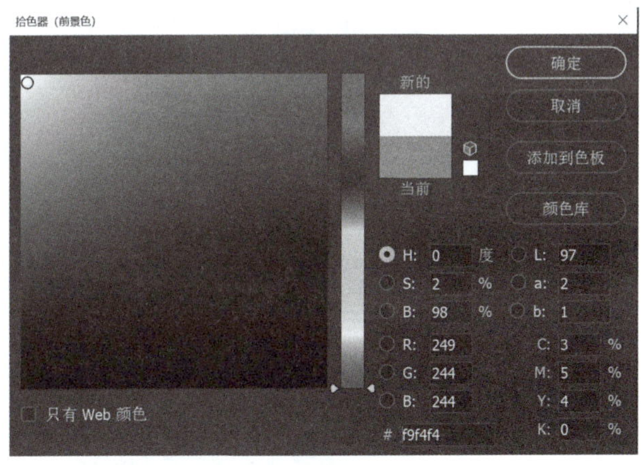

图 23-4　设置前景颜色

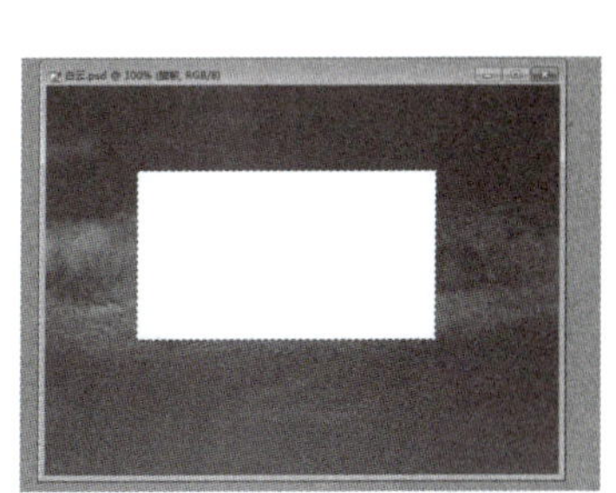

图 23-5　将矩形变成前景颜色

步骤二：制作奥林匹克标志。

（1）新建一个图层，名称为“蓝环”，选择“椭圆形”工具，按住【Shift+Alt】组合键不放，绘制一个圆形，如图 23-6 所示。

（2）现在的图层应该有三个，顺序如图 23-7 所示。

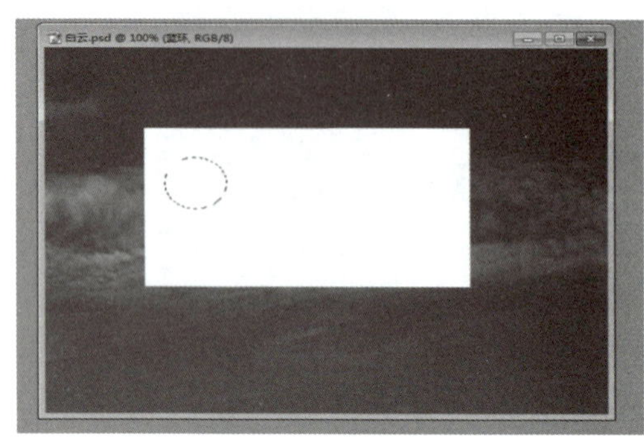

图 23-6 绘制一个圆形

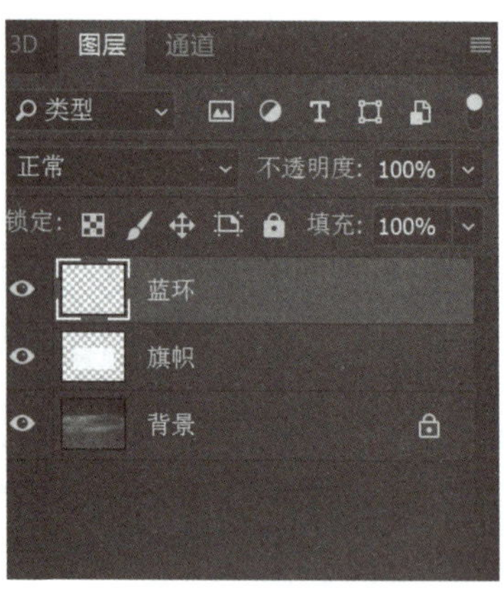

图 23-7 图层的顺序

（3）设置前景颜色为蓝色，选择视图中绘制的圆形右击，选取描边，描边宽度设置为“4像素”，如图 23-8 所示。

（4）视图中绘制的圆形变成了一个蓝色的圆环，按【Ctrl+D】组合键确定效果，如图 23-9 所示。

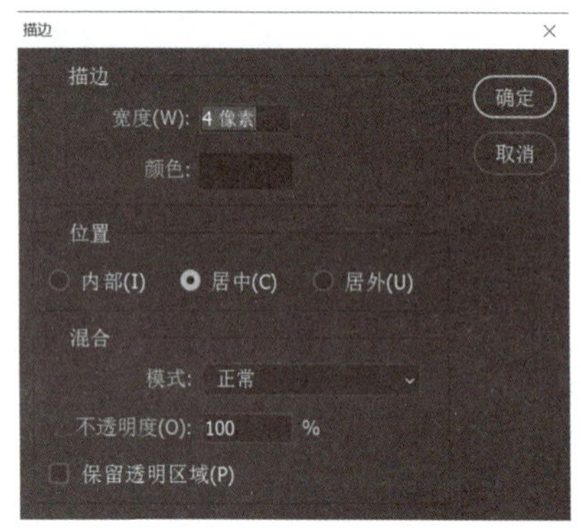

图 23-8 描边

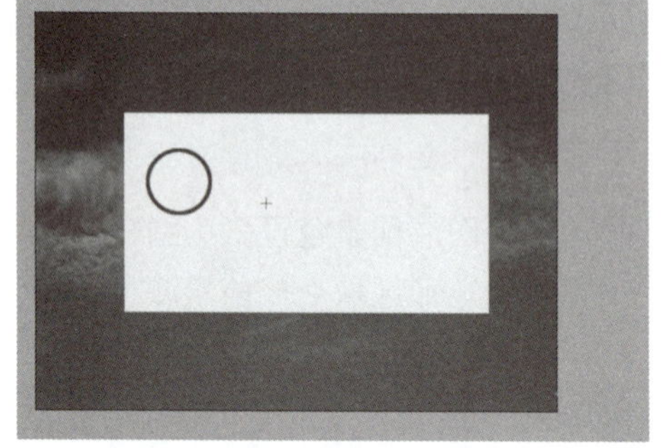

图 23-9 确定蓝环效果

（5）再新建一个图层，命名成“黄环”，方法同上，效果如图 23-10 所示。

（6）复制“黄环”图层，将“黄环拷贝”放在“蓝环”图层下面，效果如图 23-11 所示。

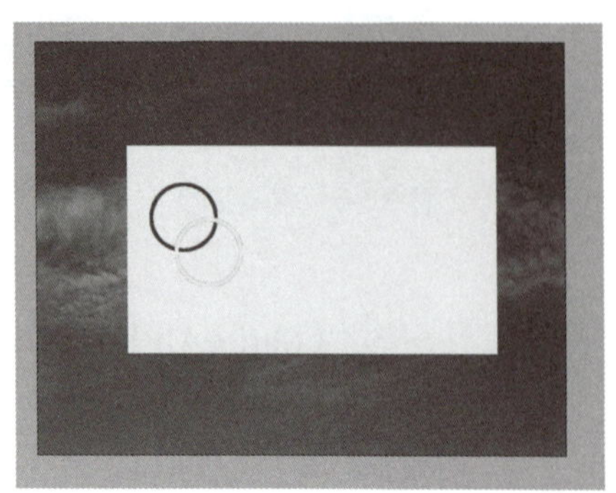

图 23-10 黄环的效果

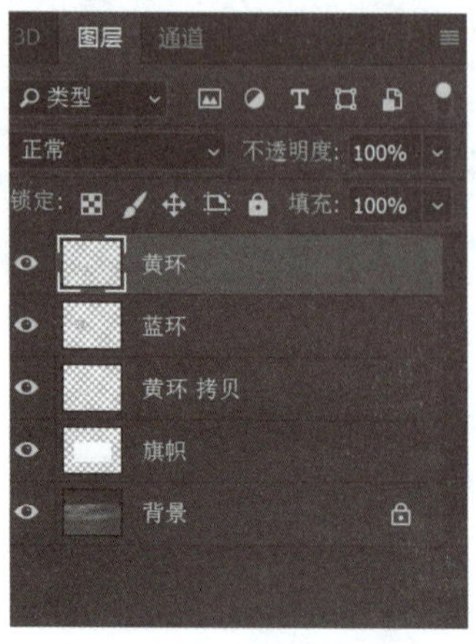

图 23-11 图层的效果

（7）选中“黄环”图层，用“橡皮擦”工具擦掉黄环和蓝环交叉的一处，得到两个环交叉的效果如图 23-12 所示。

说明

在使用橡皮擦功能时，一定要在图层选区中选择“黄环”图层，不要选择“黄环拷贝”图层。

（8）按照上述做法绘制其他颜色的圆环，如图 23-13 所示。

（9）现在的图层顺序如图 23-14 所示。

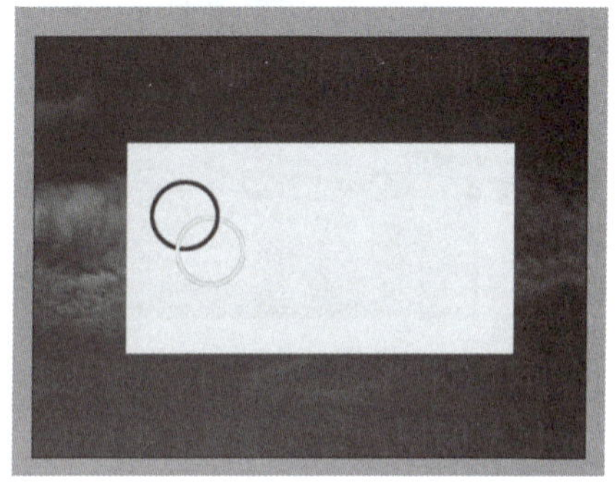

图 23-12 黄环和蓝环的交叉效果

图 23-13 五环交叉的效果

步骤三：调整图层、合并、渲染。

（1）选择“红环”，按【Shift】键同时选择“黄环拷贝”，即可选择所有圆环图层，如图 23-15 所示。

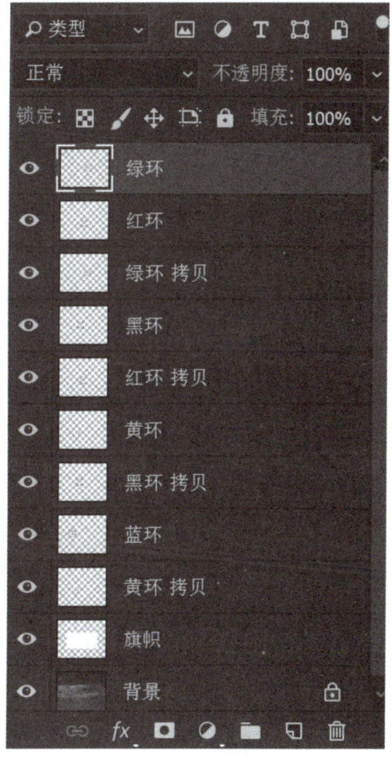

图 23-14 图层的顺序

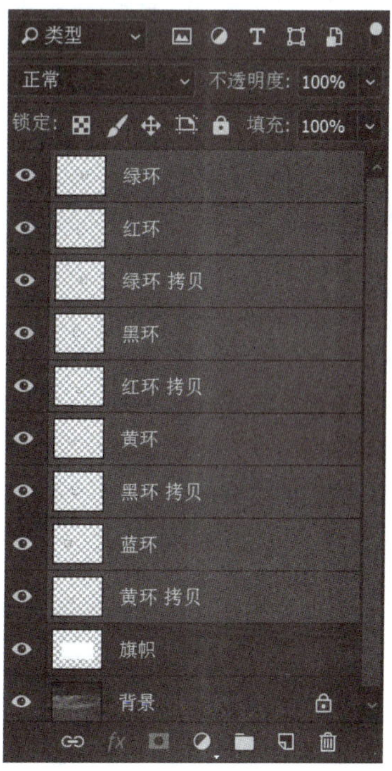

图 23-15 选择所有圆环图层

说明

在合并圆环时，切记不要选择下面的“旗帜”图层。

（2）单击图层右上角的三角按钮，选择“合并图层”，如图 23-16 所示。

（3）在视图中移动合并后的圆环，使得环和后面的背景位置合适，然后再合并“绿环”和“旗帜”，如图 23-17 所示。

图 23-16 合并后的图层

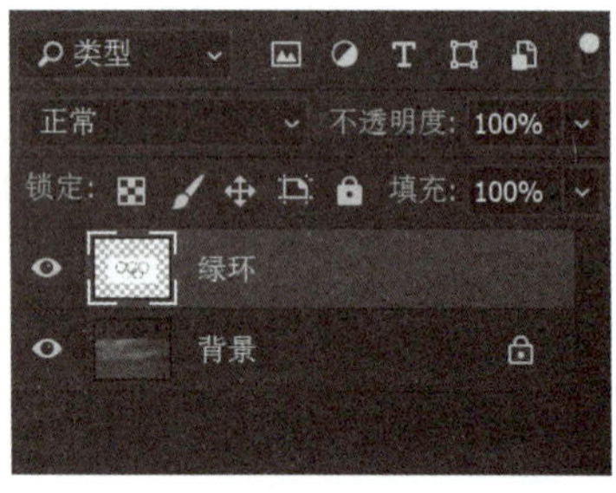

图 23-17 图层的最终效果

（4）做波浪效果，单击菜单栏上的“滤镜”→“扭曲”→“波浪”按钮，在弹出的“波浪”对话框中进行参数的调整，如图 23-18 所示。

（5）把不透明度改为 30%，完成效果如图 23-19 所示。

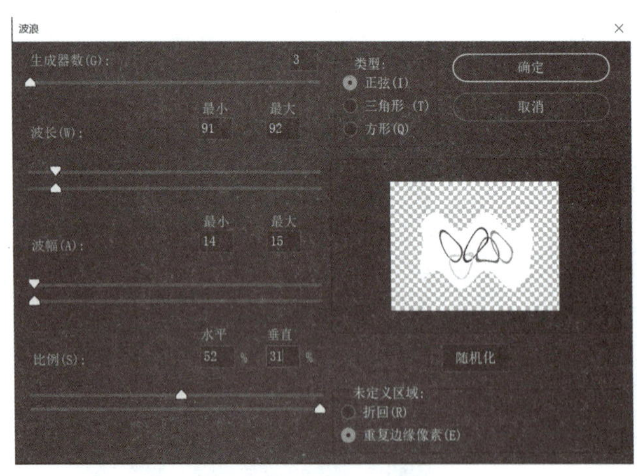

图 23-18 渲染的效果参数

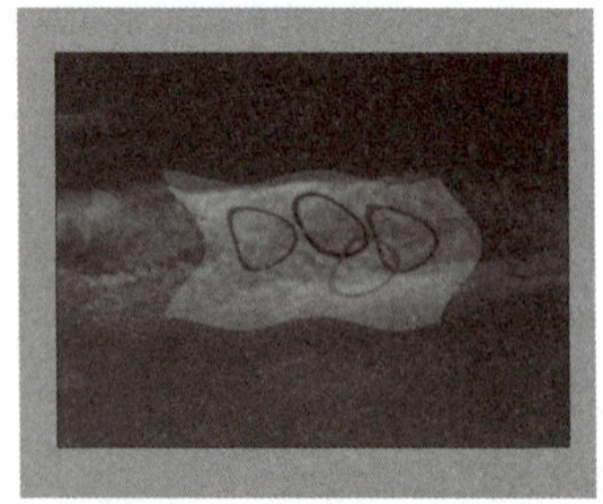

图 23-19 最终的效果图

知识点小结

本案例中的奥林匹克标志制作主要用到 Photoshop 中的图层设置、绘图工具、滤镜、颜色设置、橡皮擦等功能。

（1）Photoshop 中提供的图层功能，可自由地设置图片的位置，这样可以通过设置图层的顺序来得到想要的各种效果。

（2）滤镜也称为增效工具，它简单易用，功能强大，内容丰富，样式繁多。同时，它也是 Photoshop 中最神奇的魔法师，使用“滤镜”命令，可以设计出许多超乎想象的图像效果。

拓展训练

请结合案例上所学的知识，设计并制作一份国旗在蓝天飘动的效果图。

知识链接

1. 标志的定义

标志（Logo）是表明事物特征的记号。它以单纯、显著、易识别的物象、图形或文字符号为直观语言，除表示什么、代替什么之外，还具有表达意义、情感和指令行动等作用。标志在现代汉语词典中的解释是表明特征的记号。

2. 标志的调研分析

Logo 标志不仅仅是一个图形或文字的组合，它是依据企业的构成结构、行业类别、经营理念，并充分考虑标志接触的对象和应用环境，为企业制定的标准视觉符号。在设计之前，首先要对企业做全面深入的了解，包括经营战略、市场分析以及企业领导人员的基本意愿，这些都是标志设计开发的重要依据。对竞争对手的了解也是重要的步骤，标志的重要作用即识别性，其建立在对竞争环境的充分掌握上。

1）要素挖掘

要素挖掘是为设计开发工作做进一步的准备。依据对调查结果的分析，提炼出标志的结构类型、色彩取向，列出标志所要体现的精神和特点，挖掘相关的图形元素，找出标志设计的方向，使设计工作有的放矢，而不是对文字图形的无目的组合。

2）设计开发

有了对企业的全面了解和对设计要素的充分掌握，可以从不同的角度和方向进行设计开发工作。通过设计师对标志的理解，充分发挥想象，用不同的表现方式，将设计要素融入设计中，标志必须达到含义深刻、特征明显、造型大气、结构稳重、色彩搭配能适合企业，避免流于俗套或大众化。不同的标志所反映的侧重或表象会有区别，经过讨论分析或修改，找出适合企业的标志。

3）标志修正

提案阶段确定的标志，可能在细节上还不太完善，经过对标志的标准制图、大小修正、黑白应用、线条应用等不同表现形式的修正，使标志使用更加规范，同时标志的特点、结构在不同环境下使用时，也不会丧失，达到统一、有序、规范的传播效果。

3. 标志的作用

1）识别性

识别性是企业标志重要功能之一。市场经济体制下，竞争不断加剧，公众面对的信息纷繁复杂，各种 Logo 商标符号更是数不胜数，只有特点鲜明、容易辨认和记忆、含义深刻、造型优美的标志，才能在同业中突显出来。它能够区别于其他企业、产品或服务，使受众对企业留下深刻印象，从而提升了 Logo 设计的重要性。

2）领导性

标志是企业视觉传达要素的核心，也是企业开展信息传播的主导力量，在视觉识别系统中，标志的造型、色彩、应用方式直接决定了其他识别要素的形式，其他要素的建立，都是以标志为中心而展开的。标志的领导地位是企业经营理念和活动的集中体现，贯穿于企业所有的经营活动中，具有权威性的领导作用。

3）同一性

标志代表着企业的经营理念、文化特色、价值取向，反映企业的产业特点、经营思路，是企业精神的具体象征。大众对企业标志的认同等同于对企业的认同，标志不能脱离企业的实际情况、违背企业宗旨，只做表面形式工作的标志，失去了标志本身的意义，甚至对企业形象造成负面影响。

4）涵盖性

随着企业的经营和企业信息的不断传播，标志所代表的内涵日渐丰富，企业的经营活动、广告宣传、文化建设、公益活动都会被大众接受，并通过对标志符号的记忆刻画在脑海中，经过日积月累，当大众再次见到标志时，就会联想到曾经购买的产品、曾经受到的服务，从而将企业与大众联系起来，成为连接企业与受众的桥梁。

4. 标志的表现手段

1）表象手法

采用与标志对象直接关联而具有典型特征的形象。这种手法直接、明确、一目了然，易于迅速理解和记忆。如表现出版业以书的形象、表现铁路运输业以火车头的形象、表现银行业以钱币的形象为标志图形等。

2）象征手法

采用与标志内容有某种意义上的联系的事物图形、文字、符号、色彩等，以比喻、形容等方式象征标志对象的抽象内涵。如用交叉的镰刀斧头象征工农联盟，用挺拔的幼苗象征少年儿童的茁壮成长等。象征性标志往往采用已为社会约定俗成认同的关联物象作为有效代表物。如用鸽子象征和平，用雄狮、雄鹰象征英勇，用日、月象征永恒，用松鹤象征长寿，用白色象征纯洁，用绿色象征生命等。这种手段蕴含深邃，适应社会心理，为人们喜闻乐见。

3）寓意手法

采用与标志含义相近似或具有寓意性的形象，以影射、暗示、示意的方式表现标志的内容和特点。如用伞的形象暗示防潮湿，用玻璃杯的形象暗示易破碎，用箭头形象示意方向等。

4）模拟手法

用特性相近事物形象模仿或比拟所标志对象特征或含义的手法。如采用仙鹤展翅的形象比拟飞行和祥瑞，采用奔跑的人物形象比拟特快专递等。

5）视感手法

采用并无特殊含义的简洁而形态独特的抽象图形、文字或符号，给人一种强烈的现代感、视觉冲击感或舒适感，引起人们注意并难以忘怀。这种手法不靠图形含义而主要靠图形、文字或符号的视感力量来表现标志。如日本五十铃公司以两个棱形为标志，李宁牌运动服将拼音字母“L”横向夸大为标志等。为使人辨明所标志的事物，这种标志往往配有少量小字，一旦人们认同这个标志，去掉小字也能辨别它。

案例 24　演示材料 SmartArt 图形的制作

情境再现

情景：× × 市新华工程有限公司办公室。

角色：小刘（办公室秘书）、张总（公司经理）。

故事：× × 市新华工程有限公司是江苏一家非常知名的企业，公司成立于 1984 年，1988 年进入房地产行业，经过 30 多年的发展，成为省内较大的住宅开发企业，目前业务覆盖珠三角、长三角、环渤海三大城市经济圈以及中西部地区。作为一名本科生能进入这家企业，小刘觉得非常幸运。由于刚进公司没多久，小刘目前的工作还没固定，主要还是从事会议准备、贴发票、打印等一些零碎的工作，工作压力不大，工作很单调，也没有什么新意，小刘心想不能这样下去，要找机会表现自己的能力。

终于有一天，公司的张总一副很着急的样子赶到公司，小刘感觉应该是出了什么急事，要不然平时很稳重的张总不会这么着急。张总进入办公室后急匆匆地打电话，然后叫小刘马上到他办公室一趟。小刘二话没说，马上赶到他办公室。

进到经理办公室才得知张总着急的原因。原来是上级领导临时通知下午要来公司进行检查，要听最近一个月的项目进度报告，进度报告的资料倒是有，但是如何把这些资料通过 PowerPoint 精美地展示出来，让领导听起来更简单和直观，让领导满意和得到领导的认可？这急坏了张总，而之前一直从事这项工作的小宋今天又请假不在，临时赶过来也来不及了。没办法，张总只能叫刚进公司没多久的小刘到办公室，看小刘能否帮上忙。

小刘听到这里，心里暗想，自己表现的机会终于来了，小刘本科学的是工程管理专业，在校期间就经常使用办公软件 PowerPoint 进行演讲，又是学院学生会的干部，日常工作中没少使用，可以说对 PowerPoint 办公软件很熟练，接到这个紧急任务，小刘胸有成竹，就对张总说：“张总我保证完成任务。”然后在张总把具体的要求讲之后，拿了一沓相关资料回到了自己的办公室，心里开始谋划如何完美地完成张总交代的任务。

任务分解

小刘首先把相关资料的内容进行了研究，发现资料中文字性的内容较多，也有一些框架图，是用 Word 绘图工具绘制的，比较容易变形，为了达到更好的展示效果，小刘打算在 PowerPoint 中加入一些特效动画，一方面展示内容，另一方面吸引听众的注意力。基于此，小刘对这次的任务进行如下分析：

（1）文字性的内容进行总结归纳，用 SmartArt 图形的方式显示出来，直观形象。

（2）图形化的内容进行分解组合，运用合理的动画效果突出重点。

任务实现

步骤一：SmartArt 图标的插入。

（1）打开 PowerPoint 2016 版本之后，切换到“插入”选项卡，在“插入”选项卡中的“插图”选项组中单击 SmartAart，如图 24-1 所示。

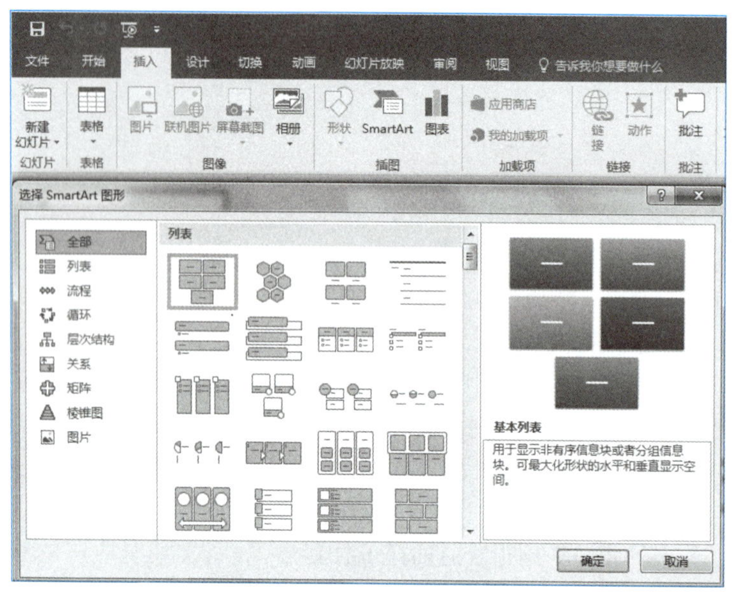

图 24-1 插入 SmartArt 图形

（2）在弹出的“选择 SmartArt 图形”对话框中选择“流程”选项，然后选择第三行第一列图标（连续块状流程），单击“确定”按钮，如图 24-2 所示。

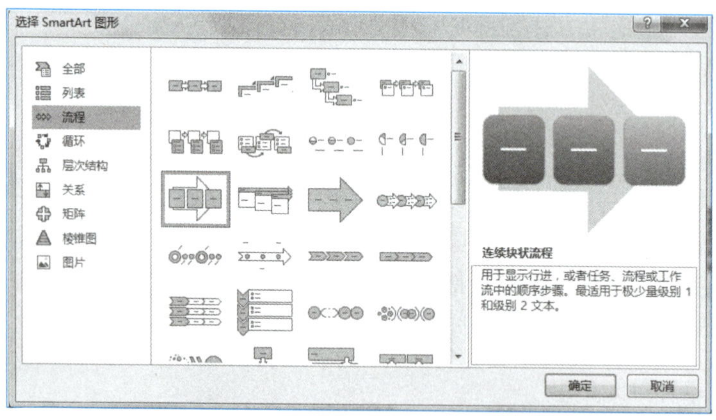

图 24-2 选择 SmartArt 图形类型

（3）图形插入完毕，单击左侧的输入文字，将“项目规划”“项目实施”“跟踪监督”“项目完成”4 个步骤输入进去，如图 24-3 所示。

图 24-3 输入文字

▶步骤二：更改布局和颜色。

（1）选择修改文字之后的图形，单击“SmartArt 工具”→“设计”选项卡→“版式”选项组的下拉按钮，将布局改为第 1 排第 6 个，如图 24-4 所示。

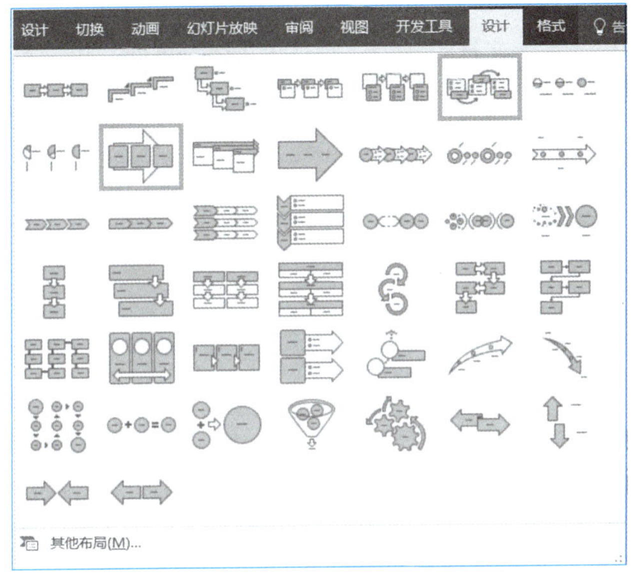

图 24-4 更改设计布局

（2）将图形的颜色改为“个性色 1”中的第 2 种，彩色填充，如图 24-5 所示。

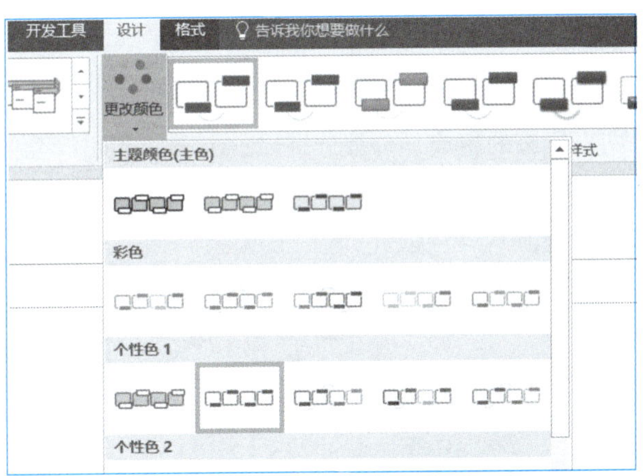

图 24-5 更改颜色类型

（3）最终的效果如图 24-6 所示。

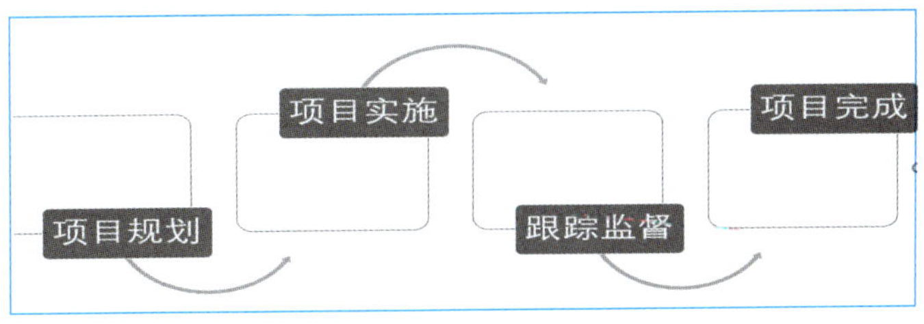

图 24-6 最终效果

步骤三：动画设置。

（1）SmartArt 图形设置动画效果可以整体添加，也可以给每一部分分别添加，要分别添加首先要取消图形组合。选中 SmartArt 图形，在“SmartArt 工具”→“格式”选项卡中，单击“排列”选项组中的“组合”按钮，在下拉菜单中选择“取消组合”，如图 24-7 所示。

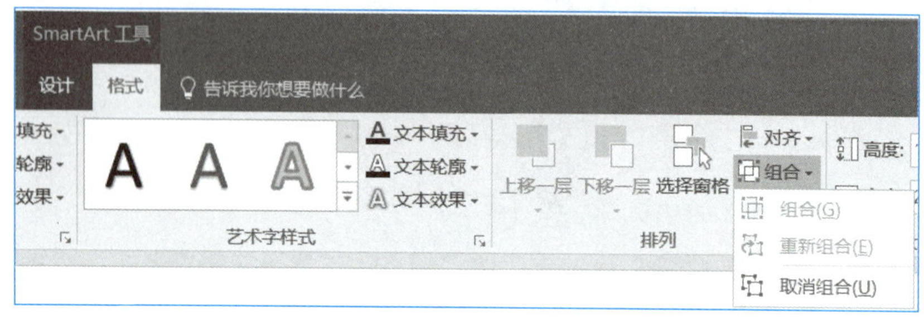

图 24-7 取消 SmartArt 工具图形组合

（2）这时菜单跳转到了“绘图工具”→“格式”选项卡，选中图形，单击“排列”选项组中的“组合”按钮，在下拉菜单中选择“取消组合”，如图 24-8 所示。

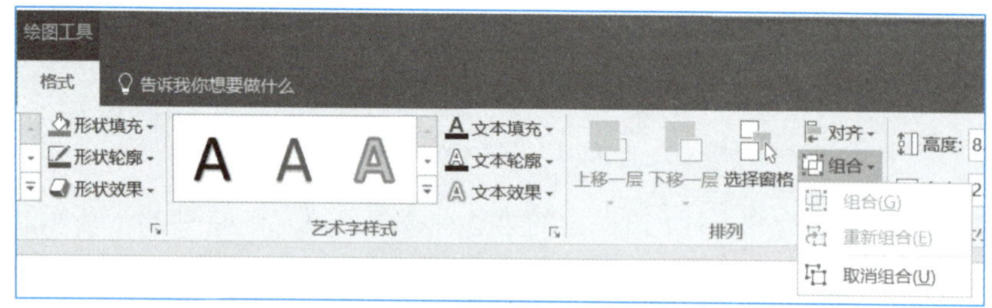

图 24-8 取消绘图工具图形组合

（3）取消组合后，图形所有的组成部分都分别显示出来，在此状态下把动画效果一致的部分进行组合，然后设置相应的动画效果，如图 24-9 所示，把“项目规划”中三个部分组合起来，其他三部分内容也采用同样的方式进行组合。

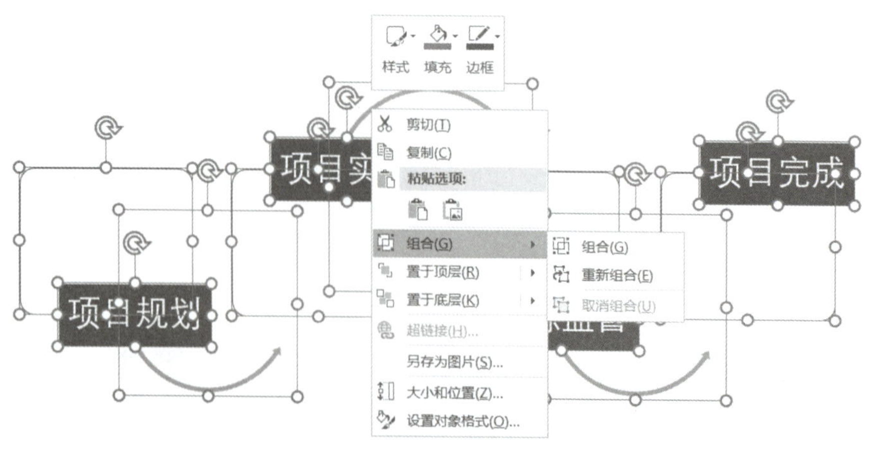

图 24-9 重新组合图形

① SmartArt 图形比较复杂的时候，注意文本的输入位置是否在相应的关系线上。

② 一定要两次取消组合才能分别设置动画效果。

（4）这时图形才能被一块块地分别添加动画效果。选中任意一块图形，切换到“动画”选项卡，在“高级动画”选项组中单击“添加动画”按钮，在下拉菜单中任选一个动画效果，如图 24-10 所示。

图 24-10 添加动画效果

（5）重复步骤（4）分别给每部分添加上动画效果，第一部分添加“飞入”动画，第二部分添加“轮子”动画，第三部分添加“随机线条”动画，第四部分添加“缩放”动画，添加完成后每个部分分别有一个动画编号，如图 24-11 所示。

（6）除了给每个部分添加动画以外，还可以更具体地对动画的效果进行高级设置，如图 24-12 所示。例如，设置动画效果的“声音”，动画播放后的“颜色变化”，计时功能里面的“时间延迟”“重复”等高级应用。

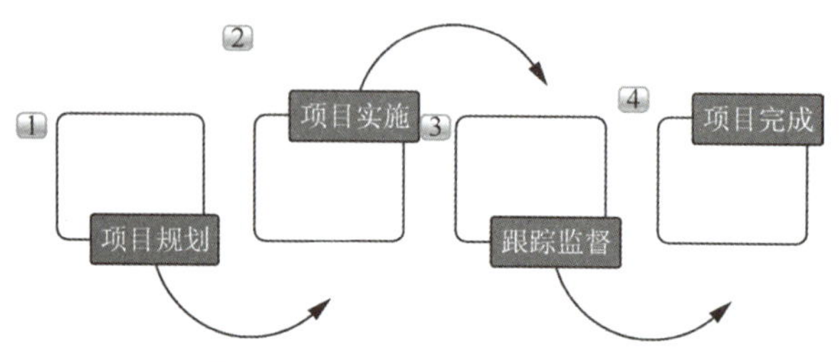

图 24-11 设置 4 种动画效果

（7）为了把图表相同类型的数据依次显示出来，在给第二张幻灯片图表添加“翻转式由远及近”动画后，要在“效果选项”中选择“按段落”选项，如图 24-13 所示，添加完成后如图 24-14 所示，左上角有 1、2、3、4 四种动画效果。

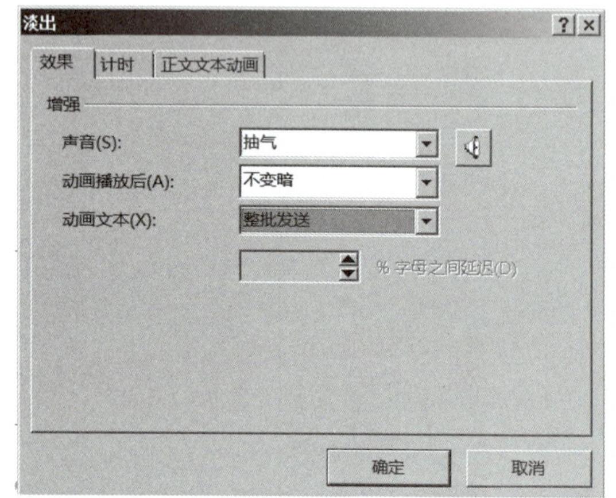

图 24-12 动画效果高级设置

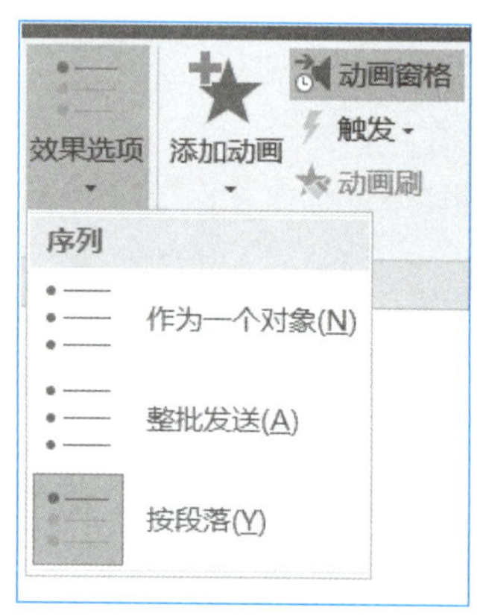

图 24-13 添加动画效果选项

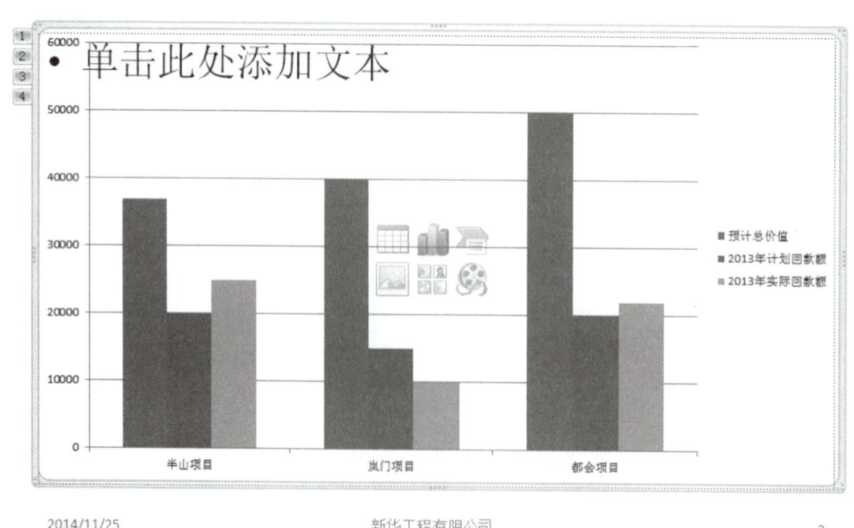

图 24-14 添加动画完成后的效果图

步骤四： 设置页眉页脚和播放方式。

（1）为了更好地显示效果，给幻灯片添加页眉和页脚，打开“页眉和页脚”对话框，在该对话框中输入幻灯片的日期和时间，并选择“自动更新”单选按钮，单击选中“幻灯片编号”复选框，并在页脚位置输入“新华工程有限公司”，如图 24-15 所示。

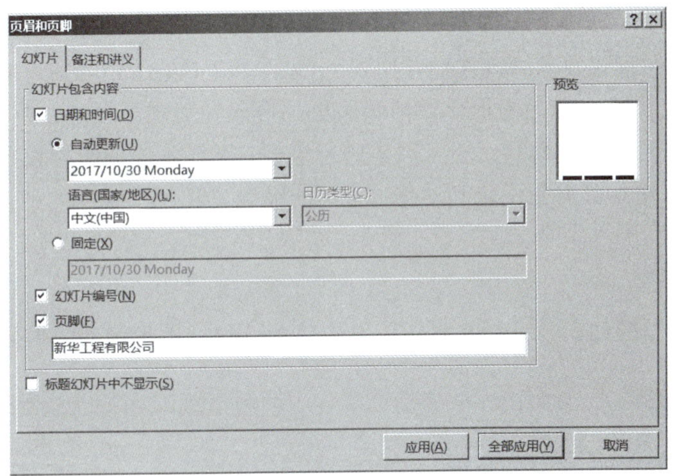

图 24-15　设置幻灯片页眉和页脚

（2）设置第一张幻灯片切换效果为“分割”，第二张幻灯片切换效果为“随机线条”，设置方式如图 24-16 所示，设置完成后可以在“幻灯片放映”选项卡中选择“排练计时”，演练讲解幻灯片的过程，查看最终讲完幻灯片大概时间，根据每个幻灯片持续的时间来设置幻灯片切换时间。如图 24-17 所示，可以看出第一张幻灯片换片时间为 10 秒，第二张幻灯片换片时间为 20 秒。

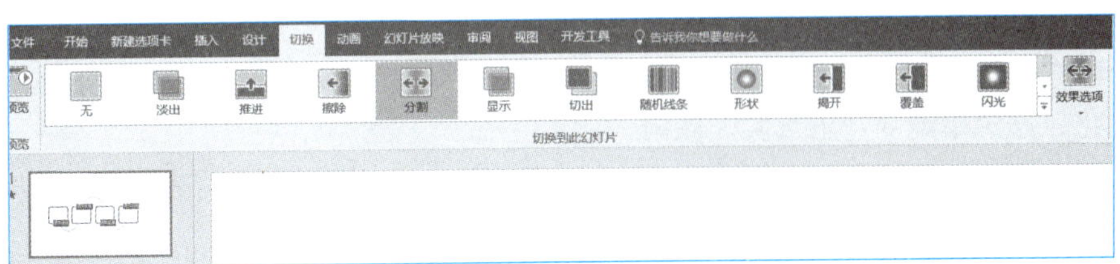

图 24-16　设置幻灯片切换效果

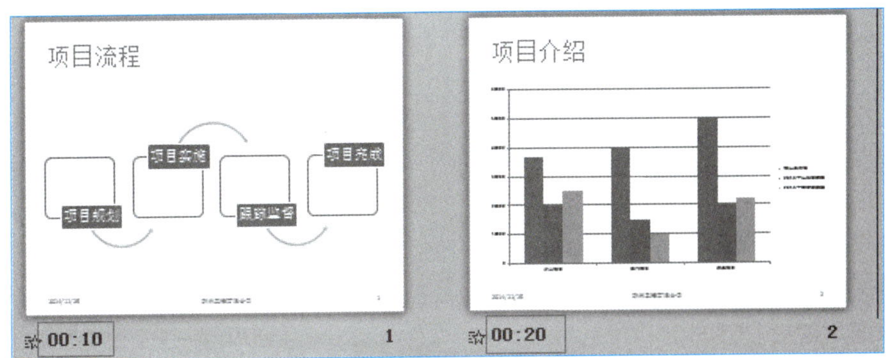

图 24-17　设置幻灯片换片时间

小刘按照上述方法，顺利完成资料的图形化过程、动画设置、播放设置等内容，最后在“设计”选项卡下，幻灯片选择“流畅”主题。最终，小刘完美地完成了领导交代的任务，得到了领导的表扬和认可，小刘心里非常高兴。

知识点小结

本案例中文字图形化及动画制作主要用到了 PowerPoint 2016 中的插入 SmartArt 图形功能，利用此功能来实现普通文字的图形化，使画面更加形象和美观。另外，还用到了图形的分解和组合功能，根据图形的类型和大小，灵活进行组合，并对相应的组合设置不同的动画效果，这样 PPT 播放起来更加具有画面感和动感，也更能吸引观众的注意力。

拓展训练

请结合案例所学的知识，设计并制作一份具有 SmartArt 图形和动画的公司宣传 PPT。

知识链接

1. 商务 PPT 课件的一些共同特点

1）简约性原则

课件制作的展示是通过计算机屏幕、大屏幕电视或大屏幕投影实现的。观众接收信息的主要渠道是视觉刺激，因此投影的画面应符合观众的视觉心理。画面的布局要突出重点，避免或减少课件制作中吸引观众注意的无益信息干扰。注意动物与静物的色彩对比、前景与背景的色彩对比、线条的粗细、字符的大小，以保证观众能充分感知对象。课件制作中内容的切入和退出最好采用淡入和淡出，避免花哨的动作。我们可以把课件制作的以上特点概括为简约性，具体有以下几点：

（1）画面布局突出对象，同一画面对象不宜多，运动的对象一般不要超过两个，对象的图形要简约化，避免单纯的“求真实”倾向。

（2）同一画面色彩数量不宜多，以不超过四种为佳，避免课件制作对表现内容无益的花边、彩框。

（3）减少文字数量，过多的文字阅读不但容易使人疲劳，而且干扰观众对课件中知识的感知。

（4）课件不必制作华丽的片头（相当电影的序幕），内容的跳入转出采用淡入淡出，避免多余动作。

（5）课件中尽量少用声音，除非必要的科学现象的拟音，课件制作中现象的描述和规律的陈述不要以声音信号的形式出现。

2）科学性原则

科学性无疑是课件评价的重要指标之一，但是否应对于有科学性问题的课件“一票否决”，则要对科学性问题做具体分析。科学性的基本要求是不出现知识性的错误，模拟符合原理。具体考虑以下几点：

（1）课件制作模拟原理要正确，要反映主要的机制，细节可以淡化。例如，制作动态模拟日食和月食的演示时，能显示本影区和半影区，日、地、月三者位置关系的变化即可。不必顾及地球绕日公转 1 周、月球要绕地球转 12 周，以及轨道共面性差异等细节。

（2）要尊重事实，允许必要夸张。例如，弹性碰撞的演示，碰撞小球经过形变和恢复形变的过程，为使观众充分感知形变过程，课件制作时要对形变程度进行夸张处理，使形变量足够大。

（3）文字、符号、公式、图表及概念、规律的表述力求准确无误，语言配音也要准确。但对课件制作中个别的字符错误不宜责为科学性错误。

3）艺术性原则

如果一个课件的展示不但取得良好的教学效果，而且使人赏心悦目，使人获得美的享受，则该课件制作就具有较高的艺术性。这样的课件制作是好的内容与美的形式的统一，美的形式能激发观众的兴趣，更好地表现内容。其表现有：

（1）展示的对象结构对称，色彩柔和，搭配合理，有审美性。

（2）在课件制作不违反简约性原则下，使对象更加逼真，如采用3D效果。

（3）对象的连续运动流畅，无拖沓、跳跃的感觉。

（4）课件制作中必要的配音，音色要优美。

2. 实现动画的其他方式

除了PPT能实现简单动画以外，还可以通过Flash来制作简单动画。

1）Flash简介

Flash是1999年6月推出的优秀网页动画设计软件。它是一种交互式动画设计工具，用它可以将音乐、声效、动画以及富有新意的界面融合在一起，以制作出高品质的网页动态效果。

Flash动画设计的三大基本功能是整个Flash动画设计知识体系中最重要、也是最基础的，包括绘图和编辑图形、补间动画和遮罩。这是三个紧密相连的逻辑功能，并且这三个功能自Flash诞生以来就存在。Flash动画说到底就是“遮罩+补间动画+逐帧动画”与元件（主要是影片剪辑）的混合物，通过这些元素的不同组合，从而可以创建千变万化的效果。

2）主要功能

（1）图形操作。绘图和编辑图形不但是创作Flash动画的基本功，也是进行多媒体创作的基本功。只有基本功扎实，才能在以后的学习和创作道路上少走弯路。在绘图的过程中要学习怎样使用元件来组织图形元素，这也是Flash动画的一个巨大特点。

（2）补间动画。补间动画是整个Flash动画设计的核心，也是Flash动画的最大优点，它有动画补间和形状补间两种形式。用户学习Flash动画设计，最主要的就是学习“补间动画”设计。

在应用影片剪辑元件和图形元件创作动画时，有一些细微的差别，学习者应该完整把握这些细微的差别。

（3）遮罩。遮罩是Flash动画创作中所不可缺少的，这是Flash动画设计三大基本功能中重要的出彩点。使用遮罩配合补间动画，用户便可以创建更多丰富多彩的动画效果，如图像切换、火焰背景文字、管中窥豹等。并且，从这些动画实例中，用户可以举一反三创建更多实用性更强的动画效果。

遮罩的原理非常简单，但其实现的方式多种多样，特别是和补间动画以及影片剪辑元件结合起来，可以创建千变万化的形式，学习者应该对这些形式作个总结概括，从而使自己可以有的放矢，从容创建各种形式的动画效果。

案例 25　个人年终工作总结汇报——PPT 的设计

情境再现

情景：工作汇报。

角色：小张。

故事：马上就要到年底了，公司各部门要求在本月 31 日前进行员工述职，小张准备做一个简洁、色彩明了的 PPT，进行今年的工作汇报。

说 明

工作总结的种类很多，如思想总结、学习总结、生产总结、工作总结、个人总结、集体总结、阶段总结、季度总结、学期总结，等等。这些只是划分的角度不同，但在撰写上却有一定的规律。第一，格式：总结一般的格式为标题、前言、主体、结尾四部分。第二，总结要实事求是，写工作总结要有一说一，有二说二，老老实实，认真负责。不能行敷衍了事，吹嘘自己，捏造事实，弄虚作假。第三，总结的结构形式：一为条目式，就是把材料概括为要点，按一定的次序分为一、二、三等条，一项项地写下去；二为三段式，即从认识事物的习惯来安排顺序，先对总结的内容作概括性交代，表明基本观点，接着叙述事情经过，同时配合议论，进行初步分析，最后总结出几点体会、经验和存在的问题；三为分项式，即不按事件的发展顺序，而是把做的事情分几个项目，也就是几类，一类一项地写下去，每类问题又按先介绍基本情况、再叙述事情经过、再归纳出经验和问题三个顺序写下来；四为漫谈式，如向别人介绍自己的学习经验，就可用漫谈式，把自己的实践、认识、体会慢慢叙述出来。

任务分解

小张火速打开计算机，启动 PowerPoint 2016 软件，按照 PPT 内容的设计原则，分别设计“工作总结”首页、“工作总结”目录页、“工作总结”导航页、“工作总结”内容页、“工作总结”结束页。结合这些分析，小张在脑海里想象了一下自己的个人年终工作总结汇报 PPT，如图 25-1~ 图 25-8 所示。

图 25-1　“工作总结”首页

图 25- 2　“工作总结”目录页

图 25-3　“工作总结”导航页 1

图 25-4　“工作总结”导航页 2

图 25-5 “工作总结”导航页 3

图 25-6 “工作总结”导航页 4

图 25-7 “工作总结”内容页

图 25-8 “工作总结”结束页

任务实现

步骤一：制作“工作总结”PPT 首页和“工作总结”PPT 结束页。

（1）单击“视图”选项卡“母版视图”选项组的“幻灯片母版”按钮，打开“幻灯片母版”选项卡“背景”选项组中的“背景样式”下拉菜单，单击“设置背景格式”命令，在“设置背景格式”窗格中，选择“填充”选项中的“图片或纹理填充”单选按钮，在“图片源”单击“插入”按钮插入背景图片，最后单击“应用到全部”按钮，如图 25-9~ 图 25-11 所示。

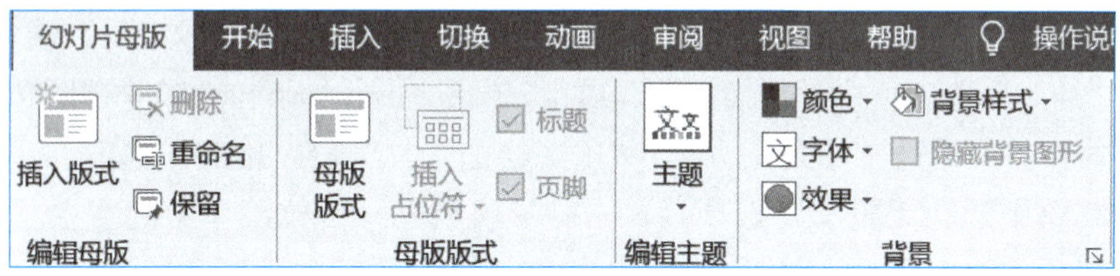

图 25-9 幻灯片母版

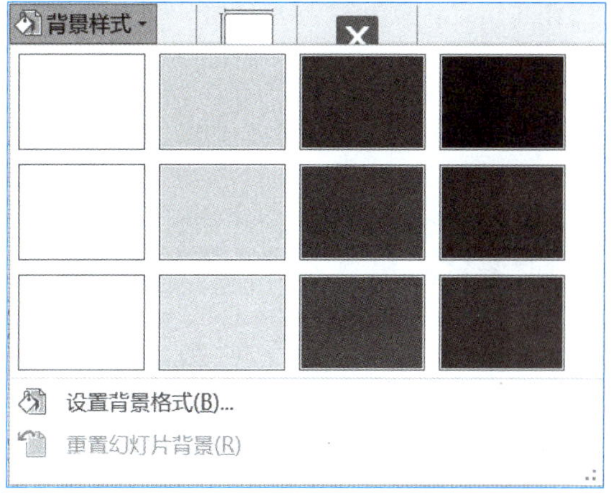

图 25-10 设置幻灯片“背景样式”

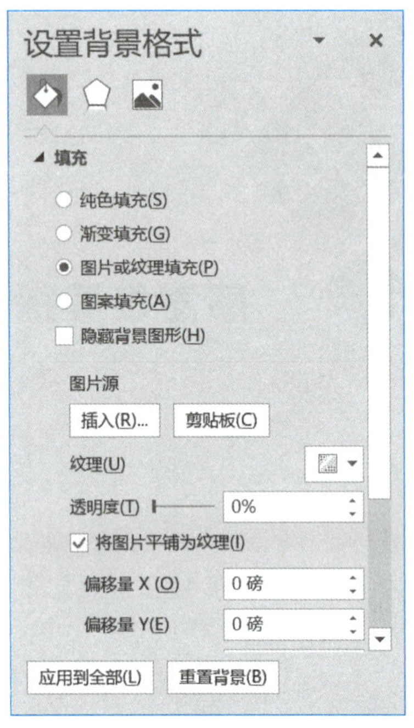

图 25-11　设置幻灯片“背景格式”

（2）单击选中“工作总结”首页PPT，选择“幻灯片母版”选项卡“母版版式”选项组，单击“插入占位符”下拉菜单中的“内容”命令并输入PPT标题内容，字体设置为“微软雅黑”，字号设为“54号”，文字颜色选择“黑色，文字1，淡色25%”，再选择“幻灯片母版”选项卡中的“母版版式”选项组，单击“插入占位符”下拉菜单中的“内容”并输入PPT副标题内容，字体设置为“微软雅黑”，字号设为“20号”，文字颜色选择“黑色，文字1，淡色35%”。

（3）单击“插入”选项卡中的“插图”选项组，单击“形状”下拉菜单中“圆角矩形”命令，绘制一个圆角的正方形。选中圆角正方形，单击“绘图工具”→“格式”选项卡，单击选择“形状轮廓”下拉菜单中的“无轮廓”选项，单击“形状填充”下拉菜单中的“主题颜色”选项，任意选择一种颜色，按【Ctrl+D】组合键复制出若干个同样形状的圆角正方形。选中所有绘制的圆角正方形右击，选择快捷菜单中的“组合”命令，如图25-12所示，把绘制的圆角正方形组合起来，旋转后放置“工作总结”首页PPT的左上角。

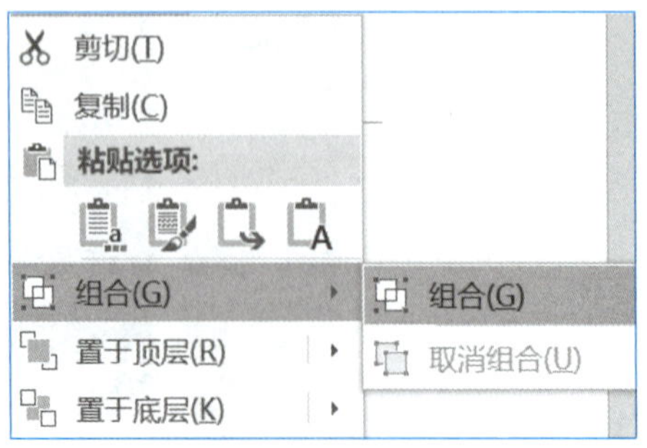

图 25-12　图形组合

（4）右击组合后的图形，在弹出的快捷菜单中选择“复制”命令，放置于页面底端，再旋转180°。

（5）单击“幻灯片母版”选项卡中“关闭”选项组，单击“关闭母版视图”按钮。

（6）单击“开始”选项卡中的“幻灯片”选项组，打开“新建幻灯片”下拉菜单，找到上述步骤建好的幻灯片母版,插入“工作总结”PPT首页和“工作总结”PPT结束页两张幻灯片，修改“工作总结”PPT结束页文字内容即可。

步骤二：制做“工作总结”PPT的目录页。

（1）复制“工作总结”PPT首页的圆角矩形。

（2）输入“工作总结”PPT目录页的文字内容。

步骤三：制做“工作总结”PPT的导航页。

（1）单击“视图”选项卡“母版视图”选项组，单击“幻灯片母版”按钮，复制“工作总结”PPT目录页的圆角矩形，粘贴到“工作总结”PPT的导航页中。

（2）在圆角矩形绘制文本框输入“工作总结”PPT导航页的文字内容。

（3）单击“幻灯片母版”选项卡中的“关闭”选项组，单击“关闭母版视图”按钮。

（4）单击“开始”选项卡中的“幻灯片”选项组，单击“新建幻灯片”按钮，找到上述步骤建好的幻灯片母版，插入“工作总结”PPT导航页“年度工作概述”、“工作总结”PPT导航页“工作完成情况”、“工作总结”PPT导航页“项目成果展示”、“工作总结”PPT导航页“明年工作计划”，修改这四张“工作总结”PPT导航页文字内容即可。

步骤四：制做”工作总结”PPT的内容页。

（1）复制“工作总结”PPT的目录页的圆角矩形，粘贴到“工作总结”PPT的内容页中。

（2）在圆角矩形绘制文本框，输入“工作总结”PPT内容页的文字内容。

（3）单击“插入”选项卡中的“插图”选项组，打开“形状”下拉菜单，选择“泪滴形”命令，按住【Shift】键绘制一个泪滴形状，然后选中该泪滴形状，单击“绘图工具”→“格式”选项卡中的“形状样式”选项组，打开“形状填充”下拉菜单，选择填充色为蓝色，打开“形状轮廓”下拉菜单，选择轮廓为无轮廓。

（4）在泪滴形状上绘制一个横排文本框，输入2017，设置文字颜色为“白色”，字体为“微软雅黑”，字号为“20”，字形“加粗”。

（5）同时选中泪滴形状和横排文本框，右击选择“组合”。

（6）在泪滴形状下方绘制一个图25-7所示向右的箭头，在箭头上，四个对应的泪滴形状下绘制一个椭圆，“形状填充”设置为“浅灰色”，“形状轮廓”设置为“无轮廓”，选中每组泪滴形状和对应的椭圆，右击选择“组合”命令。按【Ctrl+D】组合键复制四个该组合图形，分别输入2017、2018、2019、2020。

（7）在箭头下方绘制四个文本框，分别输入文字内容“点击此处添加内容”。

步骤五：设置“工作总结”PPT的各页动画。

（1）单击“切换”选项卡中的“切换到此幻灯片”选项组，选中“分割”动画效果，单击“切换”选项卡中的“计时”选项组”,“持续时间”设置为0.5秒，如图25-13所示。

图25-13 设置幻灯片的切换动画

（2）单击“工作总结”PPT 首页，选中主标题“2020 年终工作总结汇报”，单击“动画”选项卡“高级动画”选项组，打开“添加动画”下拉菜单，单击“更多进入效果”命令，选择“挥鞭式”动画，单击“动画”选项卡“高级动画”选项组，单击“动画窗格”按钮，在“动画窗格”中选择设置了“挥鞭式”动画的文字，单击该文字右边的下三角按钮，在下拉菜单中选择“效果选项”命令，设置文本动画“按字母顺序 30 字母之间延迟”，如图 25-14 所示。设置主标题动画开始效果为“上一动画之后”。选中副标题“2020 年终工作总结汇报”，单击“动画”选项卡中“动画”选项组，单击“浮入”动画效果，在“效果选项”下拉菜单中选择“向上”。设置副标题动画，开始效果为“上一动画之后”，延迟时间设为 2 秒。

图 25-14 动画设置

（3）选中“工作总结”PPT 首页主标题，单击“动画”选项卡中“高级动画”选项组，单击“动画刷”按钮，应用于“工作总结”PPT 结束页的主标题，选中“工作总结”PPT 首页副标题，单击“动画”选项卡中“高级动画”选项组，单击“动画刷”按钮，应用于“工作总结”PPT 结束页的副标题。

（4）选中“工作总结”PPT 目录页中的“目”以及它下方的圆角矩形，右击，选择快捷菜单中的“组合”命令，同样方法，选中“工作总结”PPT 目录页中的“录”以及它下方的圆角矩形，右击，选择快捷菜单中的“组合”命令。分别设置“目”和“录”的动画，单击“动画”选项卡中“动画”选项组，单击“浮入”动画效果，设置“目”字动画方向的动画效果，打开“效果选项”下拉菜单，单击“向下”，设置“录”字动画方向的动画效果，打开“效果选项”下拉菜单，单击“向上”，设置“目”字和“录”字开始的动画效果，在“计时”选项组中设置“开始”为“与上一动画同时”。选中“工作总结”PPT 目录页中的“目”和“录”左右两边的圆角矩形，右击，选择快捷菜单中的“组合”命令，单击“动画”选项卡中“动画”选项组，单击“淡出”动画效果，在“计时”选项组中设置“开始”为“与上一动画同时”，“延迟”设置为 0.5 秒。用上述同样方法设置“工作总结”PPT 目录页中“年度工作概述”，动画效果设置为“擦除”，动画效果选项设置为“自左侧”，动画开始效果为“上一动画之后”。通过“动画刷”设置“工作总结”PPT 目录页中“工作完成情况”“项目成果展示”“明年工作计划”的动画效果。

（5）单击“幻灯片母版”选项卡，选中“工作总结”PPT 导航页，使用“工作总结”PPT 目录页中动画设置的步骤设置“工作总结”PPT 导航页的动画。

（6）参考步骤五的（4），运用同样的方法设置“工作总结”PPT 内容页中箭头的动画，动画效果设置为“擦除”，动画效果选项设置为“自左侧”，动画开始效果为“上一动画之后”，持续时间设为 5 秒。设置“2017 泪滴形状”，动画效果设置为“浮入”，动画效果选项设置为“向下”，动画开始效果为“与上一动画同时”，持续时间设为 0.25 秒，延迟为 1 秒，用“动画刷”分别设置“2018 泪滴形状”“2019 泪滴形状”“2020 泪滴形状”，把延迟时间分别改为 2 秒、3 秒、4 秒。用“动画刷”分别设置“2017 泪滴形状”“2018 泪滴形状”“2019 泪滴形状”“2020 泪滴形状”下的“点击此处添加内容”，把延迟时间分别改为 2 秒、3 秒、4 秒，把动画效果选项设置为“向上”。

步骤六：保存“工作总结”PPT 的为视频格式。

单击“文件”选项卡的“另存为”，单击“浏览”，在“保存类型”中选择“MPEG-4”格式。

知识点小结

本案例中的个人年终总结 PPT 主要用到绘制形状、母版、切换、动画等功能来制作。

1. 绘制形状

PowerPoint 2016 提供了形状，可自由地设置形状填充、形状轮廓。

2. 母版

幻灯片母版，是存储有关应用的设计模板信息的幻灯片，包括字形、占位符大小或位置、背景设计和配色方案。

设定幻灯片母版：幻灯片母版用于设置幻灯片的样式，可供用户设定各种标题文字、背景、属性等，只需更改一项内容就可更改所有幻灯片的设计。在 PowerPoint 中有 3 种母版——幻灯片母版、讲义母版、备注母版。幻灯片母版包含标题样式和文本样式。

3. 动画

PPT 制作动画的步骤如下：

（1）创建一个文字或者图形当作演示示例。

（2）选中这个添加的元素，单击“动画”选项卡“动画”选项组中的“动画”，就能选择动画效果，当然了也可以在动画预设框里面选择，绿色图标代表进入效果，黄色图标代表强调，红色图标代表退出效果。

（3）添加好动画后单击“动画”选项卡中的“高级动画”选项组，单击“动画窗格”，然后即可编辑动画的顺序、设置动画效果等。

拓展训练

请结合案例中所学的知识，设计并制作上学期学习总结的 PPT。

知识链接

幻灯片又称作正片，是一种底片或菲林。幻灯片通常是彩色的，但用于特殊目的时，也有黑白的。现在通常说的幻灯片多指电子幻灯片（演示文稿）。

幻灯片制作要点如下：

1. 模板

幻灯片模板即已定义的幻灯片格式。Keynote 提供的模板更丰富、美观，可以提供极好的演示效果。PowerPoint 也备有许多模板，给我们设计幻灯片带来很多方便。但是，有的模板并不合适，那些背景较浅的模板请勿使用。如果使用渐变背景，把深色放在幻灯片底部，浅色放在左上方。因为读者往往从左上方开始阅读，不要让背景过于强烈，超过前景色。页面请设置为 35 mm 幻灯片，并且四周保持 0.5 英寸的空白边缘，以防内容被幻灯片框所覆盖。

2. 字体

字体不小于 18 磅，线条不小于 1.5 磅，以使坐在会议室最后一排的观众也能看清楚。避免使用过多的字体，减少下画线、斜体和粗体的使用。幻灯片中尽量使用笔画粗细一致的字体，如黑体、Arial、Tahoma。若使用苹果 Keynote，也可选择 Mac 专属字体。如果采用英文，不要全部采用大写字母。一方面是对观众的不尊敬（用大写字母拼写表示对别人大声吼叫），也不如小写字母容易辨认。正文字体比标题稍小。不要在幻灯片上塞满文字。如果文字太多，宁愿分成多张幻灯片。文字应当尽量一致，如果整套幻灯片使用太多的字形和样式，显得花里胡哨、不整洁和不专业，可读性将大大降低。如果使用太多的字体，观众就会误以为你刻意强调某种信息，实际上却不是。如果的确需要为有趣的话题使用有趣的字体，那么选择可读性较好的字体，而不是那些歪来扭去的难以辨认的字体。

3. 颜色

蓝底黑字在屏幕上可以看得较清楚，但是输出成幻灯片就根本看不清楚了。蓝底白字或者黑底黄字将非常引人注目。注意（背景）颜色与情绪有关。深蓝色和灰色给人以力量和稳定的感觉；红色一般意味着警告或者紧急；绿色代表生命和活力。颜色还影响幻灯片的清晰度。幻灯片需要在较暗的房间放映，因此需要使用深色背景和浅色字。蓝色、紫色和绿色适合作背景色，而白色、黄色和红色适合作前景色。颜色黄金法则：背景深蓝色，标题金黄色，副标题采用淡蓝色，文字采用白色，项目符号为金黄色。

4. 页面设置

一般推荐使用 Microsoft PowerPoint、苹果 Keynote、金山 WPS 演示、OpenOffice Impress、Google Docs 等制作幻灯片文件。Adobe Pagemaker 和 Photoshop 也可用来输出幻灯片，但是如果有专门的演示文稿制作工具，就没有任何理由选择使用这些软件，这些软件在排版和图形处理方面更适用。PowerPoint 设置为 35 毫米幻灯片。

5. 标题

幻灯片的所有标题应当采用相同的字体、大小、格式、位置和颜色。标题的字号应在该幻灯片中最大。标题应当放置在幻灯片的上方，因为这样最能吸引观众的注意力。副标题的字体比正标题小一些，放置的位置也要每张都一致。

6. 项目符号

一般每页 3~5 个项目符号，不要超过 7 个。项目符号后接短语词组，不要使用句子。短语词组结构要一致，例如都采用动宾结构，或者全部是名词。每个项目符号后面接的汉字不超过 14 个，或者 7 个英文单词。不要让同一个系列的内容超出一页。

7. 布局

1）每张幻灯片布局

每张幻灯片 3~7 个项目符号，并且每段的句子要短，这样才能使文字变大，容易辨认。不要每张幻灯片都塞满了信息——不要把整段整段的文字搬上幻灯片。如果这样，是对观众的不尊重，因为他已经默读完了你的内容，而你还在慢吞吞地读幻灯片。幻灯片比较精短，就可以经常切换，使演讲更生动和吸引听众注意力。幻灯片上只出现关键性的词语或短句，而不是要说的每句话。如果把要说的每句话都写上，那就不需要讲了，因为观众默读的速度比你大声朗读的速度快得多。每张幻灯片只显示 1~2 个主要内容。这样，可以口头解释要阐述的内容，观众能两次了解你的内容:第一次是他们自己阅读幻灯片上要点，第二次是听你展开阐述。这也可以使幻灯片更换的速度加快，而观众实际上正期望不断地更换幻灯片。如果幻灯片长时间不更换到下一张，关注的视线就会转移到其他地方。

2）整体布局

要有一张标题幻灯片来告诉观众你是谁，你准备谈什么内容，你谈此内容的目的。

还要准备一张结论幻灯片：一张结论性的幻灯片可以使你有机会在结束演讲之前再次强调你的信息。观众也能从前面讲的许多内容中了解到你传达的主要信息，也就是希望他们离开会场时能记住的信息。整套幻灯片的格式应该一致，包括颜色、字体、背景等。同一套幻灯片使用统一的横向或者竖向，不要混杂使用。文字输入结束之后，再检查一下所有幻灯片，把那些文字太多的幻灯片分成 2 ～ 3 张，然后选择一些幻灯片添加一些图片以增加吸引力。如果图片的寓意与该幻灯片的主要内容相关，那就更好了。

第四部分　办公设备使用

办公设备一般泛指与办公室相关的设备，包括传真机、打印机、复印机、投影仪、碎纸机、扫描仪、复合机、考勤机、电教设备及耗材，还有计算机、程控交换机等办公相关的设备。

办公设备运用是指为了提高办公效率，顺利召开会议，快速传输文件，备份、保存、销毁办公文档，而合理运用办公设备以配合办公事务处理的过程。

案例 26　商务设备使用实例

情境再现

情景：商务办公。

角色：钱总（××房地产公司总经理）、小张（房地产公司总经理秘书）、小红（房地产公司行政部文员）。

故事：小张所在的××房地产公司最近与美国一家上市公司讨论一个开发项目，共同对我国云南的生态旅游区进行全面综合开发，最终达成共同开发项目的合同。

商务洽谈即将开始，钱总就把小张叫到自己办公室，布置相关工作。

钱总："这是我草拟的文件，下周将正式与美方洽谈，你全部录入计算机中并打印 12 份，其中一份发到美方。"

小张："保证完成任务。"

小张回到办公室后，找来行政部的文员小红一起实施这个工作。先由小红负责文件的录入工作，并将录完的文件打印一份交给小张审核校对，经过一天的准备，小红提前完成工作，并将文件的打印稿交给了小张。

小张："你的工作完成得非常快呀，我很满意，一些小的笔误我已经在文件注明，改好之后你可以复印 12 份，并传一份给美方。"

小红："谢谢夸奖。"

第二天，钱总收到美方的电话，说文件的效果图不清楚，需要彩色的图片作为附录，并要重新发给美方。于是钱总拨打了小张的电话……

钱总："我们项目当中的设计图片，要用彩色图片显示出来，并重新传给美方，时间比较急，请速办。"

小张："我现在就去安排工作。"

小张找来小红，把这个事通告了一下。

小红："我们这里只有黑白复印机和黑白传真机，彩色的图片我没办法搞定，除非……"

小张："你有什么困难，我来解决。"

小红："除非给我配置扫描仪并开通网络。"

小张："还有一周时间，我马上安排人搞定。"

经过几天的忙碌和准备，终于在中美双方商务洽谈前，完成了所有的工作。

说明

传真机是应用扫描和光电变换技术，把文件、图表、照片等静止图像转换成电信号，传送到接收端，以记录形式进行复制的通信设备。

扫描仪是一种计算机外围设备，可以捕获图像并将之转换成计算机可以显示、编辑、存储和输出格式的数字化输入设备。

任务分解

小红作为公司行政部的文员，全程参与了这次商务洽谈资料的录入、整理、编辑、排版、输出、校对等工作，还涉及文件打印、文件传真、文件复印、文件扫描、互联网文件传输5个重要环节，这五个环节需要使用常用的办公设备。下面将在任务实现中详细介绍这五个环节的全面实现。

任务实现

步骤一：打印机使用环节。

小红对总经理秘书发来的文件首先要进行全面的计算机录入工作，录入工作结束以后，进行排版和格式字体的规范工作，然后再进行初稿输出工作。

打印机的安装分两个步骤：硬件安装和驱动程序安装。这两个步骤的顺序不定，视打印机不同而不同。如果是串口打印机，一般先连接打印机，然后再安装驱动程序，如果是USB口的打印机，一般先安装驱动程序再连接打印机。具体可参见产品说明书。

1. 打印机硬件安装

实际上，现在计算机硬件接口做得非常规范，一般打印机的数据线只有一端在计算机上能连接，所以不会接错。

2. 驱动程序安装

如果驱动程序安装盘是以可执行文件方式提供，则最简单的方法是直接运行Setup.exe就可以按照其安装向导提示一步一步完成。

如果只提供了驱动程序文件，安装则相对麻烦。这里以Windows 10系统为例介绍。

首先打开"开始"→"Windows系统"→"控制面板"，然后单击"控制面板"中"硬件和声音"的"查看设备和打印机"，如图26-1所示。

图 26-1　打印机驱动安装步骤

在弹出窗口中将显示所有已经安装了的打印机（包括网络打印机）。安装新打印机可直接单击“添加打印机”按钮，接着弹出添加打印机向导。

单击“下一步”按钮，在出现的窗口中询问是安装本地打印机还是网络打印机，默认是安装本地打印机。

如果安装本地打印机直接单击“下一步”按钮，系统将自动检测打印机类型，如果系统里有该打印机的驱动程序，系统将自动安装；如果没有自动安装则会报错。

这里一般应使用默认值，单击“下一步”按钮，弹出询问打印机类型的窗口，如果能在左右列表中找到对应厂家和型号，则直接选中然后单击“下一步”按钮；如果没有则需要我们提供驱动程序位置，单击“从磁盘安装”按钮，然后在弹出的对话框中选择驱动程序所在位置，如光盘等，找到正确位置后单击“打开”按钮（如果提供位置不正确，单击“打开”按钮后将没有相应选项，则需要重新选择），系统将开始安装，然后系统提示给正在安装的打印机起个名字，并询问是否作为默认打印机。

窗口询问是否打印测试页，一般新装的打印机都要测试，最后单击“完成”按钮，完成整个安装过程。

步骤二：传真机使用环节。

传真机的品牌比较多，操作功能各有不同，下面介绍通用的传真机基本的操作步骤，具体如下：

（1）首先把传真机的盖子打开，再将要传真的内容放入传真机里面，如图 26-2 所示。

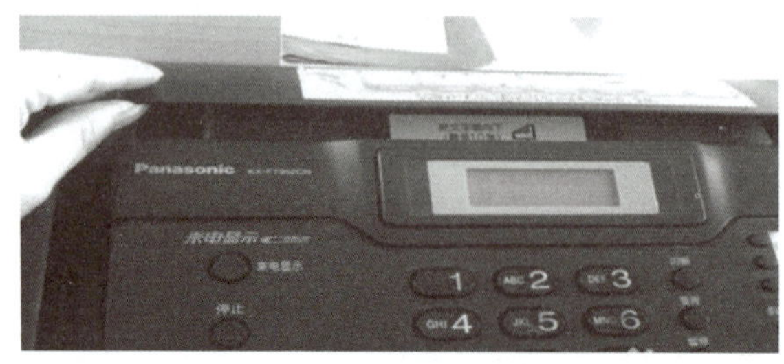

图 26-2　传真机使用步骤（1）

（2）根据提示将要传真的内容放好就可以了，要传的内容是向下的，如图 26-3 所示。

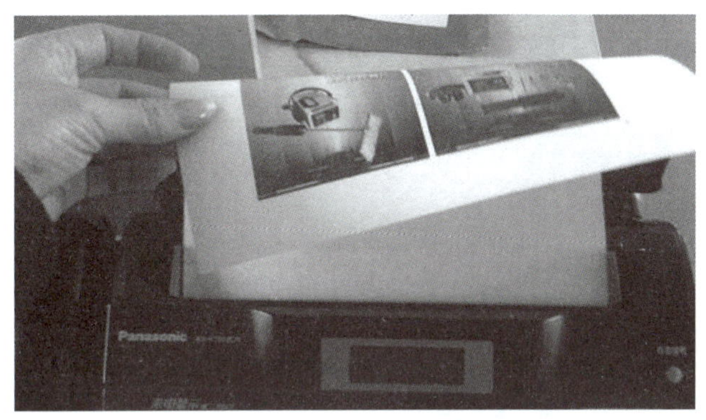

图 26-3　传真机使用步骤（2）

（3）然后就是拨号了，这里有两种方式，一般传真的时候号码没有单独记下来，可以先拨号，然后按“监听”键，这样就相当于按了电话的免提键，传真机会有外音，如果不需要外音，直接将话机提起就可以。另外，还可以先拨号再放入要传文件的，但是要把握好速度，不要等电话接通了信号已经给了，内容还没放好，这样就糟了，一般建议是先放传真内容。总之，只要保证在电话接通前把文件放好就没问题了。具体操作如图 26-4 所示。

图 26-4　传真机使用步骤（3）

有的传真机是自动的，拨通之后就会直接给传真信号，听到刺耳的“滴”的声音就是有信号了，一般这个信号是连续的，“滴 ~”，此时按下“传真 / 开始”键，传真就会自动传送了，就不用管了！

还有一种就是电话传真一体机，拨打的号码是有人先接听的，电话接听后告诉人家你要发传真，请她给你个传真信号就可以了，要注意也是要等到听到传真信号响起“滴——”的声音，才可以按下“传真 / 开始”键开始传送；另一种拨号方式就是直接提机拨号，也就是跟我们平时打电话一样，把听筒拿起来拨号，然后等待传真信号。拨通之后，听到“滴——”的信号声，此时按下“传真 / 开始”键，如图 26-5 所示；挂了听筒，传真就会自动传送了，如图 26-6 所示。

一般传真速度不是很快，耐心等待一下，如图 26-7 所示。

最后要把我们的传真机盖子盖好，以防进灰尘等其他东西，影响使用寿命。

图 26-5　传真机使用步骤（4）

图 26-6　传真机使用步骤（5）

图 26-7　传真机使用步骤（6）

步骤三：复印机使用环节。

具有复印功能的复印机和一体机品牌和样式较多，下面针对复印机的基本功能进行介绍：

（1）打开复印机电源，电源开关的具体位置因不同的复印机而有所不同，一般开关处于面板上方或者机体两侧，如图 26-8 所示。

（2）打开复印机开始预热，当预热时间结束后，面板指示灯提示复印机可以正常开始使用了，具体如图 26-9 所示。

图 26-8　复印机使用步骤（1）

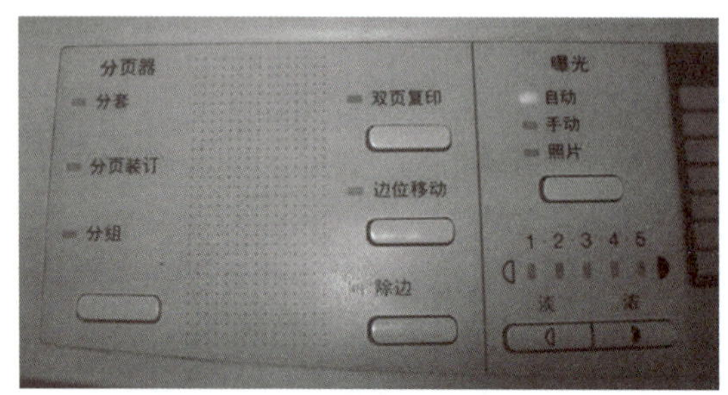

图 26-9　复印机使用步骤（2）

（3）检查操作面板上的各项指示是否正常，主要包括可以复印信号显示、纸盒位置显示、复印数量显示、复印浓度显示、纸张大小显示，所有指示灯正常才能使用，如图 26-10 所示。

（4）检查纸张是否正确摆放，以及有足够数量的纸张在进纸口的位置。

（5）放置原稿，如图 26-11 所示，注意原稿不要有复印钉，此外还要注意原稿的大小不要超过复印输出后的纸张大小，否则应分开复印。

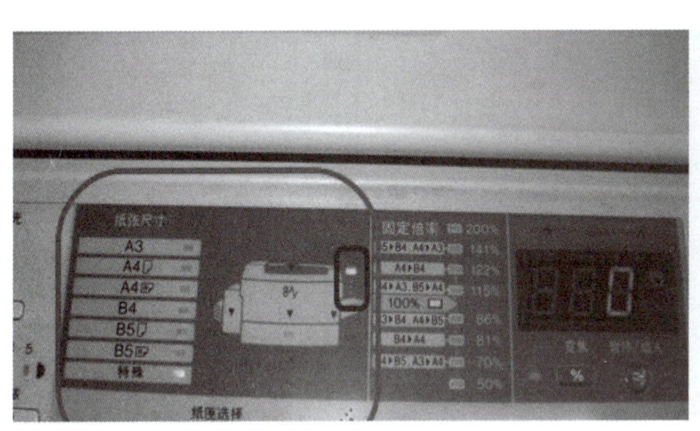

图 26-10　复印机使用步骤（3）

图 26-11　复印机使用步骤（4）

（6）掀开复印机上盖，要注意原稿朝下，对准大小刻度提示，原稿纸张平整并且原稿从最后一页开始，有顺序摆放。

（7）在控制面板上设定复印的份数，按下设定复印份数，如果按错，可以按 C 键重新设置复印数量，如图 26-12 所示。

图 26-12　复印机使用步骤（5）

（8）最后按“复印”键，可以完成复印。

步骤四：扫描仪使用环节。

1. 扫描仪硬件连接

扫描仪品牌和种类虽然较多，但扫描仪硬件安装方法大致相同，首先接好扫描仪电源线，需要将电源变压器插入扫描仪的电源插槽，然后将电源变压器另外一头插入接地的交流电源插座上；其次插好扫描仪的数据线，也就是将 USB 连接线的方形接头插入扫描仪后方的 USB 端口；再将此 USB 连接线另一端的长方形接头插入计算机主机后方的 USB 端口，如图 26-13 所示。

图 26-13 中的具体标识解释如下：

① 将电源变压器插入扫描仪的电源插槽。

② 将电源变压器另外一头插入接地的交流电源插座上。

③ 将 USB 连接线的方形接头插入扫描仪后方的 USB 端口。

④ 将此 USB 连接线另一端的长方形接头插入计算机主机后方的 USB 端口。

⑤ 如要将扫描仪连至 USB 集线器上，先确认集线器已连至计算机 USB 端口，接着再将扫描仪连接至 USB 集线器上。

2. 扫描仪的软件安装

扫描仪的软件安装方法除了可以采取类似打印机的安装方法以外，还可以通过随机赠送的软件光盘进行安装。只要将扫描仪安装光盘放入光驱，让计算机自动运行光盘里面的内容，并按提示进行安装，或者手动运行光盘根目录下的 Setup.exe 文件来完成扫描仪软件的安装。

3. 扫描仪的使用

（1）掀开扫描仪的盖板，将相片面朝下平放在玻璃上，正前方对着扫描仪后方，如图 26-14 所示。

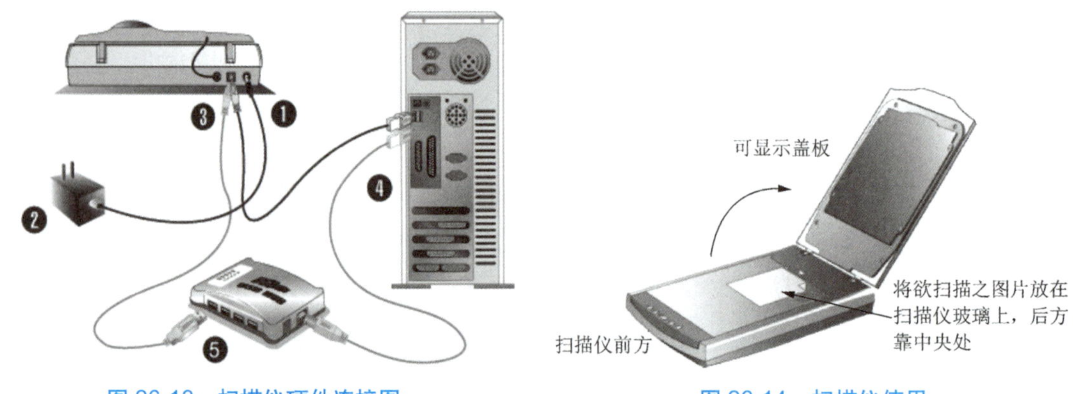

图 26-13　扫描仪硬件连接图　　图 26-14　扫描仪使用

（2）轻轻盖回盖板。

（3)开启扫描仪的图像编辑程序。在 Windows 系统中单击“开始”→“程序”→“扫描仪程序”命令。

（4）当扫描程序开启后，单击“文件”→“扫描输入”→“选择设备”→“选定”命令。

（5）在扫描程序中，单击“文件”→“扫描输入”→“开始扫描”命令。

（6）此时扫描精灵窗口即开启。

（7）扫描向导窗口会出现在屏幕上，单击“关闭”按钮，然后按下“预扫”按钮。

（8）假如屏幕上出现图像，表示扫描仪可正常运作。

扫描仪软件功能面板如图 26-15 所示。

步骤五：网络传输文件。

电子邮件是典型的网络传输文本和文件的方式，下面介绍电子邮件的基本使用方法。

（1）注册账号是先决条件（以 126 邮箱为例进行说明），登录 www.126.com 网站后，单击“注册”按钮，进入邮箱注册页面，如图 26-16 所示。

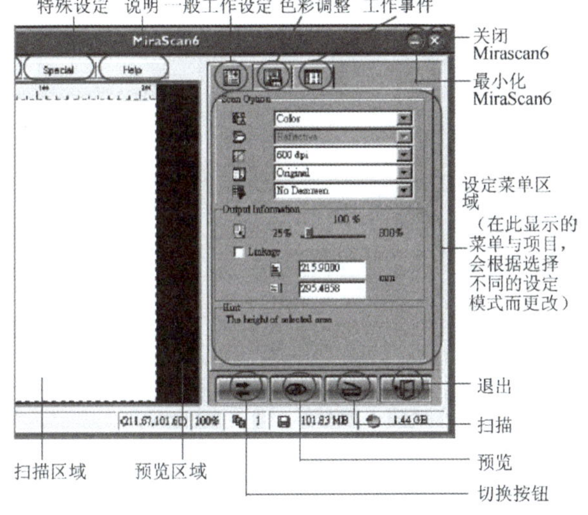

图 26-15　扫描仪软件功能图

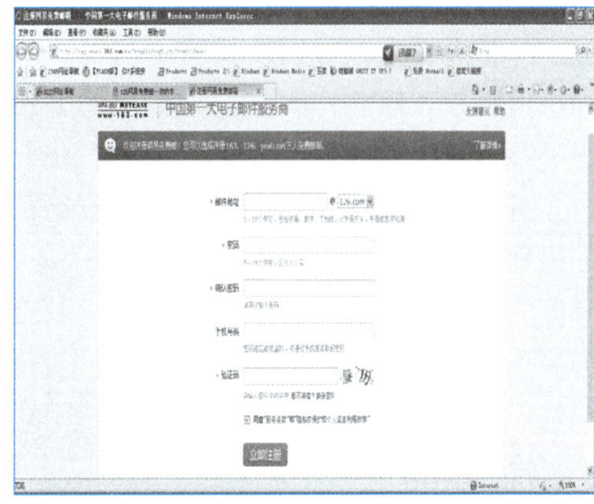

图 26-16　邮箱注册页面

（2）登录 www.126.com 网站后，填写用户名和密码登录邮箱，如图 26-17 所示。

（3）登录邮箱页面后，对收件人地址、电子邮件主题、内容、添加附件等内容进行操作，然后单击“发送”按钮，完成文件的传送（其中，单击“添加附件”超链接，可选择传送的文件），如图 26-18 所示。

图 26-17　邮箱登录页面

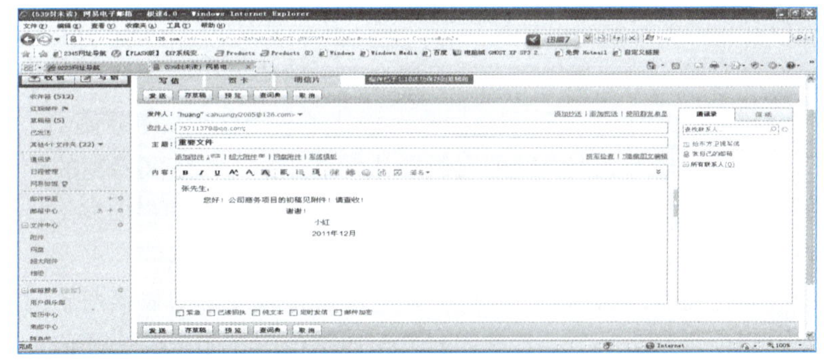

图 26-18　填写电子邮件信息

拓展训练

（1）在 Word 文档中制作一份自己的课程表，用 A4 的纸张打印出来，并传真给学校行政办公室。

（2）将课程表和本人照片扫描到计算机中，合成处理后，以电子邮件的方式发给班主任。

知识链接

1. 传真机的历史

传真的技术始于 19 世纪，拥有专利权的传真机在 1843 年发明，比 1876 年出现的电话还要早 33 年，这的确不简单。一个苏格兰修理钟表者，亚历山大·贝恩（Alexander Bain），他设计了一套类似把两支钢笔连接到两个钟摆的装置，依次被连接到电线，能够在另一端的电传导性的表面信息重现。这一个装置应用于第一份横跨美国的电报信息传输中。1862 年，意大利物理学者高瓦尼·凯斯利（Giovanni Caselli）建造他称呼为“pantelegraph”（意为 pantograph 和 telegram 的混合产物）的早期传真电报机。

以亚历山大·贝恩的发明为基础，包括一套同步化装置。1865 年，第一台工作传真机器和传输服务器建立。从 1856 年到 1870 年间，他的 pantelegraph 被法国邮政电报代理使用，用于巴黎和马赛等城市之间的输送照片和写作。

当时传真机的技术没有像现在那样复杂。传感器水平地扫描纸张从左到右一次一行，就像你用你的眼睛正在看一本书的时候一样。如果传感器感应为白色片则它的记录为 0，而如果它感应为黑暗片则它的记录为 1。这样所有页都是一连串的 0 和 1 的数字。调制解调器将这变成一系列的高或低的固定声音，发到一个在远处的接收器上。在另一端，声音再次转变为 0 和 1。这些以亮点或暗点作为记号被印刷在纸张上，使最初的图片再现于数以百里之外。

传真机直到 20 世纪才真正发展起来。1903 年，医生阿瑟·科恩（Arthur Korn）在德国发明了图片传真术，一种仍然使用电线用人工压住和传输图片传真的方法。传真机包含了光电扫描仪，就算是普通影印纸图像也允许被传送，接收的一端把图像印刷在热敏感纸上。就是今天的设计也同样建立在此基础上，时下一个摄影报导作家能在 1 分钟之内将一张高解析度照片传达到他的报纸总部，当然这在以前是不能实现的。

1925 年，艾多奥德·见林（Edouard Belin）在法国成功构造出见林诺图解（Belinograph），他的发明的装置包括了：放一个图纸在一个圆筒上，用一道强光对它进行扫描，让它转换成光信号；或者是缺少光的情况下，进入传动系统（transmittable）的脉冲之内。见林诺图解的程序建立在基本的原则之上，所有的后来的传真传输机器亦是如此。同年，美国电报电话公司（AT&T）的贝尔实验室采用真空管技术和光电管技术研制出了实用型的传真机，并且在第二年开办了横跨美洲大陆的有线图片传真业务。贝尔实验室的传真机原理是这样的：发送端将发送的图像卷在传真机的滚筒上，滚筒一面旋转一面横向移动，光点在图像上逐行来回扫描，并覆盖整个画面，这样图像就被分解成了若干个连续的小点。光点照射在图像深浅不同的部位反射出强弱不同的光，反射光被光电管接收并转换成强弱不同的电信号，再经调制和放大发送到传输线路上。接收端则起着合成图像的作用。输入的信号经放大、解调后，加在辉光管上，再转换成强弱不同的光点。接收机上也有一个滚筒，滚筒的旋转与移动和发送端同步。该筒上装有感光记录纸，辉光管转换的光点照射在感光纸上。由于滚筒做同步的旋转和移动，因此记录纸被逐点逐行感光，并形成一个与发送图像相似的传真图像。

1926 年，美国电报电话公司正式开放了横贯美国的有线相片传真业务，同年还与英国开放了横跨大西洋的无线相片传真业务。此后，欧美各国和日本等国相继都开放了相片传真业务，从此，相片传真被广泛用于新闻通讯社传送新闻照片，1934 年，美联社开始使用有线电传真（Wire Photos）传输相片，它的优势在第二次世界大战中充分显示出来。美联社采用传真技术传递新闻照片，后方人民因此能够及时看到前方将士战斗的情况。其他新闻报社也不甘示弱，纷纷采用传真机，可以说第二次世界大战之后传真技术进入了一个快速发展的时代。随后扩展到军事、公安、医疗等部门，用来传送军事照片、地图、罪犯照片、指纹、X 光照片等。

1964 年，美国施乐公司发明了长距离电子影印法（Long Distance Xerography，LDX）。以前，传真机器一直存在昂贵和操作困难的缺点，直到 1966 年施乐公司发明了 Magnafax Telecopier，它体积较小，质量为 46 磅（约 26 kg），比当时的任何传真机都要袖珍。而且是第一台基于电话线的传真机，比较容易使用并可被连接到任何电话线，一份常用文件传输大约 6 分钟。由于要使用热敏纸，因此总散发出一股烟胶皮的味道，而且它的程序反应不快，但总的来说它代表了科技的进步。在 20 世纪六七十年代，日本一些公司陆继进入了传真机这个市场，很快地，新一代的更快速、更小和更有效率的传真机变成现实。

到 20 世纪 70 年代后，以电话线为媒介传输图像的传真机器开始在美国商业方面变得普遍，之后的二三十年在全世界范围内各个领域也越来越普遍。1996 年，撇尔尼・鲍斯（Pitney Bowes）发明了第一个 33.6 kbit/s 的网络传真机。

2. 扫描仪概况

扫描仪可分为滚筒式扫描仪、平板式扫描仪和便携式扫描仪。而平板式扫描仪作为目前的主流机型得到了广泛的应用。

扫描仪设备主要由光学部件、机械传动部件和信号转换电路三部分组成。扫描仪的核心部分是完成光电转换的光电转换部件。平板式扫描仪设备主要包括三大部分：扫描头（光学成像部件）、步进电机和导轨（传动部件）、主板（控制和 A/D 转换处理电路部件）。因为扫描仪是光机电一体化的产品，只有这几部分相互配合，才能将光信号转换为计算机可识别的电信号。

扫描仪的参数是衡量扫描仪性能的主要指标，扫描仪的性能参数主要有分辨率、色彩深度、灰度级、扫描幅面和信噪比等。

（1）分辨率：是衡量扫描仪的最重要的性能指标，通常用每英寸长度上的点数，即 dpi（dot per inch）作为单位。它决定了在扫描时所能到达的精细程度，是衡量一台扫描仪扫描精度的关键指标。

（2）色彩深度：是衡量扫描仪能捕获色彩层次信息的重要技术指标。高色彩位数的扫描仪可得到更多的色彩信息，呈现出更加艳丽逼真的色彩，即使经过一系列的图像处理，色彩信息有了一定损失，也不会对输出效果产生较大的影响。

（3）灰度级：这个数值反映了扫描仪扫描时提供的由暗到亮层次的范围，更具体地说就是扫描仪从纯黑到纯白之间平滑过渡的能力。

（4）扫描幅面：是指扫描仪一次可以扫描多大尺寸的扫描介质。

（5）信噪比：是指信号和噪声之间的比例关系。信噪比越高，对有用信号的提取能力就越强，扫描图像的品质就越准确和清晰。它直接反映扫描仪 CCD 的采集精度。

案例 27　白领必备技能：Word 打印的学问

情境再现

打印如今应该是每位公司员工再为熟悉不过的操作了。但如果你恰巧也遇到了如下情景，那还能觉得“打印不过如此”吗？

情景：办公惊梦。

角色：红红（公司新到的总经理助理）、叶康（行政助理）。

故事：上午 10 点了，叶康像风一样冲进公司，今天他外出洽谈公司重新全面装修事宜，已与供应商达成初步共识。刚走进行政部的走廊，就和来人撞了个满怀。顿时，纸张散落一地。迎面的那人一个踉跄，差点朝后仰摔倒。

“抱歉，没撞坏您吧？”说话间，叶康才晃过神来，对面一个很文静的女孩，似乎不认识。

“没事儿。”女孩一边低头嘀咕着：“啊，糟了，这怎么办呀！”

“我帮你捡，没大碍吧？”

“我倒没事，可是……这么多文件，都乱了。哎，怎么办哪？”女孩有点着急。

“我帮你按页码理好，别急，实在对不起……”叶康看看手里捡起来的几页文件，顿时头大了：“啊，怎么没页码？”

“糟了，经理一小时后就要文件，这，这怎么办呀？”女孩几乎带出现了哭腔。

“拿到我办公室，我找人帮你一起整理。对了，你是哪个部门的，之前没见过你？”叶康抱着一摞凌乱的文件：“不过，我先去和头儿打个招呼。”

……

三分钟后，叶康从经理室出来了，他和女孩到了行政部，几个同事一起帮忙整理着文件。

“我叫叶康，你呢？刚来？”叶康问小女生。

“嗯，刚来三天。我叫红红。”

……

40 分钟过去了，散落的文件终于整理出原来的次序。红红也终于松了一口气。

“记得下次打印材料时加上页码，免得再碰到我，哈哈。”叶康开起玩笑来。

“啊，不要再碰上了。我以前从来没打印过这么长的文件，而且都是双面打印，又不是打印成标准的 A4 纸张，还有横向纵向不同的页面，打的时候就够费劲的！”红红轻拭了一下鼻尖的汗，说：“要不有空教教我？”

“好啊，可以呀。要不就现在？”

“不行啦，我现在要去交差了。”红红挥手再见：“中午吃完饭吧！回见！”

中午，红红坐在叶康旁边，叶康开始给小女生讲起课来。

任务分解

打印原则：

（1）不论何时，不论文档长短，都应给文档添加页码，以方便整理。

（2）如果是草稿，仅供大家提出修改意见的文档，除了用使用过纸的反面（又称再生纸）来打印，使用缩小打印和双面打印也是不错的节约纸张的办法。

（3）有时文档输入结束后发现纸张设置不对，再设置纸张大小需要重新调整文档格式。这时就可以使用纸张大小缩放功能。

（4）如果是正式的合同，通常需要打印好几份出来；如果合同内容较长，那么掌握多份打印和逐份打印的技巧就十分重要。

（5）要是给客户介绍业务，那么打印上代表公司形象或标示的水印，可以给客户留下更好的印象。

（6）某些时候，文档中有些页面是横排，有些页面是竖排，就需要插入分隔符来帮助设置。

（7）是不是所有的公司员工都跑到前台来要求你打印某份文件呢？如果是那样的话，你早应该将打印机设置为共享，让大家通过网络来打印自己可以处理的文档。

任务实现

任务列表：

（1）节约纸张打印、缩放纸张。

（2）打印副本。

（3）添加水印。

（4）对打印队列进行操作。

（5）打印文本框里的内容。

（6）打印附加信息。

（7）同一文档中横向纵向页面打印。

步骤一：节约纸张打印。

纯粹从节约纸张的角度来看，用打印过的纸的反面来打印一些草稿是最好的选择。如果留心观察，有许多公司在其办公区的显眼位置都有一个台子，上面标注着“二次打印纸回收处”。这一方面可以提醒员工将已经单面打印过的没用的纸张主动放于此处，另一方面也是公司一种特殊文化氛围，时刻提醒员工，不论什么时候都应该保持勤俭创业的态度。但除此之外，还有一些方法可以节约纸张。

如果公司使用激光打印机，因为打印质量很好，即使很小的字也能打印得很清楚。利用此特点，对于一些非正式的文档，特别是有时专门打印出来供大家提出修改意见的草稿文件，打印时，可以将 Word 中的好几页缩放到一张纸上打印出来，这样既不影响工作的进行，又可以节约纸张。

（1）打开要打印的文档，单击“文件”选项卡→“打印”按钮，在“打印”设置选项中的选择“每版打印 4 页”，如图 27-1 所示。

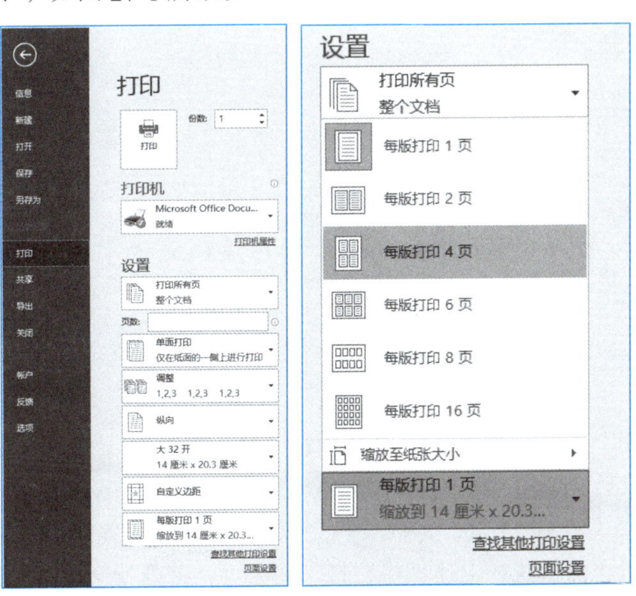

图 27-1　选择每页打印的版数

说明

这样，便可在一张 A4 纸上打印 4 页 Word 文件，而且是按比例缩小的。根据实际情况，可以选择不同的版数。例如，如果文档中的字很大，则可以一页多打印几版；如果原来文档中的字就比较小，则可以一页少打印几版，如 2 版。

（2）“按纸张大小缩放”就是将 Word 文档按比例缩放到不同的纸型上的一个功能。选择“25 开”（与 B5 差不多大），这样就可将 A4 版面的文档内容缩放到 25 开纸上打印。

除了按缩放功能可以节省纸张，使用双面打印也可以最大限度地节省纸张。但目前使用的打印机多为单面打印机，即一次只能在一面上打印。所以必须要手动换纸，才能实现双面打印。要实现双面打印有两种方法可以组合实现：

① 先打印奇数页，再逆序打印偶数页。

在“打印”窗口的“设置”选项组中，选择“自定义打印范围”，并在“页数”框中输入 1，3，5，…，17，19 页。

说明

双面打印的步骤是先打印奇数页，再打印偶数页，并且要注意纸张的放置方向。

奇数页打完以后，就需要打印偶数页了。这时应该把已经打印的纸张直接反面放到打印机里。此时，第 19 页在最上面，而第 1 页在最下面。因此，打印偶数页时需要逆页序打印。在“打印”对话框中单击左下角的“选项”按钮，弹出图 27-2 所示的对话框，选中“高级”→“打印”→“逆页序打印页面”，然后单击“确定”按钮。

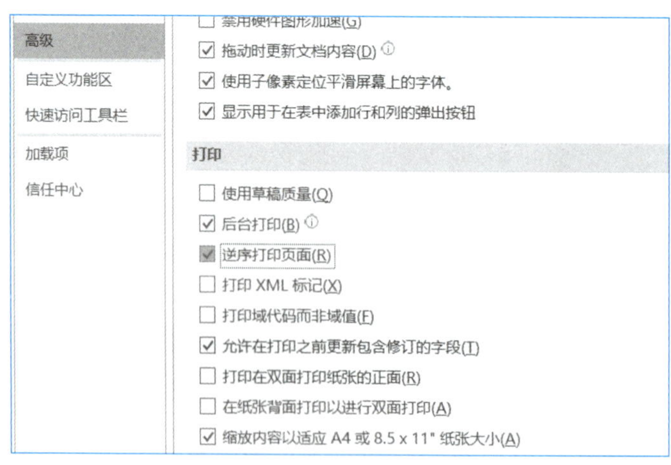

图 27-2　选中“逆序打印页面”复选框

在“打印”选项中选择“偶数页”，然后单击“确定”按钮。

经过这样设置以后，Word 会首先打印第 20 页，而且正好打印在第 19 页的反面，依此类推。需要注意的是，如果文档有 21 页，奇数页打完以后，一定要把第 21 页取出来，只将第 1~20 页的反面放进打印机，然后执行上述操作，打印偶数页，否则就会出现错页。

② 使用“手动双面打印”实现双面打印。

在图 27-1 所示的窗口中，选中“手动双面打印”选项。同时，将打印范围重新选回“范围中所有页面”。

单击“选项”按钮，在弹出图 27-3 所示的对话框中需要对双面打印进行设置。先选中“高级”→“打印在双面打印纸张的正面”。

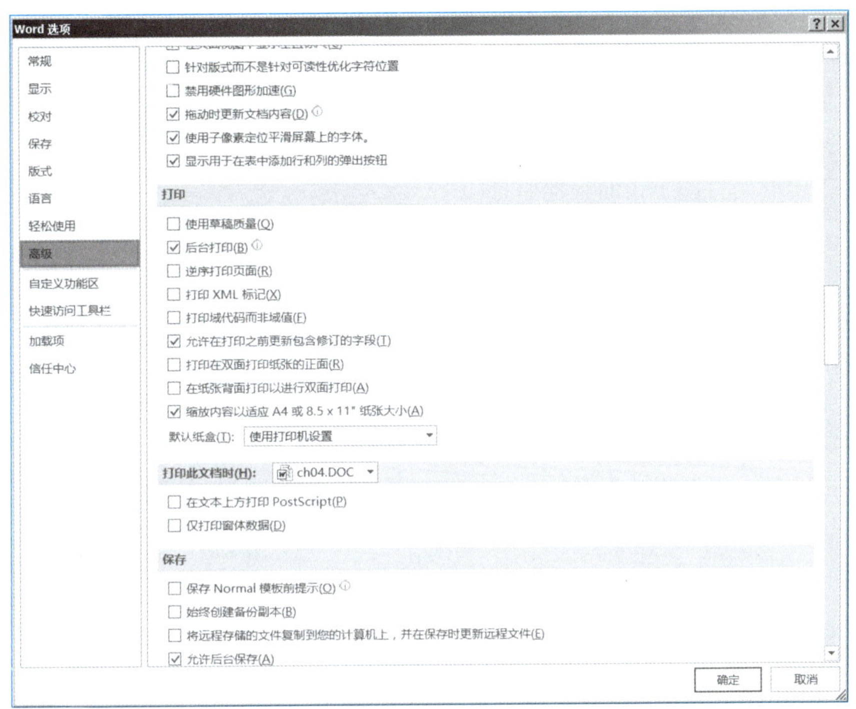

图 27-3　“Word 选项”对话框

等正面打印完成后，直接将已打好一面的纸张取出放回送纸器中，选择“在纸张背面打印以进行双面打印”。

步骤二：打印副本。

在 Word 中可以选择文档要打印的份数，然后执行一次“打印”命令，将所选文档全部打印出来。

在“打印”对话框中选择副本份数为“5”，然后单击“确定”按钮后，一次性完成 5 份文档的打印。

打印完发现，这 5 份的打印方法原来是先连续打印 5 份第 1 页，再连续打印 5 份第 2 页，直到最后。这时可以逐次将每页相同的文档分成 5 份，最终完成打印文件的整理工作。

步骤三：添加水印。

不管是公司文件还是公司的宣传资料，如果能够在文档背景上打印上有关公司的一些信息作为水印，那对于推广公司形象和理念是非常有帮助的。

我们可以用添加水印的方法实现上述想法。不过，严格来说，添加水印并不是我们这里讲的打印方法，而是在编辑要打印的文档时就应该将水印加入其中。

单击“设计”→“水印”→“自定义水印”按钮，弹出“水印”对话框，如图 27-4 所示。单击“选择图片”按钮，从计算机中选择一张合适的图片，单击“确定”按钮即可。

步骤四：对打印队列进行操作。

一般公司都采用几人一组的网络打印机，因此，当几个人都在打印文件时，怎么查看自己的文件是否已经打印了呢？有时错误地按下了“打印”按钮，如何停止已经启动的打印操作呢？如果我的文件需要比别人的先打印出来，而在我发送“打印”命令之前，其他人已经开始打印了，而且他要打印很长的文档，怎么调整呢？这些都可以在打印队列中实现。

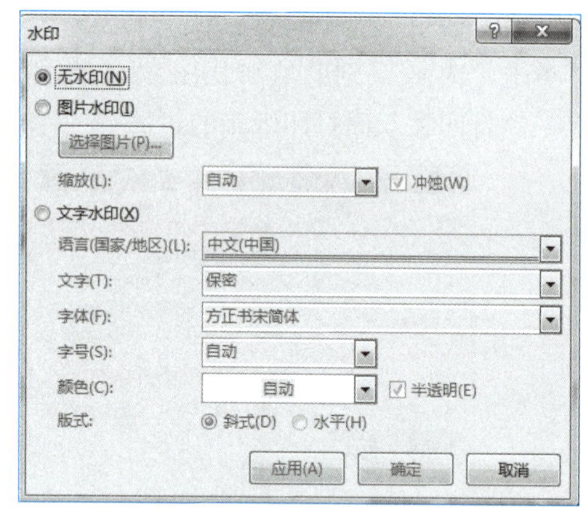

图 27-4　设置图片水印

Windows 打印机可以使用后台方式打印，即可以提交多个文档，Windows 会自动从文档队列中根据先后顺序提取文档进行打印。

选中相应文档后，单击“文档”菜单中的“暂停”命令，可以暂时停止对所选文档的打印，而打印下面的文档。等打印结束之后，再单击“文档”→“继续”按钮，继续对它的打印。

如果不想打印队列中的某一个文档的话，单击“文档”→“取消”按钮，结束当前正打印的文档。

说　明

使用网络打印机的用户不可以对网络打印机是否打印进行暂停，只有直接连接该台打印机的计算机才能暂停。因此，在打印前应仔细检查文档。

如果打印机出现故障，比如队列中已经有多个待打印的文档，这时便要将这些文档全部取消，然后再解决打印机故障。这时，可以单击“打印机”→“取消所有文档”按钮来一次取消当前打印队列中的所有文档。

如果想查看打印机的相关属性，可以单击“打印机”→“属性”按钮，在弹出的对话框中查看相关内容。

步骤五：打印文本框里的内容。

有时在文本框中输入的内容，在打印的时候无法打印出来，解决的方法其实很简单，只要将文本框转换为图文框，就能对框里的内容进行打印了。

选中文本框并右击，然后选择“设置形状格式”选项，在右边弹出的窗格中选择“布局属性”即可，如图 27-5 所示。

步骤六：打印附加信息。

如果希望在将要打印出来的文档里包含该文档的属性、批注等信息。那就单击 Word 的“开始”→“打印”，调出“打印”界面，再选择“设置”下的“文档信息”，如图 27-6 所示。

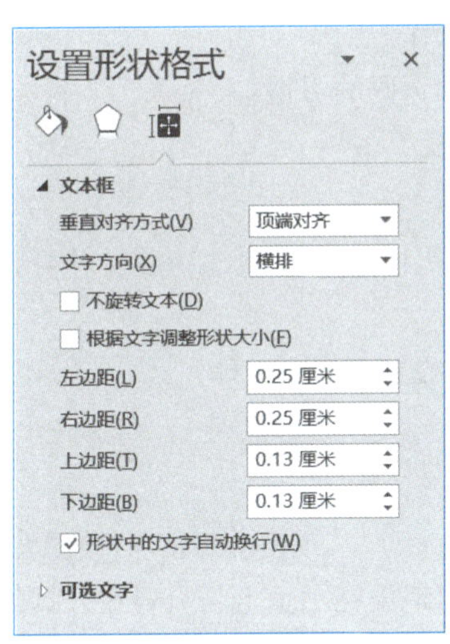

图 27-5　文本框转换成图文框

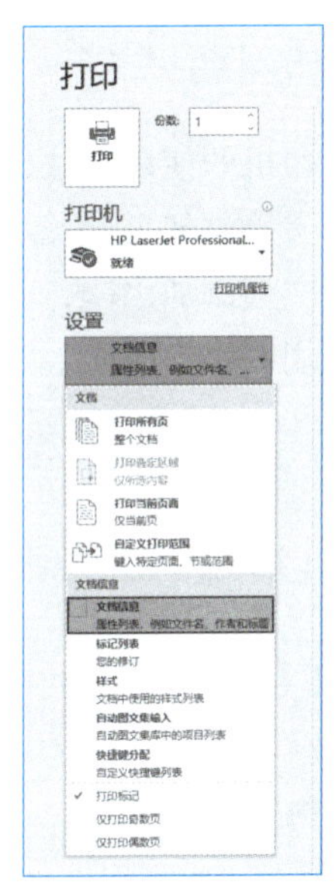

图 27-6　打印附加信息

步骤七：同一文档中横向纵向页面打印。

有时文档中有些页面需要横排，有时页面需要竖排，这时就需要通过插入分隔符来帮助实现。

（1）先把光标定位在需要进行特别设置的页面最前端。单击“布局”→“页面设置”→“分隔符”→“连续”按钮，如图 27-7 所示。

说　明

节是文档的一部分。插入分节符之前，Word 将整篇文档视为一节。在需要改变行号、分栏数或页面页脚、页边距等特性时，需要创建新的节。

（2）把光标定位在该页面最末端，再插入一个“连续”分节符。

（3）单击“布局”→“页面设置”→“纸张方向”→“横向”按钮，如图 27-8 所示。

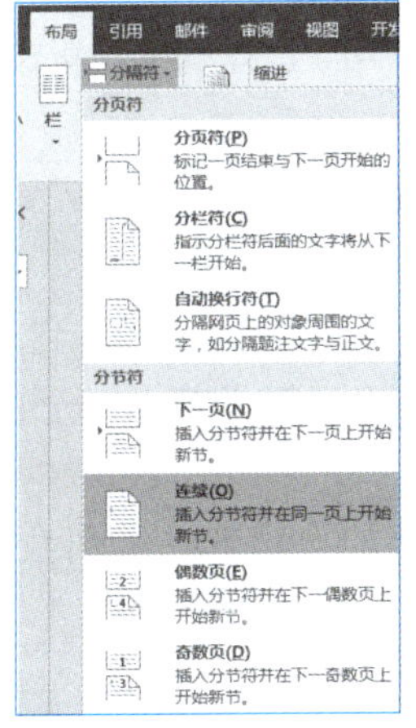

图 27-7　插入“连续”分节符

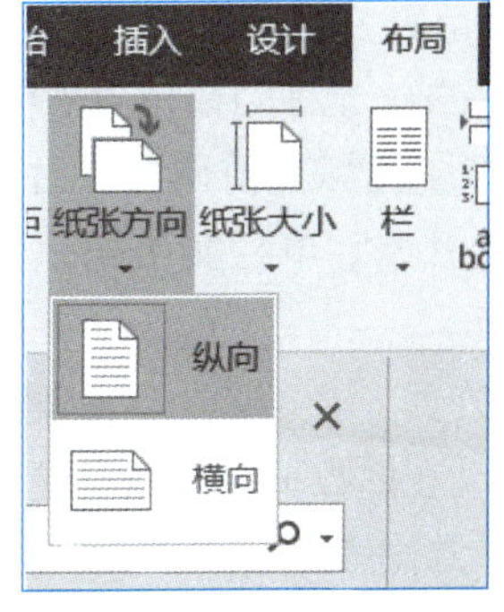

图 27-8　设置纸张方向

知识点小结

（1）了解打印机的使用方法，并学会打印文档的操作。

（2）学会为文档添加页码（培养为每篇文档都添加页码的习惯）。

（3）学习为文档添加水印，并能够对水印进行调整。

（4）学会使用网络打印机。

拓展训练

如果一张 A4 纸制作成类似报纸一页四版，该如何设置页码及打印？

知识链接

1. 分隔符

（1）分页符。想把标题放在页首处或是将表格完整地放在一页上，只要在分页的地方插入一个分页符就可以了。

在 Word 中输入文本时，Word 会按照页面设置中的参数使文字填满一行时自动换行，填满一页后自动分页，叫做自动分页，而分页符则可以使文档从插入分页符的位置强制分页。

若要把两段分在两页显示时，把光标定位到第一段的后面，单击“布局”→“页面设置”→“分隔符”→“分页符”按钮，在这里就插入了一个分页符，这两段就分在两页显示了。

若不想把这些内容分页显示，把插入的分页符删除就可以了。默认的情况下分页符是不显示的，单击“常用”→“显示 / 隐藏编辑标记”按钮，在插入分页符的地方就出现了一个分页符标记，在这一行上单击，按一下【Delete】键，分页符就被删除了。

插入分页符的快捷键是【Ctrl+Enter】。

（2）分栏符。在设置分栏之后，Word 会自动添加一个分栏符，在每一栏的下方。但是如果分栏后的效果不理想（如两栏不对称），可以在需要分开的位置插入一个分栏符，这样就可以重新定义分栏的位置。

（3）换行符。出于排版的需要，会给标题设置一个比较大的段后间距，如果不使用换行符，而把这个标题分成两段的话，就要重新设置段落的格式，而换行符是把要换行的内容放到了另外的一行中，并没有分段，行与行之间还是只有行距在起作用，这样就不用再设置段落格式了。换行符主要是在要换行但又不想分段的地方使用。

（4）分节符：为在一节中设置相对独立的格式页插入的标记。

① 下一页：光标当前位置后的全部内容移到下一页面上。

② 连续：光标当前位置以后的内容将按新的设置安排，但其内容不转到下一页，而是从当前空白处开始。单栏文档同分段符；多栏文档，可保证分节符前后两部分的内容按多栏方式正确排版。

③ 偶数页 / 奇数页：光标当前位置以后的内容将会转换到下一个偶数页 / 奇数页上，Word 会自动在偶数页 / 奇数页之间空出一页。

2. 打印机种类

（1）针式打印机。针式打印机在打印机历史的很长一段时间曾经占有着重要的地位，从 9

针到 24 针，可以说针式打印机的历史贯穿着这几十年的始终。针式打印机之所以在很长的一段时间内能流行不衰，这与它极低的打印成本和很好的易用性以及单据打印的特殊用途是分不开的。当然，它很低的打印质量、很大的工作噪声也是它无法适应高质量、高速度的商用打印需要的根结，所以现在只有在银行、超市等用于票单打印的地方还可以看见它的踪迹。

（2）彩色喷墨打印机。彩色喷墨打印机因其有着良好的打印效果与较低价位的优点而占领了广大中低端市场，如图 27-9 所示。此外，喷墨打印机还具有更为灵活的纸张处理能力，在打印介质的选择上，喷墨打印机也具有一定的优势：既可以打印信封、信纸等普通介质，也可以打印各种胶片、照片纸、光盘封面、卷纸、T 恤转印纸等特殊介质。

（3）激光打印机。激光打印机是近年来高科技发展的一种新产物，也是有望代替喷墨打印机的一种机型，分为黑白和彩色两种，它为我们提供了更高质量、更快速、更低成本的打印方式。其中，低端黑白激光打印机的价格目前已经降到了几百元，达到了普通用户可以接受的水平。虽然激光打印机的价格要比喷墨打印机昂贵得多，但从单页的打印成本上讲，激光打印机则要便宜很多。而彩色激光打印机的价位很高，至少要 3 000 元，应用范围较窄，很难被普通用户接受，在此就不过多地进行介绍了。

（4）一体机。一体机是数码速印机的一种，简单而言就是集传真、打印与复印等功能为一体的机器，如图 27-10 所示。其影像是通过油墨形成的，而不像复印机是通过碳粉形成的。但是在操作及外形上，今天的一体机都像一台典型的复印机。一体机的工作原理与传统油印机相似，均是通过油墨穿过蜡纸上的细微小孔（小孔组成了与原稿相同的图像），将图像印于纸上。但其蜡纸并非传统油印机上用的蜡纸或扫描蜡纸，而是热敏蜡纸，由一层非常薄的胶片和棉脂合成。因此，在这些胶片上制作非常细小的孔，这使得它能印出非常精细的高质量印刷品。

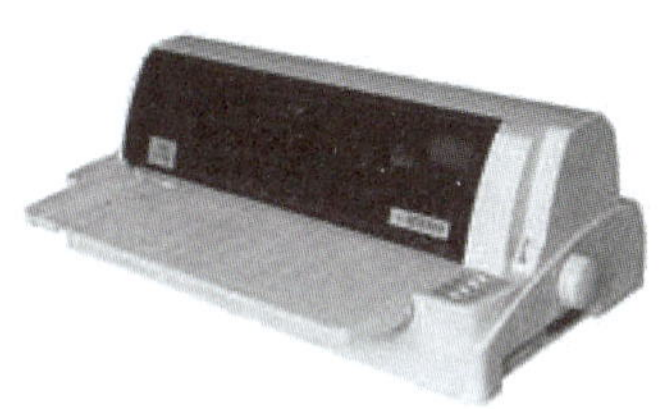

图 27-9　彩色喷墨打印机

图 27-10　一体机

案例 28　白领必备技能：Excel 打印的学问

情境再现

故事：Excel 打印如今是每位公司员工再为熟悉不过的操作。

情景：办公室。

角色：红红（公司新到的总经理助理）、叶康（总经理）。

今天上午，总经理通过邮件发给红红一份产品销售 Excel 数据表，让她打印出来，红红收到电子邮件后，打开 Excel 就直接打印，然后把打印好的产品销售 Excel 数据表交给总经理，总经理接过打印稿后傻眼了，每张数据表连表头都没有！气得他把不会做事的助理给教训了一顿。

任务分解

（1）在每一页上都打印行标题或列标题。

（2）只打印工作表的特定区域。

（3）将数据缩印在一页纸内。

（4）将报表打印在指定的几页内。

（5）打印设定的工作表背景。

（6）不打印工作表中的零值。

（7）不打印工作中的错误值。

（8）打印工作表中的公式。

任务实现

步骤一：设置打印的纸张方向。

（1）单击“页面布局”选项卡中的“页面设置”选项组，单击“纸张方向”下拉菜单中的“横向”，如图 28-1 所示。

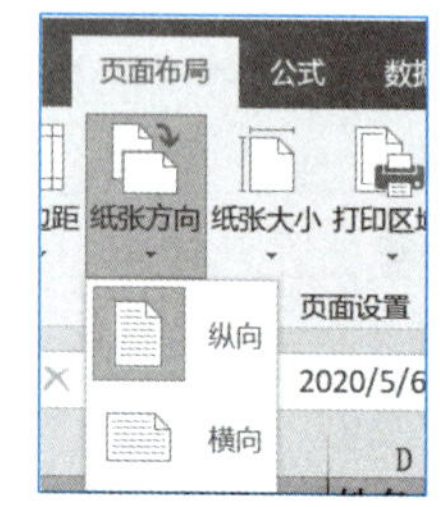

图 28-1 “页面布局”选项卡

（2）单击“页面布局”选项卡中的“页面设置”选项组，单击“打印标题”，在弹出的对话框中单击“打印预览”按钮，结果如图 28-2 所示。

地区	城市	公司名称	姓名	类别名称	产品名称	订购日期	数量	单价	销售额
华东	温州	学仁贸易	张颖	日用品	白奶酪	2020/5/6	1	32.00	32.00
华北	天津	百达电子	金士鹏	点心	饼干	2020/5/6	14	17.45	244.30
华东	温州	学仁贸易	张颖	点心	饼干	2020/5/6	2	17.45	34.90
华东	温州	学仁贸易	张颖	日用品	德国奶酪	2020/5/6	2	38.00	76.00
华东	温州	学仁贸易	张颖	调味品	蕃茄酱	2020/5/6	4	10.00	40.00
华东	温州	学仁贸易	张颖	点心	桂花糕	2020/5/6	1	81.00	81.00
华东	温州	学仁贸易	张颖	特制品	海鲜粉	2020/5/6	1	30.00	30.00
华东	温州	学仁贸易	张颖	海鲜	海哲皮	2020/5/6	2	15.00	30.00
华东	温州	学仁贸易	张颖	调味品	胡椒粉	2020/5/6	2	40.00	80.00
华东	温州	学仁贸易	张颖	日用品	花奶酪	2020/5/6	2	34.00	68.00
华东	温州	学仁贸易	张颖	谷类/麦片	黄豆	2020/5/6	2	33.25	66.50
西南	重庆	祥通	郑建杰	调味品	酱油	2020/5/6	20	25.00	500.00
华东	温州	学仁贸易	张颖	调味品	酱油	2020/5/6	1	25.00	25.00
华东	温州	学仁贸易	张颖	海鲜	蚵	2020/5/6	3	12.00	36.00
华东	南京	永大企业	刘英玫	海鲜	蚵	2020/5/6	30	12.00	360.00
华东	温州	学仁贸易	张颖	调味品	辣椒粉	2020/5/6	2	13.00	26.00
华东	温州	学仁贸易	张颖	海鲜	龙虾	2020/5/6	4	6.00	24.00
华东	南京	永大企业	刘英玫	饮料	柠檬汁	2020/5/6	2	18.00	36.00
华东	温州	学仁贸易	张颖	饮料	牛奶	2020/5/6	24	19.00	456.00
华东	南京	永大企业	刘英玫	饮料	牛奶	2020/5/6	10	19.00	190.00
华东	温州	学仁贸易	张颖	饮料	浓缩咖啡	2020/5/6	4	7.75	31.00
华东	温州	学仁贸易	张颖	调味品	肉松	2020/5/6	1	17.00	17.00
华东	温州	学仁贸易	张颖	谷类/麦片	三合一麦片	2020/5/6	2	7.00	14.00
西南	重庆	祥通	郑建杰	特制品	沙茶	2020/5/6	20	23.25	465.00
华东	温州	学仁贸易	张颖	特制品	沙茶	2020/5/6	1	23.25	23.25
西南	重庆	祥通	郑建杰	点心	糖果	2020/5/6	10	9.20	92.00
华东	温州	学仁贸易	张颖	海鲜	虾子	2020/5/6	3	9.65	28.95
华东	温州	学仁贸易	张颖	海鲜	蟹	2020/5/6	1	31.00	31.00
华东	温州	学仁贸易	张颖	肉/家禽	鸭肉	2020/5/6	2	24.00	48.00

图 28-2 “打印预览”效果

步骤二：设置打印的每页的表头标题。

（1）单击“页面布局”选项卡中的“页面设置”选项组，单击“打印标题”，弹出“页面设置”对话框，选择“顶端标题行”区域，如图 28-3 所示。

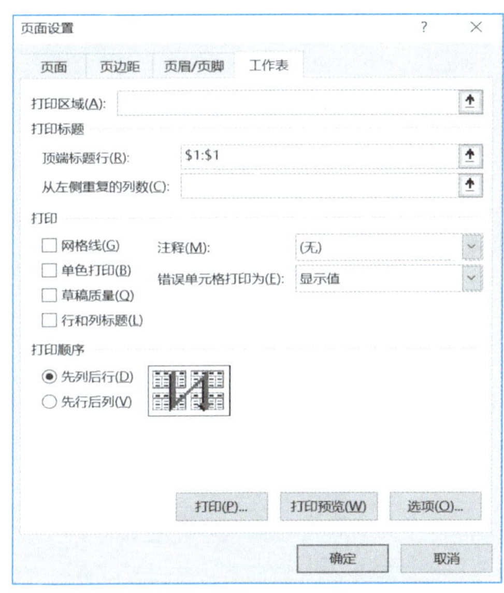

图 28-3　“打印工作表”设置

（2）单击“页面布局”选项卡“页面设置”选项组中的“打印标题”按钮，在弹出的“页面设置”对话框中选择“工作表”选项卡，设置完“打印标题”后，单击“文件”选项卡“打印”命令，可以看到“打印预览”的效果，打印结果从第 2 页开始出现表头标题，如图 28-4 所示。

地区	城市	公司名称	姓名	类别名称	产品名称	订购日期	数量	单价	销售额
华东	温州	学仁贸易	张颖	调味品	盐	2020/5/6	1	22.00	22.00
华东	温州	学仁贸易	张颖	谷类/麦片	燕麦	2020/5/6	2	9.00	18.00
华东	温州	学仁贸易	张颖	饮料	运动饮料	2020/5/6	2	18.00	36.00
华东	南京	幸义房屋	王伟	点心	饼干	2020/5/5	30	17.45	523.50
华北	天津	就业广兑	王伟	日用品	大众奶酪	2020/5/5	10	21.00	210.00
华北	天津	富泰人寿	张颖	特制品	海鲜粉	2020/5/5	15	30.00	450.00
华南	深圳	正人资源	郑建杰	谷类/麦片	黄豆	2020/5/5	130	33.25	4,322.50
华北	天津	富泰人寿	张颖	海鲜	龙虾	2020/5/5	10	6.00	60.00
华东	南京	幸义房屋	王伟	饮料	牛奶	2020/5/5	20	19.00	380.00
华南	深圳	正人资源	郑建杰	饮料	牛奶	2020/5/5	8	19.00	152.00
华东	南京	幸义房屋	王伟	饮料	苹果汁	2020/5/5	40	18.00	720.00
华北	天津	就业广兑	王伟	饮料	汽水	2020/5/5	20	4.50	90.00
华东	南京	幸义房屋	王伟	日用品	温馨奶酪	2020/5/5	20	12.50	250.00
华南	深圳	正人资源	郑建杰	海鲜	虾子	2020/5/5	40	9.65	386.00
华南	深圳	正人资源	郑建杰	点心	玉米饼	2020/5/5	22	16.25	357.50
华北	北京	留学服务中心	刘英玫	特制品	烤肉酱	2020/5/4	8	45.60	364.80
华北	北京	留学服务中心	刘英玫	调味品	辣椒粉	2020/5/4	28	13.00	364.00
华北	北京	留学服务中心	刘英玫	饮料	柳橙汁	2020/5/4	36	46.00	1,656.00
华南	海口	世邦	张颖	海鲜	虾子	2020/5/4	9	9.65	86.85
华北	天津	协昌妮绒有限公司	张颖	饮料	运动饮料	2020/5/4	20	18.00	360.00
华东	常州	椅天文化事业	金士鹏	点心	饼干	2020/5/1	3	17.45	52.35
华北	天津	富泰人寿	刘英玫	海鲜	黄鱼	2020/5/1	4	25.89	103.56
华北	天津	富泰人寿	刘英玫	肉/家禽	鸡肉	2020/5/1	20	7.45	149.00
西南	重庆	大钰贸易	张颖	点心	绿豆糕	2020/5/1	55	12.50	687.50
华东	常州	椅天文化事业	金士鹏	饮料	啤酒	2020/5/1	35	14.00	490.00
华东	常州	椅天文化事业	金士鹏	点心	糖果	2020/5/1	42	9.20	386.40
西南	重庆	大钰贸易	张颖	海鲜	虾子	2020/5/1	12	9.65	115.80
西南	重庆	大钰贸易	张颖	肉/家禽	鸭肉	2020/5/1	4	24.00	96.00
西南	重庆	大钰贸易	张颖	肉/家禽	盐水鸭	2020/5/1	25	32.80	820.00

2　共 6 页

图 28-4　“打印预览”效果

步骤三：设置打印的每页的页边距。

（1）单击“页面布局”选项卡中的“页面设置”选项组，单击“页边距”，在下拉菜单中选择“自定义页边距”，弹出对话框如图 28-5 所示。选择“水平”和“垂直”居中方式。

（2）单击图 28-5 中的“打印”按钮即可。

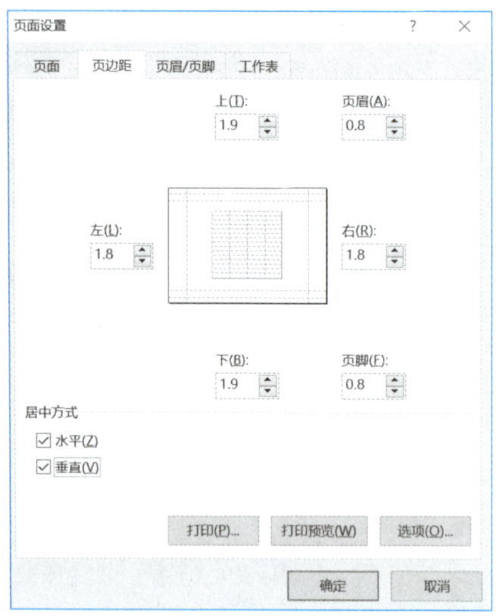

图 28-5　打印页边距设置

知识点小结

在 Excel 工作表中，第一行通常存放各个字段的名称，如“地区”“城市”“产品名称”“公司名称”等，我们把这行数据称为标题行（标题列依此类推）。当工作表的数据过多而超过一页时，打印出来只有第一页有行标题，这样阅读起来不太方便。用下面的方法可以让每一页都打印行标题：进入要打印的工作表，调出“页面设置”对话框，选择“工作表”选项卡，然后单击“打印标题”区“顶端标题行”文本区右端的按钮，对话框缩小为一行，并返回 Excel 编辑界面，单击标题行所在的位置，再按【Enter】键即可。这时对话框恢复原状，可以看到“顶端标题行”文本框中出现了刚才选择的标题行，核对无误后单击“确定”按钮完成设置。以后打印出来的该工作表的每一页都会出现行标题了。

拓展训练

按 Excel 打印的作业要求打印图 28-6 所示的 Excel 数据表。

日期	外部渠道	平台一级分类	访问数	订单金额	详情页访问数	购物车次数	订单量		作业要求
2020/8/4	手机端合作	未知	0	176,114	-	-	1,280		1.为表格添加边框;
2020/8/11	手机端合作	未知	0	130,790	-	-	980		2.并隔行填充，偶数行无填充，奇数行填充浅黄色;
2020/8/6	手机端合作	未知	0	122,742	-	-	1,050		3.设置纸张方向为纵向;
2020/8/17	手机端合作	未知	0	122,231	-	-	770		4.页边距上下1.8CM,左右2CM;
2020/8/15	手机端合作	未知	0	97,969	-	-	910		5.控制分页共计10页;
2020/8/5	手机端合作	未知	0	94,364	-	-	930		6.设置第一行为打印标题行;
2020/8/7	手机端合作	未知	0	89,601	-	-	1,000		
2020/8/13	手机端合作	未知	0	88,409	-	-	980		
2020/8/12	手机端合作	未知	0	85,263	-	-	880		
2020/8/18	手机端合作	未知	0	79,596	-	-	1,000		

图 28-6　拓展训练

知识链接

1. 只打印工作表的特定区域

在实际的工作中，我们并不总是要打印整个工作表，而可能只是打印特定的区域，那么应该如何设置呢？

（1）打印特定的一个区域。如果需要打印工作表中特定的一个区域，有下面两种方法：

方法 1：先选择需要打印的工作表区域，然后选择菜单“文件→打印”命令，在弹出的“打印”界面中，选择“设置”下的“打印选定区域”，再单击“打印”按钮即可。

方法 2：进入需要打印的工作表，选择“视图”选项卡“工作簿视图”选项组中的“分页预览”命令，然后选中需要打印的工作表区域，右击，在弹出的快捷菜单中选择“设置打印区域”命令即可。

说 明

方法 1 适用于偶尔打印的情形，打印完成后 Excel 不会“记住”这个区域。而方法 2 则适用于老是要打印该工作表中该区域的情形，因为打印完成后 Excel 会记住这个区域，下次执行打印任务时还会打印这个区域。除非选择“取消打印区域”命令，让 Excel 取消这个打印区域。

（2）打印特定的几个区域。如果要打印特定的几个区域，和上面的方法对应，也有两种方法：

方法 1：开始时，按住【Ctrl】键，同时选中要打印的几个区域，后面的操作与方法 1 相同。

方法 2：在“分页预览”视图下，用方法 2 介绍的方法设置好一个打印区域后，再选择要打印的第二个区域，右击，在弹出的快捷菜单中选择“添加到打印区域”命令即可。用同样的方法设置其他需要打印的区域。

说 明

用方法 2 设置的打印区域，Excel 会一丝不苟地把它记下来。要取消这些设置，执行“取消打印区域”菜单命令即可。

2. 缩印打印

将数据缩印在一页纸内，这个技巧主要运用于如下的情形：

（1）当数据内容超过一页宽时，Excel 总是先打印左半部分，把右半部分单独放在后面的新页中，但是右半部分数据并不多，可能就是一两列。

（2）当数据内容超过一页高时，Excel 总是先打印前面部分，把超出的部分放在后面的新页中，但是超出的部分并不多，可能就是一两行。

上面的情况不论是单独出现或同时出现，如果不进行调整就直接进行打印，效果肯定不能令人满意，而且浪费纸张。下面我们提出两种常用的调整方法：

（1）通过“分页预览”视图调整。

进入需要调整的工作表，进入“分页预览”视图。可以看到有一条蓝色虚线，这条线就是垂直分页符，它右边的部分就是超出一页宽的部分，下面把它和左面部分一起放在同一页宽内。将鼠标指针移至蓝色虚线处，鼠标指针变为左右双箭头，这时按住鼠标左键，拖至右边缘处放开即可。调整后，可以看到原来的蓝色虚线与蓝色实线重合，表示垂直分页符被重新设定，这样原来超出的数据就可以被打印在同一页宽内。

（2）通过“页面设置”对话框调整。

通过“页面设置”对话框调整也相当方便。进入需要调整的工作表，打开“页面设置”对话框，选择“页面”选项卡。然后选择“缩放”区的“调整为”单选按钮，在后面的文本框内输入“1”页宽和“1”页高，单击“确定”按钮即可。

3. 将报表打印在指定的几页内

当数据的内容比较长时，会打印出很多页，这些页之间的分隔都是 Excel 默认添加的。在实际情况中，我们可能希望能够以自己的分页标准来打印，下面介绍一下处理的方法。

具体操作之前，我们打开“页面设置”对话框，进入“页面”选项卡，确认“缩放”区域选中的是“缩放比例”单选按钮。

根据 Excel 会把不相邻的打印区域打印到不同的页面上的原理，下面做两件事：一是在需要分页的地方插入一个空白行；二是将由空白行分开的每一页都设置为打印区域。这两件事做好后，再执行打印命令就可以得到我们要求的效果了。具体操作步骤如下：

在需要分页的位置插入空白行，所有空白行插入好后，按住【Ctrl】键，同时选中需要打印的各页数据，注意不要选中空白行，然后在“打印”界面中，选择“打印选定区域”，再调出“页面设置”对话框，进入“页面”选项卡，选择“缩放”区的“调整为”单选按钮，输入所需的页数，单击“确定”按钮即可。

4. 打印设定的工作表背景

有很多人都有为工作表设定一个漂亮背景的习惯，这样可以为工作表的外观增色不少。但是当执行“打印”命令，把工作表打印到纸上时，发现 Excel 并没有打印这个背景。

如果我们一定需要在 Excel 中打印插入的图片，该怎么操作呢？下面提供一种方法。

进入需要插入图片的工作表，调出“插入图片”对话框，通过该对话框插入恰当的图片即可。用这种方法插入的图片就会被 Excel 打印。值得一提的是，为了使打印出来的工作表更加美观，可以设置单元格的填充色，因为单元格的填充色会被 Excel 打印。

5. 不打印工作表中的零值

有些工作表中，如果认为把“0”值打印出来不太美观，可以进行如下设置，避免 Excel 打印“0”值：

设置打印区域后，Excel 增加一个名称 Print_Area。通过定义名称，将 Print_Area 的引用区域设置为类似如下的公式：=IF(Sheet1!$A$1=0,INDIRECT("IV65536"),Sheet1!$A$1)。该公式判断工作表 A1 的值，如果 A1=0，则将打印区域设置为一个没有内容的区域（即为实现不打印）。

6. 不打印工作中的错误值

当在工作表中使用了公式或者函数之后，有些时候难免会出现一些错误提示信息，如果把这些错误信息也打印出来就非常不雅了。要避免将这些错误提示信息打印出来，可以按照下面的方法进行设置：

调出“页面设置”对话框，进入“工作表”选项卡，在“打印”区单击“错误单元格打印为”下拉按钮，在下拉列表中选择“空白”项，最后单击“确定”按钮，这样在打印的时候就不会将这些错误信息打印出来了。

7. 打印工作表中的公式

一般情况下，我们是不需要打印公式内容，但是某些特殊情况下，为了方便对计算公式进行分析，可以把公式内容打印出来。进行如下的设置即可：单击“公式”选项卡中的“公式审核”选项组，单击“显示公式”按钮，可以看到所有的公式都显示出来了，此时再打印工作表，就会把工作表中所有的公式内容都打印出来。

说 明

使用【Ctrl+~】组合键可以快速地在公式和计算结果之间进行切换。要打印公式，切换到公式显示时，执行打印命令即可。